Karl-Dieter Bünting
Einführung in die Linguistik

Athenäum Taschenbücher
Sprachwissenschaft

Karl-Dieter Bünting

Einführung in die Linguistik

8. Auflage

Athenäum Verlag
1979

CIP-Kurztitelaufnahme der Deutschen Bibliothek

Bünting, Karl-Dieter
Einführung in die Linguistik. –
8. Aufl. – Königstein/Ts., Athenäum-Verlag, 1979.
(Athenäum-Taschenbücher; 2011: Sprachwiss.)
ISBN 3-7610-2011-2

8. Auflage 1979
© 1979 Athenäum Verlag GmbH, Königstein/Ts.
Alle Rechte vorbehalten
Gesamtherstellung: Clausen & Bosse, Leck
Printed in Germany
ISBN 3-7610-2011-2

*Dem blonden Mädchen**

* Vgl. S. 75, passim, u. a. a. O.

Inhaltsverzeichnis

0.	Vorwort zur ersten und zur siebten Auflage . . .	11
1.	Grundbegriffe	13
1.1	Allgemeine Vorbemerkungen	13
1.1.1	Linguistik, eine Wissenschaft von der Sprache . .	13
1.1.2	Linguistische Terminologie	18
1.2	Linguistische Grundbegriffe	23
1.2.1	Linguistisches Vorgehen	23
1.2.1.1	Abstrahieren und Individualisieren	23
1.2.1.2	Klassifizieren	24
1.2.1.3	Regeln	25
1.2.1.4	Modell	25
1.2.1.5	Prozedur und Korpus	26
1.2.1.6	Diachronie und Synchronie	26
1.2.1.7	Deskriptiv, präskriptiv, normativ, generativ . .	28
1.2.2	Aussagen über die Sprache	30
1.2.2.1	Langage, Langue, Parole	30
1.2.2.2	Zeichen	32
1.2.2.3	System	38
1.2.2.4	Struktur des Systems: Syntagmatik, Paradigmatik, Distribution, Ebenen, Komponenten . . .	40
1.2.2.5	Substanz und Wert	43
1.2.2.6	Form (formal) und Funktion	44
1.2.2.7	Natürlicher Sprecher und Sprachgefühl . . .	45
1.2.2.8	Statisches und dynamisches System	45
1.2.2.9	Kompetenz und Performanz	46
1.2.2.10	Funktionen des Sprachzeichens in der Kommunikation	46
1.2.2.11	Kommunikation und Sprache	49
1.2.2.12	Sprechen, Denken, Handeln	51
1.3	*Zusammenfassung*	54
1.4	*Exkurs 1:* Schwierigkeiten, ein komplexes System linear darzustellen	55
1.5	*Exkurs 2:* Gesprochene und geschriebene Sprache .	57
2.	**Phonetik und Phonologie: Sprache als Klang** . .	62
2.1	Phonetik: die Substanz der Sprachlaute . . .	62
2.1.1	Artikulation	63

2.1.2	Vokale	67
2.1.3	Konsonanten	68
2.1.4	Prosodische Elemente	70
2.2	Phonologie: Distribution und Funktion der Sprachlaute	72
2.2.1	Distributionalismus (Taxonomie): Analyseprozeduren	73
2.2.2	Funktionalismus	83
2.2.3	Deutsche Phoneme	87
2.2.3.1	Vokalphoneme	87
2.2.3.2	Konsonantenphoneme	89
2.2.3.3	Phoneminventar und phonologisches System	91
2.3	*Zusammenfassung*	92
3.	**Morphologie: die Wörter der Sprache**	94
3.1	Wörter, Morpheme, Phoneme	94
3.2	Das Problem der Wortarten	104
3.3	Flexion	106
3.3.1	Grammatische Kategorien	108
3.3.1.1	Kasus	109
3.3.1.2	Person, Numerus, Genus, Genus verbi	110
3.3.1.3	Tempus, Modus, Aktionsart (Aspekt)	111
3.4	Wortbildung	114
3.4.1	Einfache Wörter	116
3.4.2	Abgeleitete Wörter	118
3.4.3	Zusammengesetzte Wörter	120
3.4.4	Präfixbildungen	122
3.5	*Zusammenfassung*	122
4.	**Syntax: die Struktur der Sätze**	124
4.1	Grundbegriffe	125
4.1.1	Satz und Äußerung	125
4.1.2	Satz, Äußerung und Text	125
4.1.3	Satz, Satzgefüge, Teilsatz, Hauptsatz, Gliedsatz, Matrixsatz	127
4.1.4	Der Satz und seine Elemente: Wort als Wortart, Satzglied, Satzteil, Syntagma, Konstituente	128
4.2	Kategorien und Funktionen	130
4.2.1	Wortartkategorien	130

4.2.2	Grammatische Kategorien	132
4.2.3	Notwendige Teile (Satzglieder) und Grundfunktionen	133
4.2.3.1	Enger und weiter Prädikatsbegriff	136
4.2.4	Ergänzungen in der Dependenzgrammatik	137
4.2.5	Freie (fakultative) Satzglieder: Attribute und adverbielle Bestimmungen	137
4.3	Stellung und Verknüpfung der Elemente im Satz	139
4.3.1	Wortstellung und Satzgliedstellung	140
4.3.2	Lineare Ordnung und strukturelle Position	140
4.3.2.1	Stellung des Verbs im Deutschen: verbale Satzklammer und Satzarten	143
4.3.3	Stellung und kommunikative Funktion	144
4.3.4	Anzeigen von Zusammengehörigkeit: die Kongruenzen	145
4.3.5	Exkurs 3: Einige Darstellungstechniken	146
4.4	Verschiedene Ansätze (Grammatikmodelle)	148
4.4.1	Traditionelle (Latein-)Grammatik	148
4.4.2	Inhaltbezogene Grammatik	150
4.4.3	Funktionale Grammatik	152
4.4.4	Operationale Syntax	157
4.4.5	Abhängigkeitsgrammatik (Dependenzgrammatik)	160
4.4.6	Konstituentenstrukturgrammatik	165
4.5	Exkurs 4: Allgemeines zur generativen transformationellen Grammatik	168
4.5.1	Sprach- und Grammatiktheoretisches	169
4.5.2	Die Komponenten einer Transformationsgrammatik	171
4.6	Die syntaktische Komponente einer TG	175
4.6.1	Die Basis (der Formationsteil)	176
4.6.1.1	Kontextfreie Ersetzungsregeln, Kategorialsymbole, lexikalische Formative und Formelzeichen	176
4.6.1.2	Rekursive Regeln	179
4.6.1.3	Abkürzungen bei mehrfacher Erweiterung	180
4.6.1.4	Fakultative und optionale Ersetzungen	180
4.6.1.5	Kontextsensitive Regeln und grammatische Formative	182
4.6.1.6	Subkategorisierung und Selektion	184
4.6.1.7	Satzgefüge in der Basiskomponente	188
4.6.2	Transformationen	191
4.6.2.1	Substitutionstransformation	193
4.6.2.2	Permutationtransformation	193
4.6.2.3	Tilgungstransformation	194
4.6.2.4	Additionstransformation	194
4.6.2.5	T-Marker und syntaktischer Gehalt	195
4.7	*Zusammenfassung*	196

5.	**Semantik: die Bedeutungen von Wörtern und Sätzen**	199
5.1	Allgemeines	199
5.2	Traditionelle Begriffe	203
5.2.1	Wortfamilie	203
5.2.2	Bedeutungserweiterung, -verengung, -umfang, -verbesserung, -verschlechterung	204
5.2.3	Homonymie, Polysemie, Synonymie, Denotation, Konnotation, Hyponymie, Antonymie	205
5.3	Inhaltbezogene strukturalistische Ansätze	207
5.3.1	Wortfeld	208
5.3.2	Wesenhafte Bedeutungsbeziehungen	210
5.4	Komponentenanalyse	212
5.5	Komponentielle Semantik im Modell der generativen Grammatik	216
5.5.1	Syntagmatische Relationen: Satzbedeutung und Disambiguierung	216
5.5.2	Paradigmatische Relationen: Merkmalgewinnung und Feldstrukturierung	220
5.6	*Zusammenfassung*	228
6.	**Nachtrag: Stichworte zur Pragmatik**	230
6.1	Verhalten und Handeln	231
6.2	Kommunikative Kompetenz	236
6.3	Sprechakte	238
6.4	Sprachhandlungen	241
6.4.1	Performative Verben	242
6.4.2	Sprachhandlung *Auffordern* (Beispiel 1)	245
6.4.3	Sprachhandlungen *Aussagen (Feststellen)* und *Behaupten* (Beispiel 2)	247
6.4.4	Sprachhandlungen *Redewiedergabe* und *Redeerwähnung* (Beispiel 3)	249
6.4.5	Sprachhandlung *Kommentieren* (Beispiel 4)	252
7.	**Bibliographie**	255
8.	**Register**	264

Vorwort zur ersten Auflage

„... so ist auch dies von den Wörtern kein kleines Lehrstück" läßt Plato den Sokrates im Kratylos-Dialog sagen, und im Wechsel von Fragen und widersprüchlichen Antworten, die auf verschiedenen Grundannahmen beruhen und in denen die Beispiele verschieden interpretiert werden, ist in Diskussionsform eine der ersten uns bekannten wissenschaftlichen, d. h. reflektierten, Abhandlungen „über die Richtigkeit der Wörter" schriftlich fixiert.

Das Lehrstück von der Sprache ist auch heute kein kleines, nicht nur weil sich im Laufe der Jahrtausende eine Fülle tradierter Lehr- und Diskussionsstoffe angesammelt hat, sondern mehr noch, weil man auf alte Fragen noch keine allgemein überzeugenden Antworten weiß, und weil man seit gerade einem halben Jahrhundert die Fragen wieder einmal neu stellt und nach einer neuen Grundkonzeption beantwortet. Die neuen Methoden des Fragens und Antwortens werden allgemein unter Begriffen wie S t r u k t u r a l i s m u s oder s t r u k t u r a - l i s t i s c h e L i n g u i s t i k zusammengefaßt. Insofern einige Grundannahmen über das Phänomen Sprache und über die richtige Art wissenschaftlicher Beschäftigung mit Sprache für die neue Richtung allgemein gültig sind, ist der Begriff als übergreifende Kennzeichnung berechtigt. Im Strukturalismus gab und gibt es allerdings verschiedene Schulen, die einander heftig, oft polemisch kritisieren. In der folgenden Einführung werden die Grundbegriffe strukturalistischer Sprachwissenschaft, Aussagen über die Sprache, Methoden und Analysetechniken besprochen.

Die Einführung ist nach systematischen und nicht nach wissenschaftsgeschichtlichen Prinzipien aufgebaut, d. h. sie ist sachbezogen und eklektisch und nur bei der Erläuterung einzelner Begriffe und Konzeptionen an bestimmten Linguisten oder Schulen orientiert. Eingehende Informationen über einzelne Linguisten und linguistische Schulen möge man anderen spezielleren Büchern entnehmen. Das Beispielmaterial für die verschiedenen Axiome, Modelle, Methoden und Prozeduren wird jeweils aus demjenigen Bereich der Sprache gewählt, zu dessen Beobachtung und Erklärung bestimmte Modelle oder Beschreibungstechniken am meisten beigetragen haben, ohne daß allerdings die Schwächen der verschiedenen Ansätze verschwiegen werden sollen.

Als Sprache für die Beispiele wird grundsätzlich Deutsch gewählt, weil es dem Leser im Normalfall als Muttersprache geläufig ist. Nur in Einzelfällen werden vieldiskutierte Beispiele in der Originalsprache eingeführt.

Das Buch ist folgendermaßen aufgebaut: im ersten Kapitel werden die Linguistik als wissenschaftliche Disziplin, Grundbegriffe der Linguistik, terminologische Fragen und Grundaxiome über die Sprache behandelt. In den weiteren Kapiteln werden die verschiedenen Aspekte der Sprache (Laute und Phoneme, Morphologie, Syntax und Semantik) und verschiedene Untersuchungsmethoden behandelt. In Exkursen wird auf spezielle Fragen, deren Darstellung den Rahmen eines Kapitels sprengen würde, eingegangen.

In dem Büchlein, das nur eine erste Orientierung geben kann, wird das Lehrkorpus einer Wissenschaft vorgestellt. Deshalb werden die Begriffe zunächst knapp eingeführt und später am Phänomen erläutert; der Leser soll die Begriffe kennenlernen und nicht selbst neu entdecken. Das Lehrkorpus ist allerdings keinesfalls als Dogma aufzufassen; der Leser ist zur kritischen Überprüfung der Axiome, Hypothesen, Theorien und Methoden nachdrücklich aufgefordert.

Vorbemerkung zur 7. Auflage

Für die 7. Auflage wurde das Syntaxkapitel überarbeitet: es enthält eine erheblich erweiterte Einführung in syntaktische Begriffe und einen Überblick über die Ansätze der traditionellen, inhaltbezogenen, funktionalen, operationalen und dependentiellen Grammatik, der Konstituentenstrukturgrammatik sowie, aus den alten Auflagen übernommen, der generativen Transformationsgrammatik.

März 1978   K.-D. B.

Der Vollständigkeit halber sei vermerkt, daß für die 6. Auflage ein 6. Kapitel zur Pragmatik hinzugefügt wurde.

1. Grundbegriffe

1.1 Allgemeine Vorbemerkungen

1.1.1 Linguistik, eine Wissenschaft von der Sprache

Es gibt eine ganze Reihe von wissenschaftlichen Disziplinen, die sich mit Sprachlichem beschäftigen. Die Sprachwissenschaft wurde und wird in Deutschland z. B. häufig in Verbindung mit der Philologie, der Wissenschaft vom Entstehen und Verstehen sprachlicher Texte, betrieben. (Dabei wirkt sich z. T. eine Universitätstradition aus, wobei dann fälschlicherweise die Verwaltungseinheit „Universitätsfach" mit einer wissenschaftlichen Disziplin gleichgesetzt wird.) Die Sprachwissenschaft macht die Sprache als solche zum Objekt ihrer Untersuchungen und Überlegungen. L i n g u i s t i k ist eigentlich nur der international gebräuchliche Terminus für Sprachwissenschaft; er wird, besonders im deutschen Sprachraum, allerdings gewöhnlich nicht in diesem allgemeinen Sinne verstanden, sondern im Sinne von ‚moderner' oder auch ‚strukturalistischer' Sprachwissenschaft, die sich wissenschaftstheoretisch beim Entwickeln eigener Methoden mehr an den Naturwissenschaften und den — kaum weniger modernen — Gesellschaftswissenschaften orientiert als an den Philologien und Geisteswissenschaften.

Die Linguistik ist eine empirische Wissenschaft. Linguistische Sprachforschung strebt kontrollierte und empirisch verifizierbare Beobachtungen an, die sich an einer allgemeinen Sprachtheorie orientieren. In der wissenschaftlichen Disziplin Linguistik gibt es verschiedene Untersuchungsgebiete, die einander zugeordnet sind, die aber voneinander unterschieden werden können, weil sie sich auf spezifische Aspekte von Sprache konzentrieren. Grundsätzlich ist zu unterscheiden zwischen der Untersuchung einzelner Sprachen, z. B. des Deutschen, Englischen, Japanischen oder Arabischen oder auch der Dialekte in den einzelnen Sprachen (Dialektologie), und der Untersuchung des Phänomens Sprache schlechthin. Außerdem gibt es eine Reihe von Disziplinen, in denen Sprache thematisch behandelt wird, wie z. B. die oben erwähnten philologischen Fächer und weiterhin Phonetik, Psycholinguistik (bis hin zur Sprachpathologie), Soziolinguistik, Kommunikationsforschung, Pädagogik und Sprachdidaktik, mathematische Linguistik,

Computerlinguistik (linguistische Datenverarbeitung). Trotz unterschiedlicher Zielsetzungen sind die Allgemeine oder Theoretische Linguistik, die Einzelsprachenuntersuchungen und interdisziplinär orientierte Forschungen voneinander abhängig: einerseits muß die Theorie sich an einzelsprachlichem Material orientieren, dessen Regularitäten allerdings häufig zu allgemeinsprachlichen ‚Universalien' verallgemeinert werden, andererseits muß die Analyse der Einzelsprachen ihre Kategorien und Methoden von der Theorie her rechtfertigen. Im Rahmen dieser Einführung kann auf die einzelsprachlichen und interdisziplinären Bereiche nicht eingegangen werden. Es sei allerdings nachdrücklich darauf hingewiesen, daß Einzelsprachenuntersuchungen großen Einfluß auf die allgemeine Linguistik haben, weil bei ihnen wegen der pragmatischen Zielsetzungen die Sprachdaten oft genauer untersucht werden.

In der allgemeinen Linguistik lassen sich, wie in jeder wissenschaftlichen Disziplin, eine Reihe von Tätigkeiten und Arbeitsschwerpunkten unterscheiden, die im folgenden kurz systematisch erläutert werden, damit man die später besprochenen Gebiete in diesen Zusammenhang einordnen kann. In Abb. 1 wird in graphischer Darstellung ein Überblick gegeben.

Die drei stark umrandeten Kästen stehen für die drei Grundkomponenten linguistischen — wie allen wissenschaftlichen — Bemühens: das Phänomen wird in der Fachdisziplin (Linguistik) nach wissenschaftstheoretisch fundierten Prinzipien (Theorie der Linguistik) untersucht und dargestellt. Die zwei Pfeile in doppelter Richtung deuten darauf hin, daß die Komponenten interdependent sind. Man kann ein Phänomen nicht ohne Reflexion über die Methoden und ohne Grundaxiome als Bezugspunkte beschreiben, und man kann andererseits eine Theorie nicht ohne Bezug auf und Überprüfung an den Phänomendaten aufstellen. Der so entstehende erkenntnisschaffende ‚heuristische' Zirkel ist kennzeichnend für wissenschaftliches Vorgehen. Vor einer inhaltlichen Erläuterung zu den einzelnen Kästen seien kurz die verschiedenen Pfeillinien formal erläutert: die gepunkteten Linien ordnen die in den Seitenkästen notierten Tätigkeitscharakterisierungen der Theorie zu; die gestrichelten Linien charakterisieren die einzelnen Tätigkeiten; die durchgezogenen Linien innerhalb des zentralen Linguistik-Kastens geben eine typische Chronologie — mit Rückkopplungen — eines Arbeitsablaufes in einer empirischen Wissenschaft wieder.

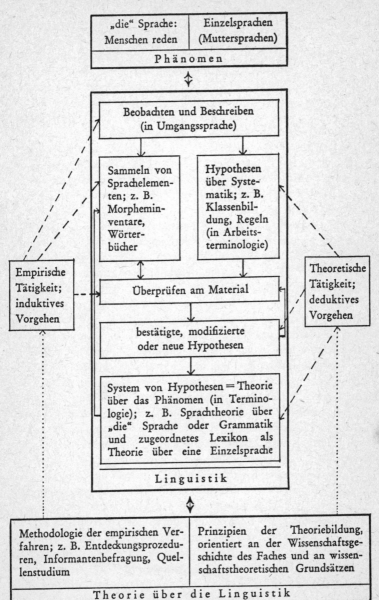

Abb. 1: Überblick über linguistische Tätigkeiten

Nun zum Phänomen: das Objekt linguistischer Bemühungen wird gewöhnlich allgemein ‚Sprache' genannt. Dieses Wort hat eine doppelte Bedeutung. Einerseits verwendet man ‚Sprache' im Zusammenhang mit der Tatsache, daß Menschen — alle Menschen, die nicht im pathologischen Sinne krank sind — reden; das wird häufig umschrieben mit ‚sie sind der Sprache mächtig'. S p r a c h e ist in diesem Zusammenhang die Sprache schlechthin, die menschliche Rede. Andererseits reden die Menschen ‚in verschiedenen Zungen'; je nach der S p r a c h g e m e i n s c h a f t, in die sie geboren wurden, sprechen sie als M u t t e r s p r a c h e z. B. Deutsch, Japanisch oder Hopi. Bei jeder Beobachtung des Phänomens Sprache wird eine E i n z e l s p r a c h e beobachtet, und man muß genau unterscheiden, ob man die Beobachtung der Einzelsprache oder der Sprache schlechthin zuschreibt. Im zweiten Fall ist zu unterscheiden zwischen anthropologisch bedingten, z. B. von den Artikulationsorganen abhängigen, und zwischen in Einzelsprachen beobachteten und verallgemeinerten Eigenschaften, z. B. der Annahme, daß es in allen Sprachen Wörter als Sprachelemente gibt. Eine korrekte Zuordnung ist für Verallgemeinerungen über die Sprache, für das Aufstellen der sogenannten sprachlichen U n i v e r s a l i e n, von großer Bedeutung.

Im Linguistik-Kasten ist angedeutet, daß die Linguistik eine empirische Wissenschaft ist; d. h. sie ist mit einem Teil der Wirklichkeit, der Umwelt, konfrontiert, und nicht mit abstrakten Gedankengebäuden und nur zum Teil — in Texten — mit Geschichte gewordenen Ereignissen oder Gedanken. Sprache, als Einzelsprache und als menschliches Reden, kann adäquat nur in einem bewußt vollzogenen Wechsel zwischen D a t e n a n a l y s e und t h e o r e t i s c h e r R e f l e x i o n erfaßt werden. Dabei mag, je nach Temperament des einzelnen Wissenschaftlers oder nach einer historischen Situation, die empirische oder die theoretische Tätigkeit überwiegen, zumal das Gesamtphänomen so umfangreich und vielschichtig ist, daß eine Arbeitsteilung unumgänglich ist. Das empirische Vorgehen wird in der Abbildung als Beobachten und Beschreiben des Phänomens, als Sammeln von Sprachelementen (mit allen, auch den individuellen Eigenschaften) und Notieren auffälliger Merkmale, als Zusammenstellen des Sprachmaterials in Listen und Überprüfen von Hypothesen am Material spezifiziert und i n d u k t i v e s Vorgehen genannt; das bedeutet, daß der Wissenschaftler den Datenreichtum ordnet und systematisiert nach Kriterien, die er in den Daten selbst findet, z. B. indem er Wörter mit graphematisch gleichen Endungen zu Klassen zusammenfaßt. An irgendeinem Punkt seiner Untersuchungen muß er dann die induktiv gewonnenen Ordnungskriterien verallgemeinern zu Ordnungsfaktoren, die für die gesamte betreffende Einzelsprache oder für jede Sprache gelten.

Theoretische Tätigkeiten — in der Abbildung sind Hypothesen- und Theoriebildung genannt — werden als **deduktives** Vorgehen bezeichnet. Zwar ist die Verallgemeinerung von Beobachtungen zu Hypothesen über das Phänomen — z. B. Regeln über die Wortstellung in Sätzen — eine Idealisierung, ein Abstreichen nicht typischer und Herausstellen charakteristischer Eigenschaften, und ein solches Abstrahieren ist, wie oben gesagt, ein induktiver Schritt. Wenn jedoch nach dem Betrachten relativ weniger Sprachdaten oder durch Übernahme nur wenig geprüfter tradierter Anschauungen Hypothesen formuliert und systematische Zusammenhänge konstatiert und postuliert werden, die eigentlich erst zu verifizieren sind, geht man primär deduktiv vor.

Als Ergebnis solcher Tätigkeiten sollte eine Theorie über das Phänomen entstehen, in der sowohl die allgemeinen als auch die individuellen, nur einzelnen Elementen zukommenden Eigenschaften des Phänomens systematisch erfaßt sind. Von einer solchen vollständigen Theorie über die Sprache ist die Linguistik noch weit entfernt. Sie befindet sich im Wechselbad zwischen Phänomenbetrachtung und Hypothesenbildung, und zwar sowohl im Bereich der Einzelsprachen als auch im Bereich der Sprache schlechthin. Allerdings wurden in den letzten 50 Jahren eine Reihe von Grundannahmen (Hypothesen, die als Axiome, als Grundbegriffe einer Theorie fungieren) über erstens die Sprache und zweitens die Methoden der Beschreibung von Einzelsprachen entwickelt, deren Möglichkeiten für die Beschreibung einzelner Sprachen noch nicht ausgeschöpft und deren Gültigkeit folglich noch umstritten ist. Sie werden in der Einführung im einzelnen dargestellt.

Die im engeren Sinne linguistischen Tätigkeiten sind zu reflektieren in einer Theorie der Linguistik, die wiederum an der Wissenschaftstheorie orientiert sein muß. Letzteres hat gerade für die Linguistik erhebliche Folgen: da die Sprache ein Phänomen ist, das der Wissenschaftler sowohl extern bei anderen beobachtet als auch intern an sich selbst erfährt, und da er eine der beiden Beobachtungsweisen nur durch eine bewußte Handlung einigermaßen ausschalten kann, muß er sein

Vorgehen genau reflektieren und explizieren. Die beiden skizzierten Ansätze — das bei strenger Durchführung mechanistische und behaviouristische Beobachten des Sprachverhaltens anderer anhand produzierter Sprachäußerungen oder das mentalistische Nachdenken über das eigene Sprachverhalten und über die Sprachfähigkeit des Menschen als geistige bzw. psychische Fähigkeit — sind in der Sprachwissenschaft gerade der letzten 50 Jahre rigoros vertreten worden und liegen z. B. den lebhaften Meinungsverschiedenheiten und z. T. Polemiken zwischen der sog. taxonomischen Schule mit ihren Entdeckungsprozeduren und Textkorpusanalysen und der sog. generativen transformationellen Grammatik, die die Sprachkompetenz natürlicher Sprecher beschreiben will, zu Grunde. Darauf wird weiter unten näher einzugehen sein.

Ehe die Grundbegriffe und Methoden der Linguistik im einzelnen dargestellt werden, seien noch einige Bemerkungen zur Fachsprache der Linguisten vorausgeschickt.

1.1.2 Linguistische Terminologie

Wer Aufsätze oder Bücher über linguistische Themen zur Hand nimmt, der wird mit einer Vielzahl von Fachtermini konfrontiert. Wie in jeder Wissenschaft kommunizieren die Fachleute auch in der Linguistik in definierten ‚termini technici' über ihren Phänomenbereich. Die Funktion der Terminologie läßt sich etwa folgendermaßen knapp angeben: ein Terminus soll einem Begriff einen ‚treffenden' Namen geben. Es ist ohne weiteres einleuchtend, daß Begriffe, also in einem systematischen Zusammenhang erarbeitete Beobachtungsergebnisse, Zusammenfassungen von konkreten oder abstrakten Merkmalsbündeln, Hypothesen im oben dargestellten Sinn usw., mit einem Namen fixiert werden, damit man über sie sprechen kann. Eine ‚treffende' Namensgebung soll die Verständigung über ein Thema erleichtern, sie übernimmt eine gedächtnisstützende (mnemotechnische) Aufgabe. Wenn dabei in der Linguistik die aus der Schulgrammatik bekannten überlieferten Begriffe nicht ausreichen und durch ein vielfältiges und komplexes Begriffssystem — leider auch z. T. durch konkurrierende Systeme — ersetzt werden, so ist das sachlich begründet. Erstens werden methodisch neue Ansätze bei der Beschreibung bekannter oder noch nicht bekannter Sprachobjekte dokumentiert (negativer Auswuchs: man erfindet methoden-individuelle Termini um jeden Preis). Zweitens leben heute weitaus mehr miteinander stetig kommunizierende Sprachwissenschaftler als in einigen verflossenen Jahrhunderten zusammengenommen, und ihre Aktivität spiegelt sich im vermehrten Fachvokabular. Drittens ist gerade die Wissenschaft von der Sprache in einem Punkte unik: man ist in der Linguistik damit konfrontiert, daß man „die Sprache als die Sprache zur Sprache" bringen muß (Heidegger), daß man mit Wörtern über Wörter als Wörter reden soll. Begrifflich wird allgemein unterschieden zwischen der O b j e k t s p r a c h e (dem Phänomen) und der M e t a s p r a c h e (der wissenschaftlichen Rede über die Objektsprache)[1]. Die Relation zwischen Objektsprache und Metasprache, die im Normalfall beim Benutzen einer ausgearbeiteten Terminologie unkompliziert erscheint, ist beim Einführen neuer Begriffe in die Metasprache, also beim Überführen von Sprachelementen aus der Objektsprache in die Metasprache, oft problematisch. Der Weg ist in Abb. 1 angedeutet mit den Begriffen u m g a n g s s p r a c h l i c h e Beschreibung, A r b e i t s t e r m i n o l o g i e mit vorläufigen Begriffen, F a c h t e r m i n o l o g i e ; man hat, besonders bei deduktivem Vorgehen, darauf zu achten, daß umgangssprachliche Umschreibungen nicht unter der Hand zu Fachtermini werden.

Im allgemeinen werden in der Linguistik Begriffe nach einer der vier folgenden Methoden definiert.

1. Termini werden nicht als solche erkannt oder gekennzeichnet, es sei denn man bemüht sich ausdrücklich um eine Begriffsbestimmung. Ein typisches Beispiel für eine solche Verwendung von Wörtern in ihrer umgangssprachlichen Bedeutung ist das Wort W o r t. Jeder, der die deutsche Sprache spricht, weiß, was ein Wort ist. Der Wortbegriff ist nicht wissenschaftlich, sondern im allgemeinen Sprachgebrauch festgelegt, und auch in den wiederholten und umfangreichen Versuchen einer Begriffsbestimmung wird der Begriff in seiner allgemeingebräuchlichen Bedeutung zugrunde gelegt, und sein Bedeutungsumfang im linguistischen Bereich geklärt. Bei der Verwendung solcher Begriffsnamen — weitere Beispiele wären etwa L a u t , S a t z , S p r a -

---

[1] Für dieses Buch gelten folgende Konventionen: Metasprachliche Begriffe werden, wenn sie zuerst eingeführt werden, gesperrt gedruckt. Objektsprachliche Beispiele werden, wenn sie in normaler Orthographie erscheinen, kursiv gedruckt. Weitere Kennzeichnungskonventionen werden verabredet, wenn linguistische Einheiten mit bestimmtem theoretischem Status eingeführt werden.

c h e — ist darauf zu achten, daß sie nicht unkontrolliert vom umgangssprachlichen in einen fachterminologischen Status überführt werden.

2. Termini haben metaphorischen Charakter; die Begriffe sind mit Plausibilitätserwägungen eingeführt. Diese Art der Terminologiebildung ist in der Sprachwissenschaft reichlich belegt. Zentrale Begriffe der historischen Sprachbetrachtung sind z. B. W u r z e l und S t a m m. Im Bild des Baumes wird der sichtbare, zeitgenössische Teil eines Wortes, der in allen Wortformen auftritt, S t a m m genannt und der nicht sichtbare weil im Laufe der Zeiten veränderte Teil W u r z e l (z. B. hat das Wort *biegen* den Stamm *bieg* und die idg. Wurzel **bheug*[2]). Wie häufig bei metaphorischer Benennung verbindet sich hier mit den Namen eine bestimmte Anschauung: in diesem Fall ist es das — romantische — Verständnis der Sprache als pflanzenhaft wachsendes Naturphänomen. Weitere Beispiele für metaphorische Termini sind z. B. W o r t f e l d, W o r t f a m i l i e, W o r t s t a n d, wie sie heute in der sog. i n h a l t b e z o g e n e n Sprachwissenschaft verwendet werden. Indem man versucht, den treffenden Namen zu finden, hofft man, gleichzeitig mit dem Namen eine Einsicht zu vermitteln, und das ‚Wesentliche' des benannten Objektes oder Begriffes zu erfassen. Die große Gefahr dabei ist, daß statt präziser fachlicher Verständigung ein am Bild der Metapher orientiertes falsches oder zumindest schiefes Verständnis erreicht wird.

3. Termini werden in einem Begriffszusammenhang eingeführt und als Elemente des Begriffssystems definiert. An diese Art der Begriffsdefinition denkt man wohl im allgemeinen, wenn man von ‚Wissenschaft' spricht. Von grundsätzlich definierten oder axiomatisch gesetzten Oberbegriffen werden andere hergeleitet, z. B. nach dem Schema: ein S a t z (axiomatisch eingeführter Oberbegriff) enthält S u b j e k t und P r ä d i k a t, ein Prädikat kann aus K o p u l a und P r ä d i k a t s e r g ä n z u n g bestehen usw. Die traditionelle Formel für diese Art der Begriffbildung lautet: man suche für einen Begriff das g e n u s p r o x i m u m (den übergeordneten oder nebengeordneten Begriff) und die d i f f e r e n t i a s p e c i f i c a (die speziellen, diesen Begriff charakterisierenden und gegen andere abgrenzenden Eigenschaften). In der Linguistik wählt man, wie in den anderen Wissenschaften,

---

[2] Elemente und Beispiele in der Objektsprache werden mit einem * gekennzeichnet, wenn sie historisch erschlossen, aber nicht belegt sind oder wenn sie nicht akzeptable Unformen bzw. Unsätze darstellen.

zur Namensgebung gewöhnlich die sachlich zutreffenden Wörter der abendländischen Kultur- und Wissenschaftssprachen Griechisch und Latein. Abgesehen von der mnemotechnischen Funktion hat das den kommunikativen Vorteil, daß die Termini in vielen Sprachen mit nur kleinen lautlichen Variationen benutzt werden können. Außerdem steht man in guter allgemeinwissenschaftlicher Tradition: G r a m m a t i k , die Lehre von den g r a m m a , den Schriftzeichen, ist ein solcher Terminus.

Zur Demonstration einer systematisch aufgebauten Terminologie seien folgende Reihen aufgeführt:

    P h o n   — A l l o p h o n   — P h o n e m
    G r a p h — A l l o g r a p h — G r a p h e m
    M o r p h — A l l o m o r p h — M o r p h e m .

In allen drei Reihen steht der vorsilben- und endungslose Term für jedes konkret in Sprachäußerungen vorkommende entsprechende Element, das A l l o - für verschiedene Realisationstypen und das - e m für eine Klasse von Einheiten. Das G r a p h e m (Schriftzeichen) *t*, z. B., kommt in dem Wort *Tritt* dreimal als Graph (*T, t, t,*) in der Gestalt zwei verschiedener A l l o g r a p h e n (*T, t*) vor. Entsprechendes gilt für die P h o n e (Lautsegmente) und die M o r p h e (bedeutungstragende Einheiten), wie im einzelnen in späteren Kapiteln ausgeführt wird.

In der strukturalistischen Linguistik, deren Ziel präzise Aussagen und deren Grundbegriff das Sprachsystem ist, muß eine überwiegend systembedingte Terminologie erwartet werden. Gerade in der systematisch exakten Definition des Begriffsapparates unterscheidet sich die neuere Linguistik von der traditionellen Sprachwissenschaft. Allerdings hat bei der Vielzahl linguistischer Schulen die Überbetonung eigenständiger Terminologien teilweise zu einem bedauerlichen terminologischen Wirrwarr geführt, der zwar verschiedene Methoden und Grundaxiome spiegelt, aber nicht gleichermaßen auf verschiedene Beobachtungsobjekte verweist. Beim Benutzen systembedingter Termini muß darauf geachtet werden, daß Begriffe nicht kontextfrei oder in falschem Zusammenhang verwendet und unzulässig verallgemeinert, gewissermaßen ihrerseits metaphorisiert werden.

4. Termini werden o p e r a t i o n e l l definiert. Diese Art der Begriffsbildung, die zunächst etwas ungewöhnlich und fremd erscheinen mag, wurde im amerikanischen Strukturalismus häufig angewendet. Begriffe operationell einführen heißt, ein Verfahren angeben, wie

die zu bezeichnenden Größen aus einem Korpus von Daten gewonnen werden können, und die Größen dann mit einem Terminus benennen. In der linguistischen Datenverarbeitung, z. B., wird häufig der Wortbegriff folgendermaßen operationell definiert: „ein W o r t ist diejenige Graphemfolge eines Textes, die zwischen zwei Zwischenräumen steht." Der so gewonnene Wortbegriff deckt sich nicht unbedingt mit dem allgemeinsprachlichen, aber es läßt sich damit im konkreten Fall gut arbeiten. Operationell werden Begriffe dann eingeführt, wenn man die Grundbegriffe nicht nach einem allgemeinsprachlichen und schwer zu explizierenden Verständnis, sondern nach einem explizit angebbaren Verfahren gewinnen will bzw., wie in der Computerlinguistik, muß. Die Namen operationell definierter Begriffe werden gewöhnlich nach denselben Gesichtspunkten wie bei der unter Pkt. 3 beschriebenen Begriffsbestimmung gewählt.

Abschließend sei noch auf zwei verschiedene Vorgehensweisen beim Definieren hingewiesen, die bei allen vier Methoden der Terminologiebildung auftreten: das — logisch ausgedrückt — e x t e n s i o n a l e und das i n t e n s i o n a l e Definieren.

E x t e n s i o n a l ist ein Begriff bzw. — dabei wird das Prinzip deutlicher demonstriert — eine Klasse von Elementen dann definiert, wenn man explizit eine Liste von Elementen angibt und sagt: „a, b, c sind", also z. B. „ich, du er, sie, . . . sind Personalpronomen". Selbstverständlich wäre bei diesem Beispiel zu fragen, auf Grund welcher Kriterien sie als Personalpronomen eingestuft werden und somit als Elemente für eine extensionale Definition zur Verfügung stehen, aber in vielen Fällen ist es zunächst ohne weiteres möglich und sinnvoll, eine Liste von Gegenständen oder Beobachtungsobjekten zusammenzustellen, sie unter einen Begriff zu subsumieren und dann erst die Gründe für eine solche Zusammenstellung anzugeben oder nach Gründen für eine Begriffsbildung zu suchen bzw. sie zu verwerfen.

I n t e n s i o n a l ist ein Begriff bzw. eine Klasse von Elementen dann definiert, wenn man sagt: „jedes Element, das bestimmte Eigenschaften aufweist, ist ein . . . "; mit dem oben gegebenen Beispiel der operationellen Wortdefinition: „jedes Element, das die Eigenschaften hat, Graphemfolge in Texten zu sein und zwischen zwei Zwischenräumen zu stehen, ist ein Wort". Dieses Beispiel ist eine sehr enge und entsprechend exakte Anwendung intensionalen Definierens, weil die Eigenschaften explizit gemacht sind. Intensional und zugleich recht ungenau definiert man häufig, wenn man Eigenschaften nach allgemeinsprachlichem Verständnis angibt, z. B. „Verben sind Wörter, die Tätigkeiten ausdrücken". Es ist Aufgabe einer Wissenschaft, solche Eigenschaften in einem exaktem Sinn zu explizieren und ihre einwandfreie Nachprüfbarkeit zu sichern bzw., wo das nicht möglich ist, ihren auf „Einsicht" angewiesenen Charakter als solchen anzugeben.

1.2 Linguistische Grundbegriffe

Im folgenden werden linguistische Grundbegriffe kurz eingeführt. Sie werden dabei keineswegs erschöpfend, aber für ein erstes Verständnis wohl hinreichend genau, erläutert. Bei der späteren Darstellung einzelner Aspekte der Sprache wird häufig auf sie zurückgegriffen, wodurch nicht nur die Einzelheiten, sondern auch die Grundbegriffe genauer bestimmt werden. Bei den Grundbegriffen ist zwischen der Charakterisierung linguistischen Vorgehens und Aussagen über die Sprache zu unterscheiden. Diese Aussagen werden gewöhnlich in die Form „die Sprache ist ..." gekleidet, also z. B. „die Sprache ist ein Zeichensystem". Auf diese Weise werden der Sprache gewisse Eigenschaften geradewegs zugesprochen, auch wenn die Aussagen eigentlich hypothetischen Charakter haben. Wollte man exakt sein, müßte man die Aussageformel modifizieren, z. B. zu „es erscheint sinnvoll, der Sprache die und die Eigenschaft zuzusprechen", also: „es erscheint sinnvoll, die Sprache u. a. als ein System von Zeichen anzusehen" oder „es erscheint sinnvoll, die Sprache u. a. als soziales Gebilde zu sehen, weil sie nicht dem einzelnen Menschen, sondern den Menschen als Mitgliedern einer Gruppe zukommt" usw. Eine solche Formulierung wäre zwar genauer, aber auch umständlicher. Außerdem werden solche Charakterisierungen wie „Zeichensystem" für alles Weitere vorausgesetzt und vom Strukturalismus als Grundbegriffe angenommen. Nichtsdestotrotz ist ihr hypothetischer Charakter zu beachten.

1.2.1 Linguistisches Vorgehen

1.2.1.1 Abstrahieren und Individualisieren

Die mit dieser Dichotomie unterschiedenen Vorgehensweisen zielen auf die bekannten Aspekte des Allgemeinen und des Besonderen am beobachteten Objekt. Beim A b s t r a h i e r e n werden die typischen und vom Beobachtungsstandpunkt aus relevanten Merkmale hervorgehoben und die individuellen, irrelevanten nicht berücksichtigt. Dieses Vorgehen ist z. B. typisch für die Naturwissenschaften, die allgemeine Naturgesetze entdecken wollen. In der Linguistik ist das Abstrahieren charakteristisch für den Strukturalismus. Das — in Bühlers Worten — „Prinzip der abstraktiven Relevanz" ist z. B. bei der Betrachtung der Sprache als Lautphänomen von großer Bedeutung. Beim Sprechen werden vom Sprecher eine Fülle von Lautsignalen erzeugt, von denen einige die Lautfolge als bestimmte Wortfolge ausweisen, indem sie als „distinktive Merkmale" die Phoneme charakterisieren (vgl. Kapitel über die Phoneme), während andere den Sprecher als Individuum gegen andere Sprecher abheben und z. B. ein Personenerkennen nur durch die Stimme, etwa am Telefon, ermöglichen, während wiederum andere anzeigen, ob der Sprecher wütend oder gleichgültig usw. ist. Bei strukturalistischer Sprachbetrachtung werden die typischen, für jeweils einen Aspekt relevanten Merkmale ausgewählt und systematisch erfaßt, d. h. ihre gegenseitige Zuordnung und ihr gemeinsames Funktionieren auf verschiedenen Ebenen sprachlicher Prozesse wird beschrieben.

Das i n d i v i d u a l i s i e r e n d e Vorgehen, bei dem alle konkreten Merkmale und Besonderheiten sprachlicher Prozesse oder sprachlicher Elemente erfaßt werden, ist z. B. typisch für die historische Wortforschung, bei der die Etymologien einzelner Wörter, ihre lautlichen und inhaltlichen Wandlungen im Laufe von Jahrhunderten erforscht werden.

1.2.1.2 Klassifizieren

Die Sprache besteht aus einer Fülle von sprachlichen Einheiten, etwa Wörtern, die unter bestimmten Gesichtspunkten zu Klassen zusammengefaßt werden müssen, wenn man die Sprache metasprachlich beschreiben und nicht nur Sprechakte transkribieren bzw. schriftliche Texte kopieren will. Die Auswahl der linguistischen Kategorien, der Klassifikationskriterien, und einer extensionalen oder intensionalen Definitionsweise (vgl. o.) ist häufig je nach Spracheinheiten und auch linguistischer Schule verschieden, aber sowohl in der traditionellen als auch in der strukturalistischen Sprachwissenschaft ist das Klassifizieren, das Zusammenordnen von Elementen, eine grundlegende Aufgabe; für die sog. taxonomische Schule (vgl. u.) ist das Klassifizieren von Sprachsegmenten die einzige legitime Beschreibungstechnik.

1.2.1.3 Regeln

Die Sprache besteht nicht nur aus zu klassifizierenden Sprachelementen, sondern diese Elemente werden beim Sprechen zu größeren Einheiten verbunden. Die Anordnung z. B. von Wörtern zu Sätzen weist bestimmte Regularitäten auf, die in R e g e l n erfaßt werden. Das Formulieren z. B. grammatischer Regeln ist eine linguistische Aufgabe, die sowohl in der traditionellen als auch in der strukturalistischen Linguistik einen großen Raum einnimmt; das Aufstellen von Regeln ist typisch für die „generative transformationelle Grammatik", in der Regelmodelle konstruiert werden, die Sätze erzeugen können.

1.2.1.4 Modell

Modelle sind Nachbildungen oder Vorausentwürfe konkreter Objekte oder verständliche Darstellungen abstrakter Aussagen über Gegenstandsbereiche oder Verhaltensweisen. Modelle sind leichter verständlich als verbale Beschreibungen, weil sie wichtige, für bestimmte Aspekte relevante Teile des Gegenstandes oder Verhaltens in mehrdimensionaler Form darstellen. Modelle von Bauwerken geben z. B. in kleinerem und damit überschaubarerem Maßstab die äußeren Konturen des Gebäudes wieder. Bei Modellen von abstrakten Zusammenhängen oder von Verhaltensweisen — beide findet man in der Linguistik — sind einige Unterscheidungen zu treffen.

S t a t i s c h e M o d e l l e sind gewöhnlich graphische Darstellungen über abstrakte Zusammenhänge, in denen Relationen mit graphischen Mitteln (Pfeilen, Kästen usw.) dargestellt werden. In diesem Sinne kann Abb. 1 als Modell für die Linguistik angesehen werden; ebenfalls in diesem Sinne Modelle sind Saussures Sprachzeichenmodell und Bühlers Organonmodell der Sprache (vgl. u.). Letzteres könnte auch schon als ein Modell für eine Verhaltensweise bezeichnet werden, das allerdings noch statisch ist.

In den Naturwissenschaften, besonders aber in den Gesellschafts- und Wirtschaftswissenschaften, verwendet man zur verständlichen Darstellung von Verhaltensweisen S i m u l a t i o n s m o d e l l e, bei denen ein Ablauf simuliert — ggfls. auf einem Computer „durchgespielt" — wird. Dabei ist grundsätzlich zwischen zwei Typen zu unterscheiden, die F u n k t i o n s - und L e i s t u n g s m o d e l l heißen mögen.

Leistungsmodelle simulieren ein Verhalten nach dem Black-Box-Prinzip: bei einer gleichen Ausgangssituation, bei gleichen Ausgangsdaten, soll ein gleiches Ergebnis erzielt werden wie im simulierten Bereich. Der konkrete Ablauf, durch den das Ergebnis im Modell und im Original erzeugt wird, ist irrelevant, muß keinesfalls derselbe sein, und man darf von der Arbeitsweise und Strukturierung des Modells nicht auf das Original schließen. Ein typisches Leistungsmodell in diesem Sinne ist eine Grammatik aus Regeln und Wörtern bzw. Morphemen, die korrekte Sätze erzeugt, z. B. wenn sie auf einem Computer realisiert wird, die diese Sätze aber sicher nicht auf die gleiche Weise wie ein menschlicher Sprecher erzeugt.

Funktionsmodelle kopieren nicht nur Ausgangs- und Endzustände von Verhaltensweisen, sondern sie funktionieren in den im Modell enthaltenen Teilen in derselben Weise wie das Original. Funktionsmodelle lassen sich für den linguistischen Bereich natürlich nicht aufstellen, denn noch hat man keinen Homunkulus geschaffen, der wie ein Mensch sprechen kann. Dieser Hinweis mag überflüssig erscheinen, aber bei der Diskussion um solche Begriffe wie Sprachgefühl, Sprachkompetenz und Sprachperformanz ist an den Unterschied zwischen Leistungs- und Funktionsmodell zu erinnern.

1.2.1.5 Prozedur und Korpus

Prozeduren sind genau festgelegte Verfahrensweisen für die Analyse von Texten. Ein spezieller Text wird dabei das Korpus genannt. Prozeduren, z. B. die Entdeckungsprozeduren der Distributionsanalyse, wurden besonders im amerikanischen Strukturalismus (Taxonomie) entwickelt (s. u.). Im deutschen Sprachraum hat unabhängig davon Glinz z. T. die gleichen, z. T. andere Analysetechniken entwichelt (Klangprobe, Verschiebeprobe, Ersatzprobe u. a.). Exakt definierte Prozeduren sind notwendig bei einem empirischen Ansatz, der wissenschaftliche Genauigkeit primär aus methodisch kontrollierten Analysen und weniger aus zu verifizierenden Theorieentwürfen gewinnen will.

1.2.1.6 Diachronie und Synchronie

Die Sprache ist menschliches Reden, sie ist an den Menschen als geschichtliches und als — zu seinen Lebzeiten — soziales Wesen gebunden. Wie in vielen Texten belegt, ändert sich eine Sprache im Laufe der

Jahrhunderte. Wie tagtäglich erfahrbar, gelten in einer Sprache zu einem Zeitpunkt ganz bestimmte Regeln und Normen. Man kann das eine und das andere zum Thema von Untersuchungen machen.

Eine d i a c h r o n i s c h e Linguistik untersucht die Entwicklung einer Sprache durch verschiedene in Texten belegte Sprachzustände hindurch. Ausgangspunkt kann eine alte Sprachstufe sein, und die Fragestellung lautet: wie hat sich die Sprache zu jüngeren Sprachstufen bis zur Gegenwart hin entwickelt? Gibt es so etwas wie Entwicklungsregularitäten? Ausgangspunkt kann ebenso die Gegenwart oder eine jüngere Sprachstufe sein, und die Fragestellung lautet: wie ist diese Sprachstufe entstanden? Gibt es Gesetze, daß sie — wenigstens in einigen Aspekten — so und nicht anders werden mußte? Die historische und, soweit in alten Sprachstufen verschiedene Einzelsprachen verglichen und zusammengeführt wurden, historisch-komparatistische Sprachwissenschaft, dominierte im späteren 19. Jahrhundert und wurde als die einzig mögliche Wissenschaft von der Sprache angesehen (Man vgl. Pauls ‚Prinzipien der Sprachgeschichte').

Eine s y n c h r o n i s c h e Linguistik untersucht einen Sprachzustand; sie fragt, mit welchem Inventar von Sprachelementen und nach welchen Regeln eine Sprache zu einem Zeitpunkt funktioniert[3]. Der Strukturalismus geht davon aus, daß die synchronische Betrachtung der diachronischen logisch übergeordnet ist, weil man erstens Sprache fast nur in jeweils einem historischen Zustand und nicht bei Veränderungen beobachten kann und weil zweitens eine Sprachentwicklung das gesamte System einer Sprache und nicht Einzelheiten betrifft und somit ein Vergleich nur sinnvoll ist, wenn Gesamtzustände und nicht Einzelheiten verglichen werden.

Eine dritte Betrachtungsweise konzentriert sich nicht auf konkrete Zustände und historische Veränderungen bei Einzelsprachen, sondern auf die Sprache als menschliches Reden (vgl. o.), und zwar einerseits auf Aspekte der Sprache, die vom Menschen als Sprachbenutzer, als artikulierendes, hörendes und denkendes Wesen, abhängen, und andererseits auf universell in allen Einzelsprachen und Sprachzuständen

---

3 Diese Aufgabenstellung und die Dichotomie ‚Diachronie-Synchronie', wurde von dem Genfer Sprachwissenschaftler Ferdinand de Saussure anfangs des 20. Jahrh. erarbeitet und formuliert und hat, zusammen mit seinen Thesen über die Sprache als Zeichensystem, dessen Struktur zu untersuchen sei (vgl. u.), einen großen Einfluß auf die Linguistik des 20. Jahrh. gehabt und gewissermaßen den Strukturalismus begründet.

vorkommende Regularitäten, z. B. daß es Wörter und Sätze gibt, daß die Sprache Zeichencharakter hat usw. Diese a h i s t o r i s c h e Betrachtungsweise[4], die nach Universalien sucht, war im Mittelalter verbreitet und ist neuerdings im Zusammenhang mit der generativen Grammatik wieder aufgegriffen worden.

Die drei Betrachtungsweisen sind in Abb. 2 dargestellt.

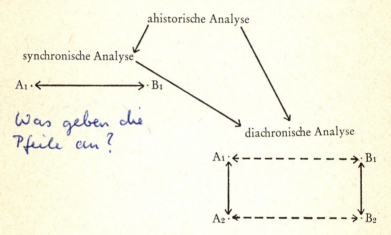

A, B : Elemente der Sprache, Indizes geben Sprachstufen an

Abb. 2: Beziehungen zwischen ahistorischer, synchronischer und diachronischer Linguistik

1.2.1.7 Deskriptiv, präskriptiv, normativ, generativ

Es ist ein alter Streit, ob es Aufgabe der Sprachwissenschaft ist, Sprachen zu beschreiben, oder ob sie Normen für richtigen oder sogar guten Sprachgebrauch vorschreiben soll. Bei der Frage, inwieweit linguistisches Vorgehen d e s k r i p t i v (beschreibend) oder p r ä s k r i p t i v (vorschreibend) und damit n o r m a t i v ist, sind einige Unterscheidungen zu treffen.

1. Wenn in der Linguistik Texte beschrieben werden, wird eindeutig d e s k r i b i e r t. Bei solchem Vorgehen ist das Ziel wissenschaftlichen

---

[4] Saussure spricht von Panchronie.

Bemühens eine exakte Bestandsaufnahme z. B. einer in Texten belegten historischen Sprachstufe oder eines nur in mündlicher Rede vorhandenen Dialektes.

2. Wenn man aber, wie z. B. die ‚generative Grammatik', argumentiert, daß man das Phänomen Sprache nicht in fertigen Texten erfassen kann, weil von Sprachbenutzern ständig neue Texte erzeugt werden, muß man die Fähigkeit der Sprachbenutzer untersuchen, neue Äußerungen zu erzeugen (zu g e n e r i e r e n). Insofern man das Verhalten und die ein Verhalten ermöglichende Fähigkeit von Sprachbenutzern beschreibt, geht man d e s k r i p t i v vor. Insofern man allerdings Regeln formuliert, mit denen sprachliche Texte erzeugt werden können, wählt man eine g e n e r a t i v e oder auch p r ä s k r i p t i v e Art der Darstellung[5]. Eine Grammatik aus Regeln und einem zugeordneten Wörterbuch b e s c h r e i b t mögliche Texte, indem sie die Konstruktion von Sätzen v o r s c h r e i b t. Die Linguistik ist demnach eine deskribierende Wissenschaft, deren Darstellungstechnik zum Teil präskriptiven Charakter hat.

3. Wenn nun Texte und Sätze, die mit den Regeln einer Grammatik und einem Wörterbuch erzeugt werden können, als korrekte und vorbildliche Norm für andere Sprachbenutzer, z. B. Schüler, vorgeschrieben werden und wenn abweichende Äußerungen nicht zugelassen werden, dann stellt eine solcherart als Sprachlehre interpretierte Beschreibung eine Norm dar. Das Aufstellen von Sprachnormen ist nicht in jedem Fall das Ziel der Linguistik, aber in weiten Bereichen der Anwendung werden ihre Ergebnisse als Normen interpretiert und gelehrt. In diesem Zusammenhang ist die Frage nach dem Normsetzer zu stellen. Wenn die Sprachfähigkeit von Sprachbenutzern beschrieben wird, dann sind die dazu ausgewählten Informanten die Normsetzer. Welche Informanten sind also als Normsetzer auszuwählen? Theoretisch hat man dieses Problem gewöhnlich in den Bereich der Soziologie verwiesen. Praktisch hat man entweder sich selbst, das eigene ‚Sprachgefühl' (s. u.) oder aber die Dichter und Schriftsteller, die in sprachlichen Dingen kulturell führende Schicht, als Normsetzer

---

5 G e n e r a t i v ist demnach jede Regelgrammatik; die Schule der „generativen, transformationellen Grammatik", die gewöhnlich abgekürzt wird zu „generative Grammatik", stellt ganz bestimmte formale Anforderungen an die zu verwendenden Regeltypen: eine Grammatik muß aus sog. Ersetzungsregeln und Transformationsregeln usw. aufgebaut sein. Vgl. dazu die Ausführungen im Syntaxkapitel.

für die sog. Hoch- und Schriftsprache herangezogen. Nur bei der Untersuchung von Dialekten hat man „dem Volk aufs Maul geschaut", allerdings mit dem rein deskriptiv zu bewältigenden Ziel einer Bestandsaufnahme.

Das Problem der Sprachnorm wird neuerdings wieder stark beachtet, besonders unter soziologischen Gesichtspunkten: man untersucht Konflikte, die bei einer Konfrontation zwischen der Lehrbuch- und Lehrernorm einer Oberschicht mit der Soziolektnorm einer Unterschicht auftreten. Das Problem der schichtenspezifischen Sprachverwendung und Sprachnorm ist bisher von der Wissenschaft als Problem formuliert und durch empirische Untersuchungen erhärtet. Man macht Ernst mit der Zuständigkeit der Soziologie für soziale Normen. Die Linguistik findet in diesem Bereich reichlich Arbeit vor.

1.2.2 Aussagen über die Sprache

1.2.2.1 Langage, Langue, Parole

Es ist bereits darauf hingewiesen worden, daß das Wort „Sprache" mehrdeutig ist; als verschiedene Bedeutungen waren das Phänomen des menschlichen Redens und Einzelsprachen wie Deutsch, Arabisch usw. angegeben worden. Hier ist nun noch einmal zu differenzieren. Wenn man sagt: „Peter spricht Deutsch", dann kann das bedeuten „Peter spricht gerade jetzt einige deutsche Sätze". Man meint dann den konkreten Fall, den Sprechakt, das individuelle Ereignis. Die Äußerung würde aber normalerweise in einem Sinn verstanden wie „Peter ist des Deutschen mächtig, er beherrscht die deutsche Sprache". In diesem Falle ist nicht die individuelle Äußerung, die Reihung von Wörtern gemeint, sondern etwas Abstrakteres: die Sprache einerseits als Gebilde mit einem Wortschatz und Regeln, wie Wörter zu Aussagen kombiniert werden usw., und andererseits als einer Gruppe von Menschen zugeordnet, ihnen zum Gebrauch in einzelnen Sprechakten zur Verfügung stehend, als sog. soziales Objektivgebilde.

Saussure hat diese drei verschiedenen Erscheinungen von Sprache als erster klar voneinander unterschieden und mit den Termini (Faculté de) Langage (Sprachfähigkeit, menschliche Rede), Langue (Sprache) und Parole (Sprachverwendung, Sprechakt) benannt. Man hat versucht, diese Begriffe zu übersetzen, wie in

Klammern angedeutet, aber um der terminologischen Klarheit willen empfiehlt es sich, die saussureschen Bezeichnungen zu verwenden. Diese Unterscheidungen, besonders die Dichotomie Langue — Parole, waren von fundamentaler Bedeutung für die strukturalistische Linguistik. Der Begriff Langage hatte als Oberbegriff vornehmlich eine heuristische Funktion und diente zur Abgrenzung spezifisch menschlicher Rede gegen so etwas wie „Tiersprache" einerseits und zur Kennzeichnung der „natürlichen Sprache" gegenüber anderen semiotischen Systemen wie etwa der künstlichen Formelsprache der Mathematik.

Die Beziehung zwischen den Bereichen der Langue und der Parole sind sehr komplex und sicherlich nicht exakt definiert; die beiden Begriffe sind als Idealisierungen zu verstehen: Sprecher einer Sprachgemeinschaft produzieren in konkreten Situationen sprachliche Äußerungen, von denen keine zwei in jeder Beziehung gleich sind, die aber auf einen gemeinsamen Zeichenvorrat (Wortschatz) und gemeinsame Regeln zur Verwendung der Zeichen, eben eine gemeinsame Langue zurückgeführt werden können[6]. Die Äußerungen der Sprecher sind Ereignisse der Parole. Von der Parole muß der Linguist bei seiner Sprachbeschreibung ausgehen. Aber er will die allgemeingültigen Regularitäten und damit die Langue erfassen. Zumindest war dies Saussures Forderung. Und als Bezugspunkt für ein systematisches Beschreiben der Parole, das nicht nur ein Sammeln von Sprechereignissen ist, scheint eine Darstellung der Langue ein wenn nicht notwendiger, so doch möglicher erster Schritt; diesen Weg ging jedenfalls die strukturalistische Linguistik.

Auf das Begriffspaar Langue — Parole wird weiter unten mehrmals zurückzukommen sein, besonders bei der Unterscheidung zwischen syntagmatischen und paradigmatischen Relationen, im Zusammenhang mit dem neueren Begriffspaar Kompetenz und Performanz und bei der Unterscheidung zwi-

---

[6] Die Äußerungen der Parole sind einzelne Sprechereignisse, sie sind nicht der unterschiedliche Sprachgebrauch verschiedener Sprecher. Die Parole ist nicht der individuell von einem Sprecher beherrschte Teil der Langue, den man den Idiolekt einer Person nennt. Weitere Unterteilungen der Langue einer Einzelsprache sind: Dialekte bzw. Mundarten (geographische Unterschiede); Soziolekte wie Fach- und Berufssprachen, schichtspezifische Sprachen, die auch als Stadtvierteldialekte interpretiert werden können, und weiterhin nach allgemeinen Gesichtspunkten die Unterscheidung nach Hochsprache, Umgangssprache und Alltagssprache.

schen Äußerungen von Sprechern als Sprechereignissen der Parole und grammatisch richtigen Sätzen als Teil der Langue. Wenn im folgenden die Bezeichnung ‚Sprache' verwendet wird, dann im Sinne von ‚Langue'.

1.2.2.2 Zeichen

Wenn die Sprache in einem größeren Zusammenhang gesehen wird, sagt man gewöhnlich, sie habe Zeichencharakter, sie sei ein System von Zeichen. Demnach ist Sprache im Zusammenhang mit der Semiotik, der Lehre von den Zeichen zu sehen. Auch Saussure ordnet die Sprachwissenschaft der von ihm Semeologie genannten Wissenschaft von den Zeichen zu. Im folgenden wird der Zeichencharakter von Sprache im Hinblick auf einige Zeichenmodelle diskutiert.

Mit Zeichen wird generell der Sachverhalt benannt, daß etwas auf etwas anderes verweist, daß etwas für etwas anderes steht: „aliquid stat pro aliquo" definierten die Scholastiker. Auf die Sprache angewendet: ein Wort verweist auf einen Gegenstand, ein sprachlicher Text verweist auf einen Sachverhalt.

Im Modell dargestellt:

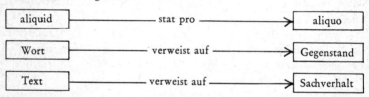

Abb. 3a: Modell 1 vom sprachlichen Zeichen

Das Zeichen und die Verweisrelation sind unter verschiedenen Aspekten aufzuschlüsseln.

Im 1. Modell ist klar unterschieden zwischen dem Zeichen einerseits und dem, worauf es verweist, was hier zunächst einmal unter dem Terminus Sachverhalt zusammengefaßt werden soll. Beim Zeichen sind nun zwei Aspekte zu unterscheiden:

1. Das Zeichen ist wahrnehmbar, es hat einen Zeichenkörper. Sprachliche Zeichen sind als Lautfolge oder Buchstabenfolge wahrnehmbar; das Wort *Baum* ist in geschriebener Form z. B. als Buchstabenfolge $B+a+u+m$ (und zwar in dieser Reihenfolge) wahrnehmbar.

2. Das Zeichen hat einen Inhalt, eine Bedeutung. Die Bedeutung des Zeichens ist nicht der Sachverhalt, auf den verwiesen wird: es ist evident, daß das Wort *Baum* nicht der Baum im Wald ist. Schwieriger mag das bei abstrakten Begriffen sein, worüber im Kapitel über Semantik zu handeln sein wird. Die B e d e u t u n g ist etwas Abstraktes, das man definieren könnte als Verweismöglichkeit eines Zeichens, die u. a. auch von anderen Zeichen und deren Bedeutung bestimmt wird. Das Wort *Baum* steht neben anderen wie *Pflanze, Busch, Tanne,* und diese anderen Wörter grenzen die Möglichkeit ab, mit dem Sprachkörper *Baum* auf einen Baum zu verweisen. Z e i - c h e n k ö r p e r (also *Baum* und nicht *Abum* oder *Buam*) und B e - d e u t u n g (also ‚Baum' und nicht ‚Pflanze' oder ‚Tanne') gehören zusammen und machen das Zeichen aus (konstituieren es). Man stellt diesen Sachverhalt häufig im Modell des semiotischen Dreiecks dar: die Beziehung zwischen Zeichenkörper und Sachverhalt ist vermittelt durch die Bedeutung.

```
                       Bedeutung
Zeichen {    ─────────────────────────────
           Zeichenkörper           Sachverhalt
```

Abb. 3b: 2. Modell vom sprachlichen Zeichen „das semiotische Dreieck"

Saussure zeichnet ein anderes Modell, in dem deutlicher wird, daß das Zeichen (signe) aus dem Zeichenkörper (signifiant: Bezeichnendes) und der Bedeutung (signifié: Bezeichnetes) besteht und daß der Sachverhalt (chose) das Nichtsprachliche ist[7].

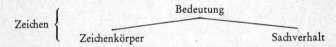

Abb. 3c: Saussure's Modell vom sprachlichen Zeichen

---

7 Die Termini Zeichen, Bezeichnendes und Bezeichnetes, die von Saussure als s i g n e , s i g n i f i a n t und s i g n i f i é eingeführt wurden, beziehen sich direkt und rein formal auf den Bezeichnungssachverhalt. In der Literatur findet man eine Vielzahl von anderslautenden Termini, die den gleichen Sachverhalt inhaltlich interpretieren. Saussure selbst hat — in psychologisierender Interpretation — die Termini i m a g e a c o u s t i q u e (Lautbild) und c o n c e p t (geistige Vorstellung). Für das Bezeichnende verwendet man u. a. außerdem S p r a c h k ö r p e r , L a u t , F o r m , G e s t a l t , A u s d r u c k (e x p r e s s i o n) , S i g n a n s und für das

Sprachzeichen haben, nach Saussure, zwei Grundeigenschaften: sie sind linear und arbiträr.

Die Linearität bezieht sich auf den Sprachkörper. Sprachliche Zeichen sind linear, weil sie primär als akustische Signale manifestiert sind, die einen zeitlichen Verlauf haben und in der Zeitdimension wahrgenommen werden. An geschriebener Sprache wird das noch deutlicher: man schreibt in einer Richtung, je nach Konvention von links nach rechts, oben nach unten usw. Andere Zeichen, z. B. Verkehrsschilder, sind nicht linear strukturiert. Die Aussage über die lineare Anordnung der Elemente in Sprachzeichen erscheint trivial, aber sie ist von fundamentaler Wichtigkeit für die strukturalistische Sprachkonzeption: rein linear angeordnet ist nämlich nur der Sprachkörper, während die Inhalte oft nicht linear strukturiert sind; das trifft ganz auf größere Zeichen, z. B. Sätze, zu, die aus kleineren, z. B. Wörtern, zusammengesetzt sind und deren syntaktische und semantische Struktur nur in einigen Fällen linear ist. Das Satzzeichen *Der Zug fährt gleich ab* ist aus den — morphologisch variierten — Wortzeichen *der, Zug, abfahren, gleich* gebildet; die lineare Folge im Satz enthält *fährt . . . ab* als sog. ‚diskontinuierlichen Konstituenten' (vgl. Abschn. 4.3). Die Untersuchung der verschiedenartigen Strukturierungen sprachlicher Zeichen ist zentrales Thema der strukturalistischen Linguistik. Die Beziehungen zwischen Zeichen nennt man allgemein den syntaktischen Aspekt der Zeichen.

Die Arbitrarität (Beliebigkeit) sprachlicher Zeichen bezieht sich auf die Relation zwischen Sprachkörper, Bedeutung und Sachverhalt. Die Zuordnung zwischen den drei Komponenten ist in systematischen Sinne beliebig. Nichts an einer Lautfolge weist auf den Inhalt oder den Referenten hin, möglicherweise ausgenommen bei den onomatopoetischen, lautimitierenden Wörtern wie *Kuckuck* und *Wauwau*, bei denen der Sprachkörper die gemeinte Sache nachahmt. Es handelt sich immer um Wörter, die auf Geräusche verweisen. Aber auch hier für die Einzelsprachen unterschiedliche Konventionen gelten: Hähne krähen auf Englisch *cockadoodledoo* und auf Deutsch *kikeriki*.

Bezeichnete u. u. Inhalt (content), Bedeutung (meaning), Sprachsinn, Designans. Im folgenden werden die Termini Sprachkörper und Sprachinhalt oder auch Bedeutung verwendet, ohne daß zunächst irgendeine über das oben Gesagte hinausgehende Interpretation gegeben wird.

Nicht bei allen Zeichen ist die Zuordnung im selben Sinne arbiträr wie bei Sprachzeichen. Bei Verkehrszeichen wie dem Überholverbot ist die Abbildung der Autoumrisse z. B. nicht beliebig, sondern eben eine Abbildung, während die Farbauswahl (rot = Verbot), die Form des Schildes (roter Rand, weiße Innenfläche, rund) wiederum beliebig und per Konvention geregelt ist. Bei den sog. natürlichen Zeichen oder Anzeichen besteht dagegen ein ursächlicher Zusammenhang zwischen Sachverhalt und Zeichenkörper: rote Punkte am Körper als Zeichen für die Krankheit Masern, schwarze Wolken am Himmel als Zeichen für drohenden Regen, ein Lichtschein als Zeichen für eine Energiequelle. Letzteres kann dann als konventionalisiertes Zeichen verwendet werden, wenn es z. B. — mit zusätzlicher Farbgebung — — in einer Ampel benutzt wird. Sprachliche Zeichen jedenfalls sind arbiträr, und das heißt: sie sind unabhängig von der Verweissituation verwendbar, man kann auf Sachverhalte verweisen, die nicht unmittelbar wahrgenommen werden können. Deshalb eignet sich die Sprache so vorzüglich als Kommunikationsmittel.

Die Aussage über die Arbitrarität des Sprachzeichens gehört der panchronischen Betrachtungsweise an; für den einzelnen Sprecher als Mitglied einer Sprachgemeinschaft gelten in synchronischer Hinsicht die Konventionen der betreffenden Sprache, und die historischen Änderungen der Sprachkörper-Inhalts-Relation verlaufen zumindest teilweise nach den allgemeinsprachlichen Regeln, die in diachronischer Betrachtungsweise dargestellt werden.

Die Arbitrarität berührt den semantischen Aspekt sprachlicher Zeichen. Bisher wurde dabei hauptsächlich auf die doppelte Strukturiertheit des Sprachzeichens eingegangen. Die Art des Verweises vom Zeichen auf den Sachverhalt bleibt genauer zu analysieren: wie sind Sprache und Wirklichkeit aufeinander bezogen? Der semantische Aspekt ist zu differenzieren[8].

Von der Wirklichkeit, den Sachverhalten, Objekten, Umweltreferenten her gesehen wird diese Beziehung als Referenz verstanden (Englisch ‚reference'). Mit dem Terminus ‚referieren' wird begrifflich erfaßt, daß das Nichtsprachliche als reale Größe — nicht als psychische

---

8 Vgl. G. Klaus (1969), (1971); zur Widerspiegelungstheorie vgl. A. Schaff (1964); zum sprachlichen Zugriff und zur sprachlichen Zwischenwelt vgl. Weisgerber (1962); zur Abbildtheorie vgl. Wittgenstein (1960); zur ‚meaning-Semantik' vgl. Whorff (1956). Ch. Morris (1964) spricht von Dimensionen der Zeichen statt von Aspekten.

Größe — gegeben ist, auf die das Zeichen verweist. Man spricht in diesem Zusammenhang von einer R e f e r e n z s e m a n t i k (semantic of reference).

In materialistischer Sicht spricht man statt von Referenz vom s i g m a t i s c h e n A s p e k t sprachlicher Zeichen[8a]. Dahinter steht die marxistische ‚Widerspiegelungstheorie', in der angenommen wird, daß die Sprache die objektive Wirklichkeit widerspiegelt. Im Terminus „widerspiegeln" wird betont, daß eine materielle Größe existiert, auf die ein Sprachzeichen verweist. Die Widerspiegelungstheorie steht einerseits im Widerspruch zur idealistischen Theorie z. B. Weisgerberscher Prägung, in der gesagt wird, die Welt stehe dem Menschen begrifflich nur als ‚gewortete Welt' aufgrund des ‚sprachlichen Zugriffs' auf die Welt zur Verfügung. Andererseits grenzt sich die Widerspiegelungstheorie gegen die neopositivistische Abbildtheorie ab, wie sie z. B. in Wittgensteins „Tractatus" dargestellt wird, und wo davon ausgegangen wird, daß die Sprache die Welt ‚abbildet' im Sinne mathematischer Abbildung, d. h. daß die sprachlichen Größen den nichtsprachlichen direkt zugeordnet sind.

In der Widerspiegelungstheorie ist durchaus eine kognitive Leistung seitens der Sprachbenutzer im Sinne eines sprachlichen Zugriffs mit erfaßt, nur wird er nicht absolut gesehen: Die Bedeutungen der Wörter spiegeln diejenigen Teile, Ordnungen, Ausschnitte, Zusammenhänge der Wirklichkeit wider, die den Sprechern der Einzelsprache so wichtig sind, daß sie sie begrifflich fassen und darüber kommunizieren wollen. Dieser — in Bezug auf die Sprachbenutzer subjektive, in Bezug auf ihre Leistung kognitive — semantische Aspekt wird in der angelsächsischen Sprachphilosophie und Linguistik auch ‚meaning'-Semantik (Inhalts- oder Bedeutungssemantik) genannt. Klaus spricht hier generell vom s e m a n t i s c h e n A s p e k t. Einige Beispiele mögen das Gesagte verdeutlichen:

Das Wort *ich* hat als Referenz den jeweiligen Sprecher/Schreiber eines Textes bzw. einer Äußerung; die Bedeutung schließt ein ‚Einzelperson, Genus undifferenziert'. Das Wort *er* hat als Referenz einen Dritten, über den Gesprochen wird, und der jedenfalls männlichen Geschlechts ist; oder *er* hat als Referenz ein Drittes, worüber gespro-

---

[8a] Das Problem ‚Sprache und Wirklichkeit' wird hier unter zeichentheoretischen Gesichtspunkten angeschnitten. In Kap. 5 ‚Semantik' wird darauf zurückzukommen sein.

chen wird, und das mit einem Nomen bezeichnet wird, das mit der grammatischen Kategorie ‚Genus maskulinum' markiert ist. Die Bedeutung vermerkt also in jedem Fall das Genus, bei der Referenz ist es nur dann relevant, wenn es sich um Personen handelt. Das Wort *wir* schließlich hat als Referenz die Sprecher/Schreiber eines Textes, der kollektiv verfaßt wurde oder von einem im Namen mehrerer geäußert wird; die Bedeutung läßt beides zu (und differenziert wiederum nicht nach dem Genus). Die Mehrdeutigkeit, die zwei verschiedene Referenzen zuläßt, ist für die Benutzer des Deutschen offensichtlich nicht so entscheidend, daß sie im Wortschatz der Sprache aufgelöst wird.

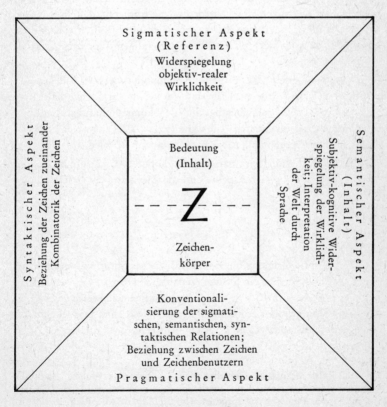

Abb. 3d: das sprachliche Zeichen und seine Aspekte

Die Überlegungen zu den Beispielen führen zu den Sprachbenutzern. Vom Sprachzeichen her gesehen wird die Beziehung zwischen Sprachbenutzer und Sprache der p r a g m a t i s c h e   A s p e k t des Sprachzeichens genannt. Beim pragmatischen Aspekt sind ein allgemeiner und ein spezifischer kommunikativer Unteraspekt zu beachten. Im Zusammenhang mit der Arbitrarität war darauf hingewiesen worden (1.2.2), daß die Verweismöglichkeit der Sprachzeichen für einzelne Benutzer per Konvention festgelegt ist; wenn man eine Sprache nicht kennt, kann man sie weder verstehen noch mit ihr formulieren. Diese gesellschaftliche Konvention, also die in den Bedeutungen der Sprache widergespiegelte und tradierte Weltsicht von vielen Generationen, übt eine große Macht über die Benutzer aus. In gesellschaftliche Kategorien übertragen: diejenigen, die die Bedeutungen tradieren, d. h. durch ihren Gebrauch die Konvention bestätigen oder aber ändern, üben diese Macht — bewußt oder unbewußt — aus (allgemeiner pragmatischer Aspekt).

Außerdem spielt die aktuelle Kommunikationssituation, in der Sprache benutzt wird, auch für das Verweisen auf Sachverhalte eine Rolle, was im Zusammenhang mit der kommunikativen Funktion der Sprache zu diskutieren sein wird (vgl. 1.2.2.11), wo das Sprachzeichen in ein Kommunikationsmodell eingebettet wird.

Das Modell vom Sprachzeichen ist komplexer geworden. In der Abbildung sind die vier Aspekte und die Zweiseitigkeit berücksichtigt.

1.2.2.3 System

Das zentrale Grundaxiom strukturalistischer Sprachwissenschaft besagt, daß die Sprache ein System, genauer: ein S y s t e m   v o n   S y s t e m e n ist. Ein S y s t e m besteht, allgemein gesagt, aus Einheiten, die in gewisser Anordnung kombinierbar sind. Das sei zunächst mit den Buchstaben[9] O, R, T in einigen Tests demonstriert.

---

9 Zur Illustration wird hier die allgemein bekannte Einheit ‚Buchstabe' verwendet, die einen ‚Laut' schriftlich fixiert; später wird von ‚Graphemen' und ‚Phonemen' gesprochen. Um an dieser Stelle Rechtschreibeprobleme auszuklammern, werden Majuskeln verwendet.

Erster Test: die drei Buchstaben O, R, T lassen sich zu den Wörtern ORT, ROT und TOR kombinieren, während die Kombinationen OTR, TRO und RTO keine Wörter sind. Schlußfolgerung: die Buchstaben O, R, T kommen, zusammen mit 27 anderen, im Buchstabensystem (Alphabet) des Deutschen vor; die Buchstabenkombinationen ORT, ROT und TOR kommen im Wortsystem des Deutschen vor, d. h. sie sind Sprachzeichen mit Sprachkörper und Inhalt.

Zweiter Test: versucht man, die nicht als Wort vorkommende Reihenfolge durch Anhängen weiterer Buchstaben zu Wörtern zu ergänzen, so gelingt das bei TRO ohne Schwierigkeit: TROTT, TROG usw.; bei OTR und RTO gelingt es nicht. Schlußfolgerung: die Buchstabenfolge TRO ist am Wortanfang zugelassen, die Folgen OTR und RTO sind es nicht (im Hinblick auf Phoneme bzw. Laute würde man sagen, die Folgen sind gar nicht „aussprechbar").

Dritter Test: versucht man, die Buchstabenfolgen durch Ergänzung weiterer Buchstaben davor oder dahinter zu Wörtern zu erweitern, so gelingt das für OTR und für RTO: LOTRECHT, NOTRUF, HAARTOLLE, KARTOFFEL, WERTOBST usw. Schlußfolgerung: OTR kommt im Wortinnern vor, allerdings nur bei zusammengesetzten Wörtern mit der Morphemgrenze (zu den Morphemen vgl. u.) zwischen T und R oder zwischen O und T (AUTOTRITTBRETT), in gesprochener Sprache macht man eine kurze Pause zwischen den Morphemgrenzen. Für RTO gilt das gleiche wie für OTR, es kommt außerdem im Wortinnern ohne Morphemgrenze wie in KARTOFFEL vor, dann allerdings in gesprochener Sprache mit Silbengrenze und entsprechender Pause zwischen R und T.

Als Ergebnis der drei ersten Tests ist festzuhalten: es gibt im Deutschen ein **Lautsystem** (später wird vom **Phonemsystem** die Rede sein), das in einem **Alphabet (Graphemsystem)** repräsentiert wird; es besteht aus einem Inventar von Elementen und Kombinationsregeln. Ferner gibt es ein **Wortsystem** (genauer: **morphologiches System**) mit einem Morpheminventar und Regeln, wie die Morpheme zu Wörtern kombiniert werden können. Die Sprachkörper der Morpheme werden durch Phoneme repräsentiert; nicht jede zulässige Phonemkombination ist Sprachkörper eines Morphemes (Wortes). Beide Systeme stehen in Relation zueinander, wie im Detail später dargestellt wird. Hier sei noch auf einige weitere Teilsysteme der Sprache hingewiesen.

Vierter Test: Das Wort ORT kann in dem Kontext DER ORT IST GROSS aber nicht in den Kontexten *DIE ORT IST GROSS oder *DAS ORT IST GROSS erscheinen. Ort ist im G e n u s - und F l e x i o n s s y s t e m an ganz bestimmter Stelle eingeordnet.

Fünfter Test: Die Graphemfolge TOR wiederum kann in den Kontexten DER TOR IST GROSS und DAS TOR IST GROSS, nicht jedoch im Kontext *DIE TOR IST GROSS stehen, aber der Inhalt der Graphemfolge und damit das jeweilige Wort sind in den zugelassenen Kontexten verschieden: DER TOR ist ein Mensch und DAS TOR ist entweder Teil eines Gebäudes oder Ziel gewisser ballsportlicher Bemühungen. Die Wörter sind sowohl im Genus- und Flexionssystem als auch im s e m a n t i s c h e n S y s t e m (I n h a l t s s y s t e m) an verschiedenen Stellen eingeordnet.

Sechster Test: Außerdem kann man wiederum sagen DER TOR FÄHRT ZU SCHNELL AUTO aber nicht *DER AUTO TORT ZU SCHNELL oder *DAS AUTO FÄHRT ZU TOR usw. Die Wörter sind im s y n t a k t i s c h e n S y s t e m an verschiedenen Stellen eingeordnet.

Diese Hinweise sollten genügen, um das Axiom einsichtig zu machen, daß die Sprache ein System von Systemen ist.

1.2.2.4 Struktur des Systems: Syntagmatik und Paradigmatik, Distribution, Ebenen und Komponenten

Ein System läßt sich beschreiben, indem man seine Struktur darstellt; die S t r u k t u r zeigt die E l e m e n t e (bzw. Klassen von Elementen) und die Relationen ihrer K o o r d i n a t i o n , ihres Miteinandervorkommens. Aus der linearen Anordnung der Sprachelemente in Äußerungen ergibt sich als erste wichtige Relation die s y n t a g m a t i s c h e Relation der Anordnungen von Sprachelementen in Texten; man untersucht, in welcher Umgebung, zusammen mit welchen anderen Elementen, Sprachelemente vorkommen können. Die syntagmatische Relation steht in enger Beziehung zur Parole, weil sie in Texten festgestellt wird. Die zweite wichtige Relation der Sprachelemente zueinander ist die p a r a d i g m a t i s c h e Relation der möglichen Ersetzbarkeit von Elementen in gleichen Kontexten; man untersucht, welche Elemente miteinander austauschbar sind. Die paradigmatische Relation steht in enger Beziehung zur Langue; die

Austauschbarkeit von Elementen ist immer eine potentielle, systembezogene; man kann sie nur durch nachträgliches Manipulieren und durch Vergleichen von Kontexten nachweisen. Die beiden Relationen sind in Abb. 4 dargestellt.

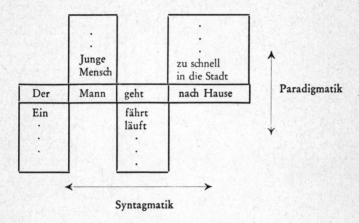

Abb. 4: Paradigmatische und syntagmatische Relationen

Die syntagmatischen Relationen von Elementen wurden als das Miteinandervorkommen von Elementen in Texten umschrieben. Von den Einheiten her gesehen kann man sagen, sie stehen in einer bestimmten U m g e b u n g. Im Wort *Wort* steht das *o* z. B. in der Umgebung $W\_\_r$ und im Wort *Otto* in der Umgebung $\#\_\_t$[10] und in der Umgebung $t\_\_\#$. Abstrahiert man nun von den Einzeltexten und faßt man alle Umgebungen, in denen ein Element vorkommt, zu einer Klasse aller Umgebungen zusammen, dann erhält man die D i s t r i b u t i o n eines Elementes.

Das Entdecken der Distributionen von Elementen und die Klassifikation von Elementen nach ihrer Distribution war die vorherrschende Methode der Beschreibung des Sprachsystems im d i s t r i b u t i o n a l i s t i s c h e n amerikanischen Strukturalismus.

Beim Vergleichen der Umgebung und Distributionen ist zu unterscheiden zwischen d i s t r i b u t i o n e l l e r Ä q u i v a l e n z,

---

10 $\#$ für Wortgrenze; _ für die Leerstelle des betr. Elementes.

komplementärer Distribution, Inklusion und Überlappung. Diese Beziehungen zwischen Distributionen lassen sich graphisch gut darstellen, wie es in der Mengenlehre üblich ist (vgl. Abb. 5).

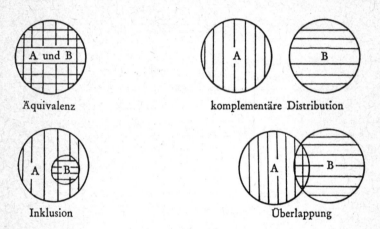

Abb. 5: Relationen zwischen Distributionsklassen

Distributionelle Äquivalenz und mit Einschränkung Inklusion weisen auf paradigmatische Relationen von Einheiten hin: sie haben gleiche Umgebungen, sie sind in gleichen Kontexten austauschbar. Komplementäre Distribution weist auf syntagmatische Relationen hin: Elemente der einen Klasse kommen nicht in der gleichen Umgebung wie Elemente der anderen Klasse vor, sondern nur als Teil der Umgebung. Für Beispiele vergleiche man Abb. 4.

Die Struktur aus Elementen und deren syntagmatischen und paradigmatischen Relationen wird in allen Teilsystemen der Sprache behandelt. Die Teilsysteme werden häufig auch verschiedenen Ebenen der Sprache genannt, die z. B. hierarchisch geordnet oder sonst einander zugeordnet sind; Beispiele sind die phonologische, morphologische, syntaktische und semantische Ebene der Sprache. In generativen Grammatiken spricht man nicht von Sprachebenen, die zu untersuchen sind, sondern von den Komponenten einer Grammatik. Eine umfassende Grammatik hat als Teilgrammatiken, die einander zugeordnet sind, eine phonologische, syntaktische und semantische Komponente.

1.2.2.5 Substanz und Wert

Sprache ist wahrnehmbar in ihren gesprochenen, geschriebenen oder anderweitig kodierten Sprachkörpern. Die Sprachkörperteile der Sprachzeichen erscheinen dabei als voneinander unterscheidbare, kontrastive Gestalten in einer materiellen S u b s t a n z . Die physikalische Beschaffenheit der Substanz (z. B. Schallwellen, elektrische Impulse im Telefonkabel, Druckerschwärze bzw. Tinte auf Papier, Stein auf Denkmälern usw.) ist für das Zustandekommen sprachlicher Kommunikation von Bedeutung aber nicht für die Konstitution der Sprachzeichen; man erkennt die Sprachzeichen an ihrer Gestalt, die aber nicht eindeutig positiv definiert werden kann. Man kann zwar Verfahren angeben, wie eine Gestalt zu erzeugen ist, z. B. „rauf runter rauf Pünktchen drauf"; aber damit ist der Buchstabe *i* nur in einer seiner möglichen Erscheinungsformen erzeugt, er kann auch *I, i, I* und noch anders geschrieben werden. Sein wesentlichstes Merkmal ist, daß er von anderen in der Gestalt abweicht. Sprachkörper kontrastieren miteinander, sie können nicht miteinander verwechselt werden, sie stellen nicht andere Zeichen dar, sie haben einen S t e l l e n w e r t im System aller Sprachkörper. Der Stellenwert wird durch die syntagmatischen und paradigmatischen Relationen der Zeichen zu anderen Zeichen bestimmt. Das gilt nicht nur für die Sprachkörper, sondern auch für die Inhalte.

Auch die Inhalte lassen sich nicht eindeutig beschreiben, sondern nur als Stellenwerte im System der Inhalte. Der Inhalt des Wortes *Baum* ist z. B. in den Inhalten der Wörter *Buche, Eiche, Tanne* enthalten, und er seinerseits enthält den Inhalt des Wortes *Pflanze*. Die Aussage, daß Sprachinhalte Stellenwerte in einem Inhaltssystem haben, die nicht unbedingt mit der Einteilung der Umwelt korreliert sind, wird gestützt, wenn man mehrere Sprachen vergleicht. Der Inhalt des deutschen Wortes *Fleisch* z. B. ist im Englischen entweder durch *meat* oder durch *flesh* wiederzugeben, je nachdem ob totes oder lebendiges Fleisch gemeint ist. Das Wort hat im System der deutschen Inhalte einen anderen Stellenwert als im Englischen die Wörter *meat* bzw. *flesh*, d. h. die Wörter verweisen in der Langue verschieden auf die Umwelt; in der Parole können sie selbstverständlich auf den gleichen Umweltreferenten, z. B. den gleichen Hasenbraten, verweisen. Im Langue-System haben sie jedoch verschiedenen Stellenwert.

Die bisher angeführten Beispiele zeigen den paradigmatisch definierten Stellenwert der Wortinhalte. Wörter erscheinen zudem aus inhaltlichen Gründen nur in bestimmten Kontexten: *bellen* erscheint nicht im Kontext *die Ameise bellt* oder *der Blumentopf bellt* sondern im Kontext *der Hund bellt*. Wörter haben einen semantisch definierten syntagmatischen Stellenwert.

1.2.2.6 Form (formal) und Funktion

Der Terminus F o r m ist in der Linguistik weitverbreitet aber oft verschieden definiert und mehrdeutig verwendet. Saussure, z. B., sagt, die Sprache sei keine Substanz sondern eine abstrakte Form, und meint damit das abstrakte System von Werten, das die Sprachzeichen kontrastiv definiert. ‚Form' wird auch im Sinne von ‚Sprachkörper' als Terminus für das Bezeichnende im Gegensatzpaar Form — Inhalt verwendet. Daran anknüpfend wird ‚Form' im Gegensatz zu ‚Funktion' gebraucht: man müsse bei der Untersuchung der Sprachstruktur von den sprachlichen Formen ausgehen, sagen die sog. Taxonomen (vgl. u.), wogegen die Funktionalisten (vgl. u.) sagen, man müsse von den Funktionen ausgehen und feststellen, in welchen Formen sie verkörpert seien.

F u n k t i o n ist zu verstehen im Hinblick auf das jeweilige System bzw. Teilsystem, dem ein Element angehört. Man sagt z. B., die Sprache als ganzes habe kommunikative Funktion in der menschlichen Gesellschaft; Sprachkörper haben kontrastive, unterscheidende differentielle Funktion und Sprachinhalte haben verweisende referentielle Funktion, wobei man wiederum unterscheidet zwischen einem Verweis auf die Umwelt (semantische Funktion), einem Verweis auf die Redesituation (deiktische Funktion) und einem Verweis auf die syntaktische Verknüpfung der Sprachelemente (grammatische Funktion), wie weiter unten genauer auszuführen ist.

F o r m wird außerdem, meist in der adjektivischen Prägung f o r m a l, in einer dritten Bedeutung verwendet. Man unterscheidet f o r m a l e s Vorgehen, f o r m a l e s Darstellen und Beschreiben, von h e u r i s t i s c h e m Vorgehen und meint damit ein nachvollziehbares Vorgehen mit Prozeduren, ein nachprüfbares Darstellen in expliziten Regelsystemen im Gegensatz zu einem Nachdenken des Wissenschaftler, der seine Ergebnisse und Schlüsse mit Plausibilitätserwägungen darstellt, welche nicht imitierend nachvollzogen werden können, sondern ‚verstanden' werden müssen.

Wegen dieser terminologischen und definitorischen Verwirrungen empfiehlt es sich, den Terminus F o r m zunächst nicht zu gebrauchen. Im folgenden wird deshalb nur das Adjektiv f o r m a l zur Charakterisierung wohldefinierten Vorgehens oder einer expliziten Darstellungsweise verwendet.

1.2.2.7 Natürlicher Sprecher und Sprachgefühl

Sprache wird, es wurde wiederholt gesagt, von Menschen gesprochen. Man bezeichnet diejenigen Menschen, die eine Sprache als erste Sprache auf ‚natürliche' Weise im Kindesalter lernen, als n a t ü r l i c h e S p r e c h e r der Sprache. Es ist noch ungeklärt, wie die Menschen als Kinder eine Sprache lernen und was menschliche Gehirne tun, wenn die Menschen sprechen (Muster wiederholen? Vokabeln nach Regeln verknüpfen?). Natürliche Sprecher sind eben ihrer Muttersprache mächtig. Für synchronische Untersuchungen stellen sie die Informanten dar; ihr Sprachverhalten und die von ihnen produzierten Texte werden untersucht. Ihre Fähigkeit, zwischen ihnen richtig und falsch erscheinenden Äußerungen zu unterscheiden, wird häufig einem S p r a c h g e f ü h l zugeschrieben.

Dieses Sprachgefühl ist ein nur vage definierter Begriff, über den vielleicht psycholinguistische Forschungen Aufschluß bringen werden. Bisher sagt er kaum mehr, als daß Sprachen von Menschen gesprochen werden und daß diese Menschen dezidierte Vorstellungen von ‚richtigem' oder ‚falschem' Sprachgebrauch haben, die sich vornehmlich durch unbewußte Reaktionen und nicht in bewußten Reflexionen äußern. Wenn man Informanten nach Gründen für ihre spontanen Urteile fragt, antworten sie gewöhnlich — mehr oder weniger stotternd — mit in der Schule gelernten Regeln.

1.2.2.8 Statisches und dynamisches System

Mit den bisher angeführten Begriffen wurden Aussagen über die Sprache gemacht, die sie als statisches System charakterisieren, welches durch das Beschreiben von Textstrukturen zu untersuchen ist. Die Sprache besteht aber nicht nur aus einer Reihe von Texten; man muß die Tatsache berücksichtigen, daß die Texte von Sprechern erzeugt werden und daß diese Sprecher jederzeit fähig sind, neue Texte zu erzeugen, z. B. die Sprachzeichen auf neue Umweltreferenten anzuwenden. Die Sprache ist nicht ein nur statisches System, das in Auswahl realisiert wird, sondern ein dynamisches System, das von den Sprechern entwickelt wird. Diese Aussagen gehen auf Humboldt zurück, der die Sprache nicht als **ergon**, als statisches Werk, sondern als **energeia**, als dynamisches Prinzip oder, wie Weisgerber sagt, als **wirkende Kraft**, sieht. Diese Humboldtsche Konzeption wurde auch von Chomsky aufgegriffen, dem Begründer der generativen transformationellen Grammatik, der fordert, nicht Texte seien zu beschreiben sondern die sprachlichen Mechanismen, die die Sprachbenutzer (Sprecher-Hörer) zum Erzeugen von Äußerungen befähigen. Analog zu Saussures grundlegender Langue-Parole Dichotomie wurde von Chomsky ein auf den Sprachbenutzer bezogenes ebenso grundlegendes Begriffspaar definiert: Kompetenz und Performanz.

1.2.2.9 Kompetenz und Performanz ('competence' und 'performance')

In der statischen Beschreibung soll aus den Texten der Parole das System der Langue hergeleitet werden. In der generativen Beschreibung wird das individuelle Verhalten einzelner Sprecher-Hörer, **Performanz** genannt, auf die Sprachfähigkeit eines idealen Sprecher-Hörers, **Kompetenz** genannt, zurückgeführt. Beschrieben wird zunächst die Kompetenz, die als Regelmodell zum Erzeugen von Sätzen dargestellt wird.

Die Kompetenz ist die Kenntnis, die ein Sprachbenutzer von seiner Sprache hat; die Performanz ist der tatsächliche Gebrauch, den er in konkreten Situationen von diesem Wissen macht. Indem in der generativen Grammatik von der Textbeschreibung übergegangen wird zu einer Beschreibung einer geistigen Fähigkeit, einem im Gehirn der Sprachbenutzer „internalisierten" Regelsystem zum Erzeugen sprachlicher Strukturen, wird der linguistische Ansatz mentalistisch. Entsprechend sind die Grundbegriffe Kompetenz und Performanz als mentalistische Begriffe umstritten.

1.2.2.10 Funktionen des Sprachzeichens in der Kommunikation

Die bisher eingeführten Begriffe behandelten die Struktur der Sprache und ihre Einordnung in ähnlich strukturierte Systeme. Es bleibt zu fragen, welche Rolle die Sprache als Zeichensystem in der menschlichen Gesellschaft ausfüllt. Die Sprache spielt, das ist offenkundig, eine wichtige Rolle bei der zwischenmenschlichen Kommunikation. Davon kann man sich jederzeit durch Beobachten von kommunikativen Akten überzeugen. Die Sprache ist ein Werkzeug, mit dem Menschen einander etwas mitteilen können. Den Werkzeugcharakter der Sprache betont bereits Platon im Kratylos-Dialog, Saussure beginnt seine Analyse beim Kreislauf des Sprechens und der Psychologe Bühler entwickelt in seiner Sprachtheorie in den 1920er und 30er Jahren ein O r g a n o n m o d e l l der Sprache, das für die sog. Prager Schule, der er angehörte, von großer Bedeutung war. Das Bühlersche Modell sei hier kurz skizziert.

Ausgehend von der Grundannahme, die Sprache sei ein „Werkzeug, um einer dem anderen etwas mitzuteilen über die Dinge", entwickelt Bühler ein Modell der Sprache und speziell des Sprachzeichens. Ähnlich wie das „semiotische Dreieck" stellt Bühlers Modell das Zeichen in drei Relationen dar, aber für Bühler wird das Sprachzeichen im Kommunikationsakt durch ein Zusammenwirken dreier Funktionen konstituiert und entsprechend dreifach bestimmt: das Zeichen ist S y m p t o m kraft seiner Abhängigkeit vom Sender einer Nachricht (Sprecher) und hat somit A u s d r u c k s f u n k t i o n, es ist S y m b o l kraft seiner Beziehung zu Gegenständen und Sachverhalten (oben Umwelt genannt) und hat somit D a r s t e l l u n g s f u n k t i o n, und es ist S i g n a l kraft seiner Beziehung zum Empfänger einer Nachricht (Hörer) und hat somit A p p e l l f u n k t i o n. In Abb. 6 ist ein Modell vom Sprachzeichen abgebildet, das sich einerseits an Bühlers Modellen[11] und den dort einbezogenen sprachexternen Gegebenheiten (Kommunikationsfunktion) orientiert, und das andererseits Saussures Vorstellungen zur sprachinternen Struktur des Zeichens einbezieht.

Das Zeichen ist, wie durch die hintereinandergeschachtelten Dreiecke angedeutet, nur eines in einem System. Intern besteht es aus jeweils in ihren Teilsystemen strukturiertem Sprachkörper und Sprachinhalt (Bedeutung). Extern hat es als Sympton Ausdrucksfunktion, d. h. es vermittelt Informationen über den Sprecher: was er sagen will, aber auch, durch die Art wie er es sagt, über seine Zugehörigkeit zu einer sozialen Gruppe (Dialekt und Soziolekt), über sein Geschlecht und seine ‚Seelenlage' beim Sprechen (Stimmhöhe, Tonfall usw.). Als

---

[11] Bühler zeichnet das Modell in drei verschiedenen Varianten und mit verschiedener Komplexität und Interpretation.

Symbol hat das Zeichen Darstellungsfunktion, d. h. es vermittelt Informationen über Gegenstände, Sachverhalte, Gedanken usw., über die der Sprecher spricht (vgl. Ausführungen zum Zeichen 1.2.2.2). Als Signal hat das Zeichen Appellfunktion, d. h. es macht den Hörer aufmerksam auf das, was der Sprecher sagt und darauf, wie er es sagt.

In einer Kommunikationssituation befinden sich die beiden Kommunikationspartner (hier: Sprecher und Hörer) zudem in gemeinsamer Wahrnehmungssituation, wie die gestrichelten Linien andeuten sollen; beide nehmen die Gegenstände in der Umwelt wahr (dies ist

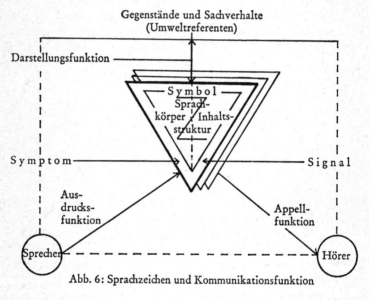

Abb. 6: Sprachzeichen und Kommunikationsfunktion

allerdings eine offene Klasse, die nicht nur die von den Kommunikationspartnern möglicherweise verschieden wahrgenommene situative Umwelt sondern auch Gedachtes und Erinnertes einschließt), beide nehmen zudem einander als Kommunikationspartner wahr. Beide sind jedoch verschiedene Individuen mit verschiedenen biologischen, psychologischen und soziologischen Eigenschaften. Im Kommunikationsakt sagt der Sprecher dem Hörer etwas über die Gegenstände und Sachverhalte; d. h. er steuert durch Sprachzeichen die Wahrnehmung des Hörers.

Wie bereits gesagt, wurden Bühlers sprachtheoretische Überlegungen im Rahmen des Prager linguistischen Kreises entwickelt und diskutiert und beeinflußten z. B. Trubetzkoys phonologische Arbeiten nachhaltig. Auch und gerade heute werden Bühlers Aussagen und Axiome wieder aufgegriffen, weil man das Phänomen menschlichen Kommunizierens und speziell der Sprachverwendung in Kommunikationsakten, der Performanz, z. T. auch Pragmatik genannt, und die Faktoren, die bei einzelnen Sprechereignissen zusammenwirken, verstärkt untersucht.

1.2.2.11 Kommunikation und Sprache

Kommunikation ist ein sehr komplexer Prozeß. Man versucht, sie zu analysieren, indem man in Modellen typische Kommunikationssituationen in ihren Grundzügen erfaßt. Dabei bedient man sich häufig informationstheoretischer Begriffe, nicht zuletzt deshalb, weil wesentliche Impulse für die Kommunikationsforschung von Informationstheoretikern und Nachrichtentechnikern ausgehen. In dieser Terminologie wird der Sprecher zum S e n d e r , der Hörer zum E m p f ä n g e r und das Gesagte zur N a c h r i c h t , die über den oder die K o m m u n i k a t i o n s k a n ä l e übertragen wird.

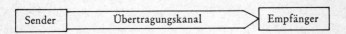

Abb. 6a: Einseitige Kommunikation (1. Modell)

In formalerer Variante nennt man den Sender auch Kommunikator 1 (K1) und den Empfänger Kommunikator 2 (K2):

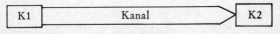

Abb. 6b: Einseitige Kommunikation (2. Modell)

Kommunikation ist häufig nicht einseitig wie im ersten simplen Modell sondern zweiseitig: die Kommunikationspartner führen ein

Gespräch, die Nachrichten gehen hin und her, der Sender wird zum Empfänger und umgekehrt:

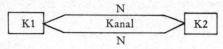

Abb. 6c: Zweiseitige Kommunikation

Für das Funktionieren der Kommunikation ist es unerläßlich, daß die Kommunikationspartner auf einen gemeinsamen Vorrat von Kommunikationsmitteln zurückgreifen können, mithilfe derer sie die Nachricht vermitteln können. Wichtigstes Kommunikationsmittel des Menschen ist die Sprache, die in informationstheoretisch ausgerichteter Terminologie K o d e genannt wird. Das Abfassen der Nachricht seitens des Sprechers, das ‚Verschlüsseln' der Gedanken, Meinungen, Informationen usw. wird dementsprechend E n k o d i e r e n (oder auch nur Kodieren) genannt. Das Schließen vom Sprachzeichen auf das Gemeinte, des Entschlüsseln der Nachricht heißt D e k o d i e r e n.

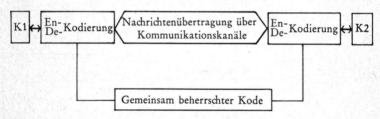

Abb. 6d: Kommunikation und Sprache (Kode) 1

Wie komplex der Kode[12] ‚Sprache' aufgebaut ist — aus Lauten, Wörtern, Sätzen usw. — wird im Rahmen der Einführung erläutert. Für die Kommunikation von grundlegender Bedeutung ist, daß die

---

12 Kode ist hier ein typischer metaphorischer Terminus (vgl. o. 1.1.2 zur Terminologiebildung): im informationstheoretischen Sinn meint Kode einen Symbolvorrat, in dem Information eindeutig repräsentiert werden kann. Funken im Morsekode setzt voraus, daß der Text in Sprache vorliegt. Dieser vorliegende Text wird dann kodiert, indem seinen Buchstaben Morsezeichen zugeordnet werden. Diese Eindeutigkeit der Zuordnung von Nachricht (d. h. Inhalt des Übertragenen) und Kodierung (d. h. Wiedergabe in Symbolen) ist bei der Sprache gerade nicht gegeben.

beiden Kommunikationspartner den gleichen Kode beherrschen, d. h. die gleiche Sprache sprechen. In einem strengen Sinne ist das nie der Fall — jeder Mensch spricht einen eigenen Idiolekt —; im Kommunikationsmodell werden deshalb häufig zwei Kodebereiche mit einem Überlappungsbereich festgehalten.

Die Faktoren, die den Überlappungsbereich bzw. die nicht überlappenden Teile der Sprachbeherrschung bedingen, werden von der Psycho- und Soziolinguistik bzw. der Pragmatik untersucht.

Abb. 6e: Kommunikation und Sprache (Kode) 2

Die Funktion der unterschiedlichen Sprachbeherrschung durch die Partner für die Kommunikation sowie der Kommunikationsprozeß selbst werden von der Kommunikationsforschung untersucht. Auch hier ergeben sich Gemeinsamkeiten mit der Pragmatik als linguistischer Teildisziplin. Behandelt werden z. B. kommunikative Prozesse in Gruppen. Behandelt werden die Beziehungen zwischen Kommunikationskanälen und der menschlichen Wahrnehmung (Perzeptionsbereiche), z. B. akustischer Kanal — auditive Wahrnehmung, optischer Kanal — visuelle Wahrnehmung. Behandelt wird auch die unterschiedliche Information, die in den drei Funktionen des Sprachzeichens angesprochen ist (s. o. 1.2.2.10): sachliche Information über Gegenstände, Sachverhalte, Gedanken usw., expressive Informationen über den Sprecher (expressive Rede), Redeintentionen des Sprechers, appellierende Informationen (appellative Rede).

1.2.2.12 Sprechen, Denken, Handeln

Daß Sprache bei der Kommunikation eine wichtige Rolle spielt, ist evident: man kann die Interdependenz von Kommunikations- und Sprechakten bereits durch ganz naive Beobachtungen feststellen. Wie aber verhält es sich mit Sprechen und Denken? Man kann das Denken nicht in derselben Weise beobachten wie das Kommunizieren, man ist, wenn man menschliche Tätigkeiten mit Denkakten korreliert, in weitaus größerem Maße auf die Reflexion und besonders die Selbstreflexion angewiesen.

Wohl erscheint es plausibel, generell anzunehmen, daß Sprechen gleichzeitiges Denken impliziert. Aber welcher Art ist die Beziehung zwischen diesen beiden Tätigkeiten? Und welche Funktion haben Sprechen und Sprache (Langue) für das Denken? Diese und weitaus kompliziertere Fragen werden in der Denkpsychologie und der Psycholinguistik, aber auch in der Sprachphilosophie diskutiert. Diese Diskussion kann hier nicht in der notwendigen Ausführlichkeit rekapituliert werden. Man sollte aber die Fragen nach den Zusammenhängen von Denken und Sprechen auch nicht ausklammern. Deshalb wird das Begriffsfeld abgesteckt, in dem Sprechen und Denken einzuordnen sind. Dem Leser soll das als Anreiz dienen, sich mit diesem Thema ausführlicher zu beschäftigen.

Sprechen und Denken sind beides Tätigkeiten, Akte menschlichen Handelns. Durch Handeln nimmt das Individuum Einfluß auf die Umwelt. Die Umwelt wiederum wird vom Individuum wahrgenommen und wirkt auf das Individuum. Als Schaltstelle wird das B e w u ß t s e i n fixiert. Im Bewußtsein wird Wahrgenommenes „verarbeitet", d. h. gespeichert, und zwar nicht diffus sondern systematisiert nach Wahrnehmungs- und nach Denkkategorien. Der Begriff S p e i c h e r n ist doppeldeutig: Speichern meint einen aktiven Prozeß (Akt der Bewußtmachung) und es meint die Tatsache der Aufbewahrung von Erlebtem, Wahrgenommenem als Gewußtes im G e - d ä c h t n i s. Wird das Gedächtnis — spontan oder bewußt — aktiviert, dann h a n d e l t das Individuum. Das Handeln kann direkten, materiellen Eingriff in die Umwelt bedeuten oder geistigen, symbolhaften. Bei materiellem Handeln wird Umwelt verändert, z. B. ein Fenster wird geschlossen. Bei symbolhaftem Handeln wird Umwelt nicht konkret verändert, aber eine Veränderungsmöglichkeit wird bewußt gemacht, z. B. wenn jemand sagt: *Schließ bitte das Fenster!* (Von den Schallwellen als der materiellen Seite des Sprechens wird hier abgesehen).

Das Aussprechen von Denkprozessen — genauer: von den Inhalten des Denkens, den Gedanken — stellt einen sozialen Akt dar. Das symbolische Handeln bedarf eines Partners (Adressat der Rede), um wirksam zu werden. Wirksam werden kann der Sprechakt — als ‚ausgesprochener' Denkakt — auf zweierlei Weise: Indem der Adressat konkret handelt, also das Fenster schließt, oder indem er wiederum symbolisch handelt, also sagt: *Mach es selbst zu!* oder *Es ist doch schon zu, es zieht durch die Tür,* usw.

In jedem Fall wirkt das Sprachhandeln des Sprechers auf das Bewußtsein des Adressaten, der die gesprochenen Gedanken mit Rückgriff auf sein Gedächtnis „versteht", d. h. nach-denkt. Möglicherweise lernt der Adressat dabei etwas Neues, d. h. er denkt etwas, was er noch nie gedacht hat, und speichert es. Soweit der neue Gedanke sich auf Handlungsmöglichkeiten bzw. Interpretationen der Umwelt bezieht, wird das Bewußtsein des Adressaten durch den Sprecher beeinflußt; man könnte auch sagen: manipuliert, aber beim Manipulieren kommt die Bewertung hinzu, daß es sich um unzulässiges Beeinflussen handelt.

Was sich im konkreten Prozeß abspielt — Aktivierung des Bewußtseins durch sprachlichen Anreiz, Verstehen der Gedanken des Anderen, weil die von ihm gewählten Symbole (Worte) und ihre Verkettung verstanden, d. h. mit eigenen Denkkategorien realisiert werden — das vollzieht sich im Laufe des Lebens, und das meint hier: der Gedächtnisbildung, immer wieder. Dabei formen die in der Sprache (als Langue) vorgegebenen, überindividuell gespeicherten und symbolisierten Wirklichkeitswiderspiegelungen (s. o. 1.2.2.2) das Denken des Individuums, indem sie seine Denkkategorien beeinflussen[13].

---

13 Die Trennung in statische (z. B. Gedächtnis) und prozessuale (z. B. Denken) Einheiten ist umstritten (vgl. hierzu Hofstätters (1957) Darlegung: auch Speicherung im Gedächtnis muß in manchen Fällen als ständige Erregung, die in geschlossenen Neuronenkreisen abläuft, also als Prozeß, interpretiert werden.)
In der sowjetischen Psychologie ist die Trennung von geistigen und materiellen Handlungen aufgehoben: geistige Handlungen werden erklärt als qualitativ auf neuer Stufe stehende, besondere Form der materiellen Handlungen (vgl. Galparin (1967)).
In behaviouristischer Psychologie ist der Begriff „geistige Handlung" gar nicht zugelassen. Beobachtet werden ausschließlich Reiz- Reaktions- Mechanismen.

1.3 Zusammenfassung

Im vorangehenden Kapitel wurden linguistische Grundbegriffe, fundamentale Aussagen über die Linguistik und über die Sprache, mit knappen Erläuterungen eingeführt.

Die Linguistik ist eine empirische Wissenschaft, die ihren Phänomenbereich deskribiert, indem sie — individualisierend — Elemente einzeln betrachtet und sammelt und sie — abstrahierend — in Klassen ordnet und ihre Relationen in z. T. präskriptiv formulierten Regeln faßt. Die Linguistik bemüht sich um formale Darstellung des Phänomens durch explizite Angaben über Textkorpora, Prozeduren und Modelle sprachlicher Vorgänge. Sprache wird systematisch unter ahistorischem Aspekt und als gesellschaftliches und historisches Phänomen unter synchronischem und diachronischem Aspekt behandelt.

Das Phänomen menschlichen Redens (Langage) erscheint als nicht überschaubare, nur in Einzelfällen beobachtbare und in Texten faßbare Reihe individueller Sprechereignisse (Parole), die in zwischenmenschlicher Kommunikation funktionieren, weil ihnen ein abstraktes System (Langue) zugrundeliegt. Das System kann statisch beschrieben werden als Zeichensystem mit mehreren Teilsystemen. Die Sprachzeichen bestehen aus kontrastiv definierten Sprachkörpern und Sprachinhalten mit differentieller und mit referentieller Funktion; es ist als abstraktes System von (Stellen-)Werten und nicht nach der materiellen Substanz der Elemente definiert. Die Sprachkörper-Sprachinhalts-Zuordnung der Zeichen ist in systematischem Sinne arbiträr, aber in gesellschaftlich-historischem Sinn an die Konventionen von Einzelsprachen gebunden. Die Zeichen erscheinen in linearer Folge. Die Struktur des Systems wird durch die syntagmatischen und paradigmatischen Relationen der Zeichen und das Zusammenwirken der Teilsysteme (Sprachebenen) bestimmt. Die Sprache dient ihren Benutzern vornehmlich als Kommunikationsmittel, hat jedoch ebenfalls eine wichtige, symbolschaffende Funktion beim Denken. Wer eine Sprache als Kind, d. h. „unbewußt" lernt, ist natürlicher Sprecher, dem man ein Sprachgefühl zuschreibt.

Da die Sprecher-Hörer einer Sprache in der Lage sind, ständig neue Texte zu erzeugen, erscheint eine Auffassung angemessen, die nicht die Struktur sprachlicher Texte, sondern die vom Sprachbenutzer beherrschten Regeln zur Spracherzeugung beschreiben will. Dabei wird unterschieden zwischen dem vom Sprecher beherrschten System von

Regeln (seiner Sprachkompetenz) und einer tatsächlichen Sprachverwendung in konkreten, z. B. kommunikativen, Situationen (seiner Performanz).

1. 4 Exkurs 1: Schwierigkeiten, ein komplexes System linear darzustellen (Vom Laut zum Wort zum Satz oder umgekehrt?)

In der Sprachwissenschaft werden seit jeher drei sprachliche Einheiten als selbstverständlich vorhanden angesehen: Laute, Wörter und Sätze. Diese Einheiten sind auch in verschiedenen Schreibkonventionen gekennzeichnet, Laute durch Buchstaben, Wörter durch Zwischenräume und Sätze durch Interpunktionszeichen. Zudem gehören die Bezeichnungen Laut, Wort und Satz der Umgangssprache an, und eine allgemeinverständliche Umschreibung für Sprachwissenschaft könnte durchaus lauten: ‚Lehre von den Lauten, Wörtern und Sätzen' oder etwas genauer ‚Lehre von den Lauten, ihrer Kombinierbarkeit zu Wörtern und deren Kombinierbarkeit zu Sätzen'. Mit solcher Umschreibung wäre die Thematik linguistischer Bemühungen zwar zu eng gefaßt, aber die drei Einheiten und ihre Relationen zueinander sind an zentraler Stelle zu behandeln.

Hauptanliegen einer Einführung in strukturalistische Linguistik ist es, die im Strukturalismus vertretenen, wenn auch z. T. umstrittenen Einsichten über die Struktur einer Sprache, in diesem Fall des Deutschen, zu vermitteln durch eine Darstellung der Grundbegriffe und der Untersuchungsmethoden und Analysetechniken. Es ist bereits mehrfach gesagt worden, daß unter dem Namen Strukturalismus mehrere linguistische Schulen erfaßt sind, die das komplexe System Sprache sowohl mit verschiedenen Methoden und Konzeptionen als auch mit unterschiedlicher Gewichtung der einzelnen Teilsysteme untersuchen und beschreiben. Im vorigen Kapitel ist auf den grundlegenden Unterschied zwischen der Beschreibung der Sprache als statisches und als dynamisches System hingewiesen worden. Bei statischer Behandlung wird die Sprache als System von kleinsten Einheiten behandelt, die zu größeren Einheiten zusammengefügt werden können, (sog. Distributionalismus oder Taxonomie) bzw. die bestimmte Funktionen in Teilsystemen haben (Funktionalismus).

Die — in vorwissenschaftlicher Terminologie — sprachlichen Grundeinheiten Laut, Wort und Satz wurden in dieser Reihenfolge unter zumindest geforderter Auslassung inhaltlicher Probleme untersucht. Zwar ist die Taxonomie methodisch mit ihrer Fixierung auf Prozeduren, theoretisch mit ihrem statischen Systembegriff und dem Ausklammern der Sprachinhalte und sachlich mit dem Aufbau des Systems von den kleinsten zu den großen Einheiten sicher einen Irrweg gegangen, und deshalb stagnierte die Arbeit auch, als man ernsthaft daran ging, Sätze zu beschreiben. Aber die Taxonomie hat durch ihre strikt empirische Arbeit am Material, an Textkorpora, viele Detailkenntnisse über diese Mikrostrukturen gewonnen, die auch z. B. in generativen Grammatiken eingehen, soweit man dort solche Mikrostrukturen überhaupt berücksichtigt. Chomsky und seine Mitarbeiter und Schüler, die generativen Grammatiker, fordern kategorisch, man müsse von Sätzen als Grundeinheiten ausgehen und die syntaktischen Strukturen der Sprache als hierarchisch übergeordnete Komponenten einer Grammatik nach eigenen Gesichtspunkten untersuchen und die Angaben über Wörter als Inhaltsträger und Laute an untergeordneter Stelle hinzufügen.

Welchen Weg soll man in einer Einführung in die Linguistik gehen, vom Satz zum Wort und Laut oder umgekehrt? Wenn die ursprünglich von der generativen Schule vertretene Meinung überzeugend wäre, daß die Syntax die hierarchisch oberste Komponente einer Grammatik sei, dann wäre der Weg vom Satz zum Laut einzuschlagen. Aber auch in der generativen Grammatik ist bei der Verfolgung dieses Ansatzes eine Stagnation festzustellen, und man wendet sich einerseits verstärkt der Semantik und andererseits der Performanz und den kommunikativen Prozessen zu, in die alle Sprachverwendung eingebettet ist. Insgesamt bleibt der Schluß erlaubt, daß eine eindeutige Hierarchie in der Anordnung der Teilsysteme des Systems Sprache bislang weder einleuchtend begründet noch experimentell, etwa durch Simulieren einer umfassenden Grammatik auf einem Computer, nachgewiesen wurde.

Aus sachlichen Gründen wäre demnach für die Einführung eine Baukastentechnik der Darstellung erwünscht, in der nicht, wie bei unumgänglicher sequentieller Darstellung in einem Buchtext, die Phoneme mehr Gewicht erhalten als die Sätze, weil sie zuerst erläutert werden. Da das nicht möglich ist, sei nochmals unterstrichen: Phoneme können nicht unabhängig von Wörtern (Morphemen) als Inhaltsträgern definiert werden, und Morpheme sind in Sprechakten Teile von Sätzen. Trotzdem wird in der Einführung der Weg vom Laut zum Satz gegangen, wenn auch mit keiner systematischen, sondern einer wissenschaftsgeschichtlichen Begründung: diese Reihenfolge entspricht den Prioritäten, die im Strukturalismus gesetzt wurden, wenn auch möglicherweise die amerikanische Entwicklung dabei zu stark betont wird.

1.5 Exkurs 2: Gesprochene und geschriebene Sprache

Das Phänomen Sprache ist in zwei Erscheinungsformen wahrnehmbar: man kann Sprache hören oder lesen, Sprache erscheint als Folge von Lauten oder von Schriftzeichen. Die beiden Erscheinungsformen sind jedoch nicht gleichwertig; primär ist Sprache Klang. Jeder physiologisch normale, nicht taube Mensch wird als Kind mit Sprache zunächst in ihrer gesprochenen Form konfrontiert, und er lernt, gehörte Sprachlaute zu diskriminieren und zu identifizieren und, indem er die Laute imitiert, zu sprechen. Erst später lernt er schreiben, wenn die kulturellen (Schrift) und gesellschaftlichen (Schule) Voraussetzungen gegeben sind. Es gibt viele Analphabeten auf der Welt und viele sog. ,primitive' Sprachen, für die keine Schriftnotation entwickelt wurde, die aber desungeachtet voll funktionierende Sprachen sind.

Daß Sprache in ihrer ursprünglichen Erscheinungsform Klang und nicht Schriftbild ist, war eine der programmatisch herausgestellten Aussagen der modernen Linguistik. Die phonologischen Forschungen der 30er und 40er Jahre und das Aufstellen phonologischer Systeme waren die großen Anfangserfolge des Strukturalismus. Wenn man Sprache als Lautfolge beobachtet, kann man beim Beschreiben davon ausgehen, daß alle Menschen mit grundsätzlich denselben „Werkzeugen" artikulieren. Obwohl eine unbekannte Sprache oft sehr fremdartig klingt, lassen sich die Laute aller Sprachen mit denselben, von den Artikulationsorganen hergeleiteten Merkmalen beschreiben, wie im Kapitel über Phonetik und Phonologie erläutert wird.

Wenn auch Sprache primär Klang ist, so war die Erfindung der Schrift doch eine kulturelle Leistung von kaum zu überschätzender Bedeutung und Wirkung; erst die schriftliche Fixierung ermöglicht eine Notierung und Überlieferung sprachlicher Äußerungen über den Moment des Artikulierens hinaus. Diese schriftliche Überlieferung hat ihrerseits großen Einfluß auf die Entwicklung der Einzelsprachen. Man versuche einmal, sich den deutschen Wortschatz ohne die aus den klassischen toten Sprachen Griechisch und Latein entlehnten Wörter vorzustellen. Auch die Syntax einer Sprache wird durch eine Schreibtradition beeinflußt; geschriebene Texte unterscheiden sich von spontan gesprochenen in ihrer syntaktischen Struktur erheblich. Man merkt gewöhnlich sofort, ob ein Redner einen Text vorliest oder frei formuliert.

Hier soll nun keine Wirkungsgeschichte der Schrift gegeben werden; deshalb muß es bei diesen Hinweisen bleiben, die die vehementen programmatischen Forderungen der Strukturalisten, die Schrift könne in der Linguistik gänzlich vernachlässigt werden, relativieren sollen. Zu behandeln ist jedoch die systematische Relation zwischen gesprochener und geschriebener Sprache: nach welchen Prinzipien werden Sprachlautfolgen notiert, welche Schrifttypen wurden entwickelt und wozu dienen sie?

Zweierlei ist allen im Folgenden besprochenen Schriftsystemen gemein:

1. Das Primat gesprochener Sprache bedeutet, daß die in der Zeitdimension sich ereignenden Sprachlaute in linear verlaufenden Symbolketten darzustellen sind. Von den zwei Dimensionen, die z. B. ein Blatt Papier zur Verfügung stellt, und die in graphischen Darstellungen und Bildern ausgenutzt werden, wird beim Schreiben nur eine verwendet, wenn man einmal vom Schriftzug der einzelnen Buchstaben absieht. Die Verlaufsrichtung der Zeilen ist prinzipiell beliebig und für die einzelnen Schriftsysteme durch Konvention geregelt; die in Europa üblichen Schriftsysteme haben z. B. eine Zeilenführung von links nach rechts, während im Hebräischen von rechts nach links und im Chinesischen von oben nach unten geschrieben wird.

2. **Die Gestalt** der Schriftzeichen, ihr graphischer Charakter, ist beliebig, d. h. rein konventioneller Art und hat kontrastive Funktion: man muß die Zeichen voneinander unterscheiden können, aber ob ein Buchstabe als T,t *T,t* oder noch anders erscheint, ist für den notierten Laut gleichgültig[14]. Man spricht hier von verschiedenen A l l o g r a p h e n, die ein G r a p h e m realisieren können. Wenn ein Graphem durch eine Allovariante in einem Text realisiert wird, spricht man von einer Graphemrealisierung oder einem G r a p h. Im Wort *Ottomotor* wird das Graphem ‚t' z. B. dreimal durch die gleiche Alloform realisiert, während das Graphem ‚o' viermal als Graph erscheint, und zwar in den zwei verschiedenen Alloformen O und o.

---

14 Bei den Hieroglyphen und bei ideographischer Schrift gilt das nur mit Einschränkung und nicht in bezug auf Laute, sondern auf Begriffe (vgl. u.).

Nun zu den Schriftsystemen. Nach den Verwendungszwecken und der Entstehung lassen sich drei Typen unterscheiden: wissenschaftliche Notationen, Kulturnotationen und Kodes. Sie werden nacheinander besprochen.

Wissenschaftliche Notationen sind Schriftsysteme, deren Schriftzeichen nach wissenschaftlichen Kriterien definiert sind, d. h. die einen definierten Inhalt darstellen bzw., in linguistischer Terminologie, transkribieren. Zwei solche Notationen werden in der Linguistik verwendet: eine phonetische und eine phonologische oder phonematische Transkription. Die Zeichen der phonetischen Transkription repräsentieren Laute mit spezifischen, von der Artikulation bestimmten Klangqualitäten. Die Zeichen der phonematischen Transkription repräsentieren die Phoneme, die im Lautsystem einer Sprache mit kontrastiver Funktion versehenen Laute. Die phonetischen Zeichen sind von der International Phonetic Association (IPA) festgelegt. Phonetische Transkription wird gewöhnlich durch eckige Klammern angezeigt: [vort^h]. Als Phonemzeichen verwendet man gewöhnlich normale Buchstaben; phonematische Transkription wird durch Schrägstriche angezeigt: /wort/.

Kulturnotationen sind diejenigen überlieferten Schriftsysteme, die in Sprachgemeinschaften zum normalen Schreiben verwendet werden, und die man als Kind in der Schule lernt. In den Rechtschreibekonventionen haben sich im Laufe einer historischen Entwicklung gewisse Normen gebildet, wie die gesprochene Sprache in schriftlicher Form repräsentiert wird. Normsetzer sind gesellschaftliche Institutionen, im Mittelalter z. B. die Schreibstuben der Klöster oder der kaiserlichen Verwaltung oder heute in der Bundesrepublik ein von den Kultusministern der Bundesländer eingesetztes Gremium von Sprachwissenschaftlern (Dudenredaktion).

Die wissenschaftlich interessante und für eine etwaige Rechtschreibereform relevante Frage ist nun, welche Teile der mündlichen Rede und der Sprachzeichen diese Kulturnotationen repräsentieren. In den verschiedenen Notationen wurden unterschiedliche Konventionen entwickelt, die sich in zwei Gruppen teilen: ideographische Begriffsschriften bzw. Bilderschriften und phonetische Laut- und Silbenschriften.

Bei den ideographischen (grch. ideo = Begriffs-, begrifflich) Schriftsystemen werden die Inhalte der Sprachzeichen in Bildzeichen wiedergegeben. Beim Lesen kann deshalb auch nicht die mündliche Rede im Wortlaut, sondern nur der Inhalt rekonstruiert werden.

Ideographische Schriften sind die alten Hieroglyphen. In den phonetischen (grch. phon = Laut, Klang) Schriftsystemen werden die Lautkörper der Sprachzeichen durch Schriftzeichen repräsentiert. Man unterscheidet hier wiederum Wortschrift, silbische Schrift und phonematische Schrift. In der phonematischen Schrift wie z. B. unserer deutschen Buchstabenschrift wird ein Sprachlaut durch einen Buchstaben wiedergegeben. Eine solche Buchstabenschrift entspricht etwa einer ‚vorwissenschaftlichen‘ Mischung aus phonetischer und phonematischer Transkription. Einerseits sind die Sprachlaute „nach Gehör" mit Buchstaben gekennzeichnet, andererseits decken sie sich häufig mit den Phonemen der betreffenden Sprache. In der silbischen Schrift wie z. B. im Hebräischen oder Arabischen werden nicht alle Laute durch Schriftzeichen wiedergegeben, sondern nur die Konsonanten; die Vokale müssen beim Lesen, z. T. nach bestimmten Regeln, eingefügt werden. Konsonantenfolge plus ein Vokal ergeben eine Sprechsilbe, deshalb spricht man von silbischer Schrift. In einer Wortschrift wie z. B. dem Chinesischen wird jeweils ein einfaches Wort durch Schriftzeichen wiedergegeben. Ursprünglich war das Chinesische eine ideographische Schrift, aber im Laufe der Zeiten wurden die Bildzeichen so abstrakt, daß ihre Zuordnung zu den Wörtern nur noch als Konvention gelernt werden konnte. Zudem wurde sie phonetisch, d. h. die Zuordnung gilt zum Lautkörper eines Wortes und kann durchaus verschiedene Wortinhalte darstellen.

Die Schriftsysteme sind von sehr unterschiedlicher Effizienz: das ideographische System ist zu wenig abstrakt, als daß es die mündliche Rede mit ihren nuancenreichen Ausdrucksmöglichkeiten adäquat wiedergeben könnte. Auch die Wortschrift, die statt des Inhalts den Zeichenträger darstellt, ist schwer zu handhaben, weil eine Sprache sehr viele einfache Wörter hat, für die eine entsprechende Anzahl von Schriftzeichen zu lernen ist[15]. Sowohl die Silben- als auch die Buchstabenschrift ermöglichen eine flexible Übertragung gesprochener in geschriebene Rede, zumindest soweit die Sprachzeichen betroffen sind. Intonation, Tonfall usw. werden auch hier nicht erfaßt.

In diesem Zusammenhang ist nun die Rechtschreibung (Orthographie) zu erwähnen, also die Konvention, die bei der Übertragung der Laute in Schriftzeichen für eine Einzelsprache gilt. Wie

---

[15] In China wird in einer 1956 begonnenen Rechtschreibreform eine Buchstabenschrift eingeführt.

bereits oben erwähnt, werden die Normen von gesellschaftlichen Institutionen, z. B. der Dudenredaktion, gesetzt. Dabei sind verschiedene Gesichtspunkte zu berücksichtigen, insbesondere die phonetisch-phonematische Korrektheit und die Einzelsprachenzugehörigkeit (Etymologie) von Wörtern. Die für das Deutsche geltende Konvention weist alle diese Gesichtspunkte auf: sie ist im Grunde phonetisch-phonematisch, man kann im Deutschen z. B. leichter von den Schriftzeichen auf eine ‚Aussprache' schließen als im Englischen; umgekehrt gibt es allerdings Schwierigkeiten: die Schreibtradition bewahrt uns *Mai* neben *Ei* für [ai], *Ofen*, *Mohr* und *Moor* für [o:] usw., und die Rücksicht auf die Etymologie speziell bei der Übernahme von Fremdwortgut bringt *Orthographie* neben *Ort* und *Graf* und *korrekt* neben *Chor* und *Corps* bzw. *Korps*. An den letzten Beispielen wird deutlich, welche Gründe für eine Beibehaltung der Fremdwortorthographie sprechen: man kann die Wörter im Schriftbild unterscheiden. Von einem systematischen Gesichtspunkt aus wäre eine rein phonetische bzw. phonematische Rechtschreibung zu begrüßen, in der gleichklingende Wörter auch gleich geschrieben werden. Viel Schweiß der Schulanfänger und ihrer Lehrer und viele Frustrationen und Diskriminierungen der Volksschüler könnten erspart werden[16].

Als K o d e s schließlich werden diejenigen Notierungskonventionen bezeichnet, die von geschriebener Sprache ausgehen und die Schriftzeichen nach einem vorgegebenen Schlüssel eindeutig abbilden. Bei der Kodierung eines Schriftsystems in ein anderes spricht man auch von T r a n s l i t e r a t i o n. Kodes können auch die Schrift in einen anderen Wahrnehmungsbereich übertragen: im Morsekode werden z. B. in den einzelnen Zeichen Buchstaben hörbar und nicht die ursprünglichen Sprachlaute; in der Blindenschrift werden Buchstaben fühlbar. Einen interessanten Typ stellt die Kurzschrift (Stenographie) dar. Sie ist im Wesentlichen eine Silbenschrift, in der Konsonanten transliteriert und Vokale durch Sekundärzeichen (dicker oder dünner Strich usw.) angezeigt werden; außerdem enthält sie eine Reihe von Kürzeln für häufig auftretende Wörter, Vor- und Nachsilben und z. T. ganze Syntagmen, die als Wortschriftelemente anzusehen sind.

---

16 Man sollte solche Argumente wirklich ernst nehmen und einmal überprüfen, wieviel Zeit und Konzentration in den Grundschulen für das Erlernen gerade dieser gemischten Rechtschreibung aufgewendet werden muß. Lohnt dieser Aufwand für den Bildungsinhalt „etymologisch korrekte Schreibung"?

2. Phonetik und Phonologie: Sprache als Klang

Die Laute einer Sprache lassen sich unter verschiedenen Gesichtspunkten beschreiben: nach ihren substantiellen, naturwissenschaftlich meßbaren und beobachtbaren Eigenschaften, nach ihrem Vorkommen (Distribution) in Sprachtexten oder nach ihrer Funktion in Sprachtexten. Die substantiellen Aspekte behandelt die Phonetik als Naturwissenschaft der Sprachlaute, die distributionellen und funktionellen Aspekte behandelt die Phonologie als Linguistik der Sprachlaute.

2.1 Phonetik: die Substanz der Sprachlaute

Sprachlaute sind in mehreren Manifestationsbereichen verkörpert, nach denen man verschiedene Arten von Phonetik unterscheidet. Das sei anhand einer Skizze erläutert (Abb. 7).

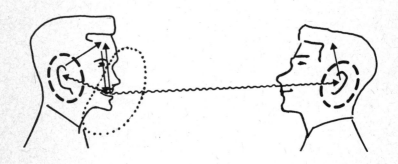

Abb. 7: die Manifestationsbereiche der Sprachlaute

Die Abbildung zeigt einen Sprecher und einen Hörer. Vier verschiedene Strichtypen kennzeichnen vier verschiedene Manifestationsbereiche. Die gepunktete Linie umschließt den Bereich der Sprechwerkzeuge, der Artikulationsorgane, der von der a r t i k u l a t o r i s c h e n Phonetik behandelt wird. Die geschlängelte Linie deutet den Bereich an, in dem die Sprachlaute akustische Signale, Luftschwingungen, darstellen, und der von der a k u s t i s c h e n Phonetik behandelt wird. Die gestrichelte Linie umschließt das Gehör, dessen Wirkungsweise beim Sprachehören von der a u d i t i v e n Phonetik behandelt wird. Die gezogenen Pfeile weisen darauf hin, daß Gehör und Artikulationsorgane durch Nervenstränge mit dem Gehirn verbunden sind. Beim Sprecher ist die Koordination zwischen Artikulation und „Meldung" über die Artikulationsbewegungen im Gehirn einerseits und „Meldung" des Gehörs über die Wahrnehmung andererseits angedeutet. Diese physiologischen und schließlich psycho-physischen Vorgänge beim Sprachvollzug werden von einer physiologisch orientierten Psycholinguistik untersucht. In den phonetischen Wissenschaften beschränkt man sich auf die drei genannten Bereiche. Die akustische Phonetik mißt mit einer Reihe von Apparaten die akustischen Signale, ordnet sie nach charakteristischen Merkmalen in Formanten und bemüht sich um eine Zuordnung von Formanten und Phonemrealisationen. Die auditive Phonetik untersucht die Hörvorgänge, z. T. mit Hilfe von Röntgenapparaten. Letztere werden auch in der artikulatorischen Phonetik verwendet, die aber nicht in demselben Maße eine instrumentelle Phonetik ist wie die beiden anderen. Die artikulatorische Phonetik ist von großer Bedeutung für die Phonologie; sie liefert aus ihrem Manifestationsbereich mit einer genauen Beschreibung der Artikulationsvorgänge beim Aussprechen von Lauten eine Basis von Merkmalen, nach denen man die Laute aller menschlichen Sprachen beschreiben und klassifizieren kann[1].

2.1.1 Artikulation

Beim Sprechen werden Laute erzeugt, indem Luft aus der Lunge durch die beiden auch beim Atmen benutzten Öffnungen Mund und Nase (beide zugleich oder eine von beiden) herausgedrückt wird. Auf dem Weg von der Lunge nach außen muß die Luft in einer Art Hin-

---

[1] Phonetik und Phonologie haben hier eine Nahtstelle, an die bei der Wissensfindung ein heuristischer Zirkel geknüpft ist. Der Phonetiker „kennt" die Laute als Sprachbenutzer, er unterscheidet sie zunächst „unbewußt", und d. h. nach ihrer phonologischen Funktion, ehe er ihre artikulatorischen Merkmale beschreibt. Zudem ist er beim Transkribieren von seiner Kenntnis der Rechtschreibung beeinflußt. Letzteres gilt zwar nicht, wenn fremde, noch nicht verschriftete Sprachen transkribiert werden, aber auch hier wird sich der Transkribierende bei seiner praktischen Arbeit sehr schnell phonologische und morphologische Kenntnisse der Sprache aneignen, während er „eigentlich" noch auf der Ebene reiner Transkription arbeitet. Vgl. dazu die später erwähnten „short cuts".

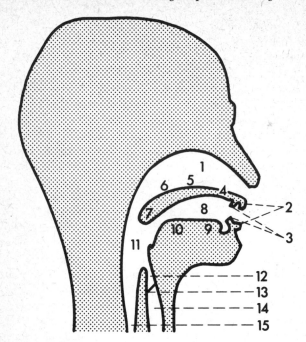

Artikulationsstelle	Lautbezeichnung
1 Nasenraum	Nasale
2 Lippen	Labiale
3 Zähne	Dentale
4 Alveolen (Zahnfächer d. Oberkiefers)	Alveolare
5 Palatum (harter Gaumen)	Palatale
6 Velum (weicher Gaumen, Gaumensegel)	Velare (Gutturale)
7 Uvula (Zäpfchen)	Uvulare
8 Mundraum	Orale
9 Apex (Zungenspitze)	Apikale
10 Dorsum (Zungenrücken)	Dorsale
11 Pharynx (Rachen)	Pharyngale (Rachenlaute)
12 Glottis	Glottale
13 Stimmbänder, -lippen, -ritze in der Larynx (Kehlkopf, Adamsapfel)	stimmhafte bzw. -lose L. (Sonorität der Laute)
14 Ansatzrohr	
15 Speiseröhre	

Abb. 8: Artikulationsorgane und -stellen

dernislauf verschiedene Engstellen, Höhlungen usw. passieren, wodurch sie einen spezifischen Klang erhält. Ein Mensch lernt als Kind, die Stellung der Hindernisse, d. h. die menschlichen Sprechwerkzeuge, in bestimmter Weise zu variieren und so die spezifischen Laute seiner Muttersprache „auszusprechen". In Abb. 8 sind die Artikulationsorgane und verschiedene für das Deutsche wichtige Artikulationsstellen schematisch dargestellt. Der Artikulationsphonetiker markiert die Werkzeuge weitaus differenzierter, weil er die Sprechvorgänge aller Sprachen erfassen will. In jedem Fall sind die Stellenmarkierungen charakteristische Idealisierungen. Beim Sprechen fließen die Bewegungen und die erzeugten Laute gewöhnlich ineinander.

Bei der Artikulation einzelner Laute wirken bestimmte Artikulationswerkzeuge in charakteristischer Weise fast simultan zusammen. Man kennzeichnet die einzelnen Laute durch eine Reihe verschiedener Typen von Eigenschaften: Verhalten der Stimmbänder, charakteristische Artikulationsstelle bzw. -stellen, Artikulationsart (d. h. Art, wie die ‚Hindernisse' überwunden werden), Behauchung. Von grundlegender Wichtigkeit ist das Verhalten der Stimmlippen. Wenn die Luft aus der Lunge durch das Ansatzrohr (14) gedrückt wird, muß sie auf dem Weg in die Glottis (12) den Kehlkopf mit den Stimmlippen (13) passieren. Die Stimmlippen können mit sehr hoher Frequenz — bis zu mehrere hundert mal pro Sekunde — schwingen. Die resultierende Vibration läßt eigentlich „Stimme", s t i m m h a f t e Laute entstehen. Wenn sie nicht schwingen, aber Luft durchlassen, entstehen s t i m m l o s e Laute. Wenn sie geschlossen werden und die gestaute Luft plötzlich freilassen, entsteht der sogenannte „Knacklaut" bzw. g l o t t a l e P l o s i v oder V e r s c h l u ß l a u t, der z. B. im Deutschen immer vor einem vokalisch anlautendem Wort gesprochen wird und der die Aussprache der Wörter *(Eulen)spiegelei* ohne Knacklaut und *(knuspriges) Spiegelei* mit Knacklaut vor *ei* unterscheidet. Nach dem Passieren der Stimmlippen kann der Resonanz- und Widerstandsraum der Luft vielfältig beeinflußt werden. Wenn die Luft ungehindert austreten kann, werden V o k a l e erzeugt, bei Behinderung durch Verengungen oder zeitweisen Verschluß werden K o n s o n a n t e n erzeugt, wenn der Nasenraum nicht durch das Gaumensegel (6) geschlossen ist und resoniert, werden sowohl bei Vokalen als auch bei Konsonanten Nasale erzeugt; nichtnasale Laute werden auch O r a l e genannt. Die Artikulation der im Deutschen gebräuchlichen Vokale und Konsonanten wird im folgenden besprochen.

Damit die einzelnen Laute notiert werden können, muß zunächst ein Transkriptionsalphabet verabredet werden. Die IPA (International Phonetic Association, auch API, Association Phonétique Internationale, genannt) hat eine internationale Lautschrift definiert, deren Zeichen verwendet werden sollen (einige Zeichen sind aus drucktechnischen Gründen leicht abgwandelt). Als p h o n e t i s c h e Zeichen werden sie in eckige Klammern gesetzt (vgl. oben Exkurs 2). Im folgenden werden die Vokale mit deutschen Wörtern als Beispiele für die Klangqualität eingeführt. Ein doppelter Punkt hinter einem Zeichen bedeutet Längung. Eine Tilde über dem Zeichen bedeutet Nasalierung. Es werden nur im Deutschen gebräuchliche Laute aufgeführt; mundartliche Abweichungen sind nicht berücksichtigt. In der Liste werden im Vorgriff auf spätere Erläuterungen Unterklassen auf-

Monophthonge	Diphthonge	Nasale
[a] Katze	[a ɪ] Meile	[ã] Elan
[a:] Kater	[aʌ] Maul	
[e] Metan		
[e:] Meer		
[ɛ:] Mär		[ɛ̃:] Teint
[ ] Katze		[ɛ̃] pointiert
[i] binär		
[i:] Biest		
[ɪ] bist		
[o] Lokal		[õ] Konfiture
[o:] Ofen		[õ] Bon
[ɔ] offen	[ɔ ʏ] Heu	
[ø] Zölom		
[ø:] Öfen		
[œ] öffnen		[œ̃] Lundist
[u] Butan		[œ̃:] Parfum
[u:] Bude		
[ʌ] Butter		
[y] Mystik		
[y:] hüten		
[ʏ] Hütte		

Abb. 9: Liste der deutschen Vokale (phonetische Einheiten)

geführt: es wird zwischen Monophthongen (Einlauten), Diphthongen (Zwie- bzw. Gleitlauten) und Nasalen unterschieden. Die Konsonanten werden in einer Matrix in Abbildung 11 aufgeführt[2].

2.1.2 Vokale

Die Klangqualität der Vokale, bei denen die Stimmlippen schwingen und die Luft ungehindert durch den Mund und ggfls. zugleich durch die Nase ausströmt, wird durch unterschiedliche Lippen- und Zungenstellung bestimmt[3]. Abhängig von der Lippenstellung unterscheidet man zwischen g e r u n d e t e n (Lippen in „Schnutenstellung") und u n g e r u n d e t e n (Lippen breitgezogen) Vokalen.
Ungerundet: i, ɪ, e, ɛ,
Gerundet: œ, ø, o, ɔ, u, Λ, y, ʏ
Die Stellung der Zunge wirkt in doppelter Weise: je höher, d. h. direkter am Gaumen, die Zunge sich befindet, desto g e s c h l o s s e n e r wird ein Vokal, und je weiter vorn im Mund sich der höchste Punkt der Zunge befindet, desto o f f e n e r ist ein Vokal. Die Zunge wird niemals so direkt an den Gaumen gebracht, daß eine Verengung entsteht. Es ist aber einsichtig, daß der Übergang von [i] zu [j] hier zu suchen ist.

Es ist allgemein üblich, die Stellung der Zunge in einem V o k a l v i e r e c k darzustellen. Dabei wird der jeweils höchste Punkt der Zunge bei der Aussprache eines Vokals markiert. Die Phonetiker haben zum allgemeinen Vergleich ein ideales Schema mit extremen Positionen definiert, in dem die Artikulation der K a r d i n a l v o k a l e markiert ist. Sie kommen in keiner Sprache alle zusammen vor; im Deutschen wird z. B. der Kardinalvokal [u] in *gut* [guːtʰ] gesprochen, während das dumpfe [a] z. B. nur mundartlich vorkommt, wenn ein Berliner die Endung *er* ausspricht wie in *Wasser* [vasa]. In Abbildung 10[4] sind die Kardinalvokale mit Punkten und die deutschen Vokale

---

[2] Die Beispiele sind in Buchstabenschrift notiert, weil sie sich so besser lesen lassen. An den Beispielen wird auffallen, daß eine Reihe von Vokalen, die geschlossenen kurzen [e, i, o, ø, u, y] und die Nasale, mit Fremdwörtern belegt sind; für eine kontrastive Betrachtungsweise wäre hier ein Ansatzpunkt.
[3] Manchmal wird als weitere Eigenschaft die Stellung der Kiefer zueinander bzw. der Kieferwinkel mit angegeben.
[4] Vgl. dazu Duden, Bd. 4, 2. Aufl. (1966), S. 35, 39.

mit Sternchen markiert. Diphthonge, die eigentlich Doppellaute mit Betonung auf dem ersten Vokal sind, werden durch Pfeile markiert, welche den „Weg" der Zunge beim Gleiten aus einer in die andere Artikulationsstellung zeigen. Das [ui] wie in *pfui* wird gewöhnlich nicht als Diphthong bezeichnet. Im Schema muß man sich den Mund nach links geöffnet vorstellen.

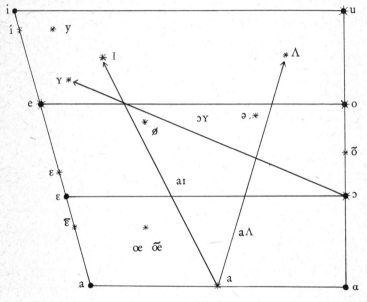

Abb. 10: Vokalviereck

2.1.3 Konsonanten

Die Konsonanten werden nach der Artikulationsstelle, der Artikulationsart, der Sonorität und der Aspiration (Behauchung) charakterisiert[5]. Die extremen Artikulationsstellen sind in Abbildung 8 gekennzeichnet. Im Deutschen gibt es, hergeleitet von den Artikulationsstellen, folgende Konsonanten:

---

[5] Manche Phonetiker fügen als weiteres Merkmal Intensität hinzu, das sich aber zumindest für das Deutsche mit dem Sonoritätsmerkmal deckt. Weitere sekundäre Merkmale wie z. B. Lippenrundung bei [ʃ] sind hier fortgelassen.

Bilabiale (Unter und Oberlippe)
Labiodentale (Unterlippe und obere Schneidezähne)
Apikale Dentale bzw. Alveolare
  (Zungenspitze entweder gegen die oberen Schneidezähne oder gegen die Alveolen)
Palatale (Vorderzunge gegen harten Vordergaumen)
Velare bzw. Gutturale (Hinterzunge gegen weichen Hintergaumen)
Uvulare (Zäpfchenhaut)
Laryngale bzw. Glottale (Kehlkopflaute)

Mit Artikulationsart bezeichnet man die Art und Weise, wie der Luftstrom an den Hindernissen vorbeigeleitet wird. Für eine Bestimmung der deutschen Laute werden folgende Bezeichnungen von Artikulationsarten relevant:

Plosive (Verschlußlaute, Klusile, Okklusive); an der Artikulationsstelle wird ein Verschluß gebildet, durch den der Luftstrom für kurze Zeit gestaut wird, ehe er plötzlich freigelassen wird.

Frikative (Reibelaute, Spiranten, Engelaute, Konstriktive); die Artikulationswerkzeuge bilden eine Engstelle, durch die der Luftstrom gepreßt wird.

Laterale (Seitenlaute); die Luft strömt an einer oder beiden Seiten an der an den Gaumen gelegten Zunge vorbei.

Nasale (Nasenlaute); die Luft entweicht bei geschlossenem Mund durch die Nase (gilt nur bei Konsonanten, bei Vokalen entweicht sie außerdem durch den Mund).

Vibranten (Schwingelaute); die Zungenspitze oder das Zäpfchen vibrieren.

Geschlagene Laute; die Zungenspitze oder das Zäpfchen schlagen nur einmal.

Affrikaten; Doppellaute, bei denen ein Plosiv und ein Frikativ mit benachbarten Artikulationsstellen fast gleichzeitig artikuliert werden, z. B. [ts].

Nach der Sonorität werden stimmhafte und stimmlose Konsonaten unterschieden; d. h. solche, bei denen die Stimmbänder schwingen oder nicht schwingen.

Von Aspiration (Behauchung) spricht man, wenn nach der eigentlichen Artikulation von Konsonanten noch unartikulierte

Luft ausströmt. Im Deutschen sind [p, t, k] in einigen Positionen, z. B. am Wortanfang vor Vokal, behaucht, die anderen Konsonanten nicht. Man schreibt in solchen Fällen gewöhnlich [pʰ, tʰ, kʰ].

Die Konsonanten und ihre Artikulationsmerkmale lassen sich am besten in einer Matrix darstellen. Abb. 11 zeigt eine Matrix, in der die deutschen Konsonanten mit Beispielwörtern aufgeführt sind; in der Zeile sind sie nach phonetischen Merkmalen markiert. Einige der Merkmale, wie stimmhaft-stimmlos, schließen einander aus. In einer phonetischen Darstellung werden solche logischen Gesichtspunkte nicht berücksichtigt. In Abb. 14, wo die artikulatorischen Merkmale unter phonologischen Gesichtspunkten als d i s t i n k t i v e M e r k m a l e aufgeführt sind, werden solche Redundanzen ausgeschaltet.

2. 1. 4 Prosodische Elemente

Bisher wurden nur einzelne Laute als vertauschbare Artikulationseinheiten betrachtet. Laute erscheinen jedoch nicht isoliert, sondern als Folgen von Lauten, die unterschiedlich betont, d. h. mit mehr oder weniger Lautstärke und höherer oder tieferer Stimmführung gesprochen werden. Man nennt diese eine Lautfolge betreffenden Erscheinungen die p r o s o d i s c h e n Elemente des Sprechens. Es ist dabei zu unterscheiden zwischen Wort- und Satzprosodien. In Wörtern mit zwei und mehr Vokalen wird ein Vokal stärker betont als der oder die anderen; man spricht von b e t o n t e n und u n b e t o n t e n und ggfls. n e b e n t o n i g e n S i l b e n. Silben sind kleinste Sprecheinheiten, die aus dem Silbenträger, einem Vokal oder Diphthong, und keinem, einem oder mehreren Konsonanten bestehen. Nach den Konventionen der IPA wird Hauptbetonung von Silben durch einen obenstehenden Strich und Nebenbetonung bei drei- und mehrsilbigen Wörtern durch einen untenstehenden Strich vor der Silbe transkribiert: *Mädchen* [ˈmɛːtʰçən], *Hauptbetonung* [ˈhaʌpʰtʰbə, tʰonʌɦ]. Im Deutschen ist eine Änderung der Tonhöhe nur für die Satzprosodie (Heben der Stimme zum Ende eines Fragesatzes) von Bedeutung; in Wörtern ist die jeweilige Tonhöhe vom phonologischen Standpunkt gesehen funktionslos und wird deshalb nicht registriert. Es gibt jedoch sog. t o n i g e Sprachen wie z. B. das Chinesische oder Japanische, bei denen ein Wechsel der Tonhöhe, jeweils relativ zur „normalen" Tonhöhe eines Sprechers, bei sonst gleicher Artikulation der Lautfolge verschiedene Inhalte anzeigt (vgl. 2. 2. 2).

Phonetik: die Substanz der Sprachlaute

Beispiel-wörter	IPA-Transkription	Sonorität		Artikulationsmerkmale											
				Artikulationsart						Artikulationsstelle						
		sth.	stl.	Plosiv	Frikativ	Lateral	Nasal	Vibrant	Geschlagen	Bilabial	Labio-dental	Dental od. Alveolar	Palatal	Velar	Uvular	Glottal
Bier	b	*		*						*						
Papst[1]	pʰ, p		*	*						*						
dir	d	*		*								*				
Tatze[1]	tʰ, t		*	*								*				
Gier	g	*		*										*		
Koks[1]	kʰ, k		*	*										*		
Verein	ʔ		*	*												*
wach	v	*			*						*					
Fach	f		*		*						*					
Sache	z	*			*							*				
was	s		*		*							*				
Genie	ʒ [2]	*			*							*				
Schach	ʃ [2]		*		*							*				
Jahr	j	*			*								*			
dich	ç		*		*								*			
Dach	χ		*		*									*		
Hast	h		*		*											*
Last	l	*				*						*				
muß	m	*					*			*						
Nuß	n	*					*					*				
Ring	ŋ	*					*							*		
Ring	r	*						*				*				
Ring	R	*						*							*	
Ring	ɣ	*							*			*				
Ring	ʁ	*							*						*	

[1] behaucht und unbehaucht   [2] weiteres Merkmal gerundete Lippen

Abb. 11: Konsonanten mit Merkmalsmatrix

Soweit das Deutsche betroffen ist, wäre es möglich, die Längung von Vokalen als eine Art Mikroprosodie aufzufassen. Bei Satzprosodien, auch S a t z k o n t u r e n genannt, wird im Deutschen, wie erwähnt, sowohl mit starker und schwacher Betonung als auch mit Tonhöhenunterschieden gesprochen; man vergleiche die Sätze *Hans kann schon lesen* und *Hans kann schon lesen?* . Für die Transkription von prosodischen Merkmalen und Konturen gibt es keine allgemein gültige Konvention. Man verwendet gewöhnlich Pfeile, wobei ↑ höhere und ↓ tiefere Stimmführung andeuten.

2.2 Phonologie: Distribution und Funktion der Sprachlaute

Im einleitenden Kapitel wurde der Systemcharakter der Sprache herausgestellt; auf der Ebene der Sprachlaute zeigt er sich z. B. darin, daß die artikulatorischen Merkmale nur in begrenzter Anzahl und nicht in allen mathematisch errechenbaren Kombinationen als Laute erscheinen. Die begrenzte Auswahl aus den Kombinationsmöglichkeiten charakterisiert die Laute der Einzelsprachen: im Deutschen gibt es z. B. keinen apikalen bidentalen Frikativlaut (Zunge zwischen den Zähnen) wie im Englischen mit [Ø] und [ð] (stl. und sth. ,tieäitsch'). Das Englische kennt dagegen keinen velaren Frikativ wie den deutschen ,Ach'-Laut [χ]. Der systematische Charakter der Sprache zeigt sich weiterhin darin, daß eine Reihe phonetisch verschiedener Laute von den Sprechern einer Sprache trotzdem als „derselbe Laut" identifiziert würde: [i] und [ɪ] oder [o] und [ɔ] oder [r],[ɣ], [R] und [ʁ] würden als *i, o* bzw. *r* bezeichnet werden. Diese von den Sprechern einer Sprache als „gleich" klassifizierten Laute nennt der Linguist ein P h o n e m. Mit diesen vagen Angaben ist der Begriff P h o n e m selbstverständlich noch nicht ausreichend definiert; P h o n e m ist ein theoretischer Begriff, dessen genaue Definition in einer phonologischen Theorie bestimmt wird. Es gibt in der Linguistik nicht nur einen sondern mehrere Phonembegriffe und Theorien. Die zwei wichtigsten und die durch sie entwickelten Methoden und Prozeduren, mit denen die Phoneme einer Sprache „entdeckt" und die phonologische bzw. phonematische Struktur einer Sprache festgestellt wird, werden im folgenden behandelt. Dazu wird einerseits auf phonetische Informationen über artikulatorische Eigenschaften, eine „phonetische Ähnlichkeit" usw., zurückgegriffen, andererseits werden die Distribution und Funktion der Phoneme beachtet.

In der Distributionsanalyse werden die Laute nach ihren Umgebungen in Kontexten klassifiziert. Wenn bei Lauten mit gleicher Umgebung entschieden werden soll, ob sie dieselben sind, d. h. einem Phonem angehören, ist einerseits nach der phonetischen Ähnlichkeit und andererseits nach der Funktion im Kontext (im Wort) in Bezug auf die inhaltliche Seite der Sprache zu fragen: unterscheiden sie Inhalte, haben sie differentielle, konstrastive Funktion? Die Phonologie, das Aufstellen von Phonemsystemen und die Beschreibung der phonematischen Struktur von Sprachen auf der Basis phonetischer Transkriptionen, war zentrales Anliegen der strukturalistischen Linguistik in den 1930er und 1940er Jahren. Im amerikanischen Strukturalismus (Distributionalismus bzw. Taxonomie) und in der Prager Schule (Funktionalismus) wurden zwei divergierende Theorien entwickelt, deren wichtigste Teile hier exemplarisch dargestellt werden. Zunächst werden — in Anlehnung an Harris — Prozeduren einer Distributionsanalyse und dann die funktional ausgerichtete Analyse Trubetzkoys diskutiert.

2.2.1 Distributionalismus (Taxonomie)

Der amerikanische Strukturalismus ist wesentlich von zwei Faktoren bestimmt: von der praktischen Zielsetzung, daß die damals nicht erforschten und nicht verschrifteten Indianersprachen und -kulturen untersucht werden sollten, und von den wissenschaftlichen Axiomen des Behaviourismus. Im Behaviourismus gilt als methodologisches Grundprinzip, daß Verhaltensweisen nur unter Berücksichtigung von externen, objektiv beobachtbaren und verifizierbaren „Fakten" beschrieben werden sollen. Alle „mentalistischen" Aussagen über interne Denkvorgänge beim Sprechen, über die Inhalte der Sprachzeichen, über Bedeutungen werden als spekulativ abgelehnt[6]. Die theoretischen Forderungen nach streng empirischer Arbeit mit dem beobachtbaren Sprachmaterial deckten sich mit den praktischen Notwendigkeiten, wollte man fremde Sprachen transkribieren und beschreiben.

---

6 Großen Einfluß auf die amerikanische Entwicklung hatte Leonard Bloomfield, dessen 1933 in überarbeiteter Form erschienenes Buch „Language" eine im doppelten Sinne klassische Darstellung der Prinzipien gibt: es ist klar und ausgewogen, und es hat Maßstäbe gesetzt.

Für die empirische Arbeit wurden Vorgehensweisen entwickelt, wie die Einheiten der Sprache zu entdecken und nach syntagmatischen und paradigmatischen Relationen in Klassen zusammenzufassen seien. Die Entdeckungsprozeduren (discovery procedures) sehen folgendes Schema vor: sprachliche Äußerungen (utterances) von natürlichen Sprechern werden registriert (auf Tonband oder in phonetischer Transkription). Die Äußerungen stellen das Korpus für eine Analyse dar, die aus zwei Grundoperationen besteht: dem Segmentieren der Äußerung in Grundelemente und dem Klassifizieren der Elemente nach den syntagmatischen Verbindungen, die sie eingehen können, und die aus ihrer Distribution im Korpus hervorgehen. Wenn umfangreiche Korpora analysiert sind, werden sie als repräsentativ angesehen, und die Ergebnisse gelten für die ganze betreffende Sprache[7]. Wichtigste Prozedur zum „Entdecken" gleicher Segmente ist die Substitution in Äußerungen, das Vertauschen von Segmenten in Rahmen: substituierbare Elemente werden zu Klassen zusammengefaßt. Die Entscheidung über die Zulässigkeit einer Substitution liegt beim natürlichen Sprecher. Um beim Urteil des Informanten mentalistische Spekulationen über Bedeutungen und Inhalte auszuschalten und die Nachprüfbarkeit der gesamten Analyse zu sichern, ist nur die eine Frage zugelassen, ob zwei Äußerungen — nämlich die ursprüngliche und die mit substituiertem Element — einander gleich sind. Die Analyse läuft nach dem Schema Segmentieren — Substituieren — Informantenbefragung — Klassifizieren ab und muß in allen Phasen nachprüfbar sein.

Ein solches Analyseprogramm wäre selbst für einen kleinen Text unerhört umfangreich. Man stelle sich die Ausgangssituation vor: der Linguist ist mit einem Tonband konfrontiert und soll irgendwo zwei Segmente (Bandstücke!) herausschneiden, vertauschen, und den Informanten befragen. Es müßte sicherlich sehr lange probiert werden, ehe die herausgeschnittenen Segmente sich mit den tatsächlichen Grundelementen der Sprache deckten. Ähnliches gilt für eine artikulatorische

---

[7] Hier, u. a., übt Chomsky scharfe Kritik, indem er auf die ständig neuen Äußerungen, z. B. neue Wortbildungen, hinweist, für die kein noch so großes Korpus repräsentativ sein könne; deshalb will Chomsky keine Textkorpora sondern die Sprachkompetenz von Sprechern untersuchen. Allerdings ist auch er mit dem Problem repräsentativer Auswahl konfrontiert: er muß den idealen Sprecher-Hörer annehmen, dessen Realität noch weniger gesichert ist als die von Texten.

Beobachtung, bei der genau genommen ja nicht Laute, sondern Teilereignisse eines kontinuierlichen Artikulationsaublaufes zu substituieren, d. h. vom trainierten Linguisten zu artikulieren wären. Deshalb sind dem Linguisten Abkürzungen („short cuts") aufgrund intuitiver Überlegungen gestattet; er braucht nicht willkürlich zu segmentieren und zu substituieren, sondern kann es gezielt auf Grund seiner Berufserfahrung und umfangreicherer Kenntnis der Sprache (Wörter als Rahmen usw.) tun, solange gesichert ist, daß die einzelnen Operationen strikt befolgt werden, und daß der Linguist bei willkürlichem Vorgehen irgendwann einmal zu denselben Ergebnissen gekommen wäre.

Unter Ausnützung der Abkürzungserlaubnis werden im folgenden einige Prozeduren demonstriert, mit deren Hilfe man die Phoneme einer Sprache „entdeckt"[8]. Abgekürzt wird im ersten Schritt durch Auswählen eines typischen Grammatikersatzes als Äußerung (Korpus), durch Segmentieren nach den phonetischen Transkriptionszeichen statt nach einzelnen Artikulationsmerkmalen und durch Weglassen unakzeptabler Substitutionen beim Entdecken der sog. freien Varianten (vgl. u.).

Der Satz: *ein fixer Ober zerbrach einem blonden Mädchen mit einem Tablett einen hübschen Pokal.*

Transkription (ohne Wortgrenzen als fortlaufende Lautfolge und ohne Betonungszeichen: [ʔaɪnfɪksəʁʔoːbəʁtsɛʁbʀaːχaɪnəmblondənmɛːtʰçənmɪtʰʔaɪnəmtʰablɛtʰaɪnənhʏpʃənpʰokʰaːl].

1. Prozedur: Segmentieren; zur späteren Identifizierung werden die Segmente numeriert.

ʔ	aɪ	n	f	ɪ	k	s	ə	ʁ	ʔ	oː	b	ə	ʁ	t	s	ɛ	ʁ	b	R	aː	χ
1	2	3	4	5	6	7	8	9	10	11	12	13	14	15	16	17	18	19	20	21	22

ʔ	aɪ	n	ə	m	b	l	ɔ	n	d	ə	n	m	ɛː	tʰ	ç	ə	n
23	24	25	26	27	28	29	30	31	32	33	34	35	36	37	38	39	40

m	ɪ	tʰ	ʔ	aɪ	n	ə	m	tʰ	a	b	l	ɛ	tʰ	ʔ	aɪ	n	ə	n
41	42	43	44	45	46	47	48	49	50	51	52	53	54	55	56	57	58	59

h	ʏ	p	ʃ	ə	n	pʰ	o	kʰ	aː	l
60	61	62	63	64	65	66	67	68	69	70

Resultat: das fortlaufende Korpus ist in 70 Segmente zerlegt.

---

[8] Die distributionelle Phonemanalyse wird in sehr simplifizierter Form vorgeführt. Über den vollständigen Ablauf mit allen Prozeduren orientiere man sich bei Harris (1966).

2. Prozedur: Substituieren; die phonetisch gleichen, d. h. gleich transkribierten Segmente der Lautfolge werden füreinander substituiert, damit festgestellt werden kann, ob die phonetisch gleichen Segmente auch linguistisch gleich sind. Die Prozedur kann in einem Buch nicht demonstriert werden, weil sie als Experiment in gesprochener Sprache mit Informanten abzulaufen hätte. Substituierbare Segmente werden als gleiche phonetische Elemente angesehen und f r e i e V a r i a n t e n oder R e a l i s a t i o n e n eines Phonems genannt. Das Resultat der Prozedur ist in der folgenden Liste enthalten; die freien Varianten sind als Elemente mit Verweis auf ihr Vorkommen im Korpus aufgeführt. Das Korpus enthält demnach 30 phonetische Elemente.

ʔ	1, 10, 23, 44, 55
aɪ	2, 24, 45, 56
n	3, 25, 31, 34, 40, 46, 57, 59, 65
f	4
ɪ	5, 42
k	6
s	7, 16
ə	8, 13, 26, 33, 39, 47, 58, 64
ʁ	9, 14, 18
o:	11
b	12, 19, 28, 51
t	15
ɛ	17, 53
R	20
a:	21, 69
χ	22
m	27, 35, 41, 48
l	29, 52, 70
ɔ	30
ɛ:	36
tʰ	37, 43, 49, 54
ç	38
a	50
h	60
ʏ	61
p	62
ʃ	63

pʰ 66
o 67
kʰ 68

3. Prozedur: Feststellen der Umgebungen der Elemente, um später die syntagmatischen Beziehungen vergleichen zu können; U m g e b u n ‑ g e n sind die direkt benachbarten Segmente. Zur Demonstration werden nur einige Elemente ausgewählt; bei der Auswahl wird — als Abkürzung — bereits phonetische Ähnlichkeit als Kriterium herangezogen, obwohl dieses Kriterium erst in einem späteren Schritt explizit zugelassen ist. Außerdem wird, als weitere Abkürzung, Vorwissen über Wortgrenzen verwendet; diese Abkürzung läßt sich mit dem Hinweis rechtfertigen, daß jedes der Wörter am Anfang oder Ende eines Korpus stehen könnte und die Grenzen durch Hinzuziehen umfangreichen Materials und mehrerer Korpora „entdeckt" werden könnten. Wortgrenzen werden mit # notiert; an die Stelle des Elementes tritt ein ___.

Resultat für die Elemente [ʔ, ɛː, ɛ, ə, oi, o, ɔ, kʰ, k, pʰ, p, tʰ, t, ç] und [χ] in Tabelle Abb. 12.

ʔ	#—aɪ, #—oː
ɛː	m—tʰ
ɛ	s—ʁ, l—tʰ
ə	s—ʁ, b—ʁ, n—m, d—n, ç—n, n—n, ʃ—n
oː	ʔ—b
o	pʰ—kʰ
ɔ	l—n
kʰ	o—aː
k	ɪ—s
pʰ	#—o
p	y—ʃ
tʰ	ɛː—ç, ɪ—#, #—a, ɛ—#
t	#—s
ç	tʰ—ə
χ	a —#

Abb. 12: Phonetische Elemente und ihre Umgebungen

Ehe in einem nächsten Schritt die Summierung a l l e r Umgebungen eines Elementes zu seiner D i s t r i b u t i o n erfolgen kann, müßte ein weit umfangreicheres Korpus analysiert werden. Bei umfangreichen Substitutionstests würde man nach Äußerungen suchen, die sich in nur einem Segment unterscheiden. Mithilfe solcher sog. M i n i m a l - p a a r e (z. B. *Ofen* [oːfən] — *offen* [ofən]) lassen sich phonetisch und linguistisch gleiche und verschiedene Elemente relativ einfach „entdecken". Auch hier stellt ein Manipulieren der Sprachdaten, bei dem Minimalpaare als Belege angegeben werden, eine der zulässigen Abkürzungen dar, solange sichergestellt ist, daß ein sehr umfangreiches Korpus von Äußerungen die Minimalpaare enthalten würde. Zur Demonstration werden noch weniger Elemente behandelt: [ʔ, ɛi, ɛ, ə, t, tʰ, ç, χ]; außerdem wird [eː] hinzugefügt. Zur Abkürzung werden statt echter bzw. glaubhafter Äußerungen nur einfache Wörter als Belege angegeben. Zudem werden die Umgebungen klassifiziert nach Vokalen (V) und Konsonanten (K) bzw. deren Unterklassen, wenn dies möglich ist; einige Umgebungen werden der Einfachheit halber verbal erläutert. Die Summe aller Umgebungen eines Elementes ist, wie bereits gesagt, seine D i s t r i b u t i o n. Das Resultat der Summierung und die Belege sind in der folgenden Liste aufgeführt (Abb. 13).

ʔ	(Knacklaut; glottaler Plosiv)	
	#—V	
	ein, Ober, Uhr, alt, ist ...	
ɛː	(langes offene äh)	
	ʔ—K	*Ähre*
	K—K	*Mädchen, Bär*
	K—#	*bäh*
	K—V	*säen*
eː	(langes geschlossenes eh)	
	ʔ—K	*Ehre*
	k—K	*Beere, Beet*
	K—#	*See*
	K—V	*sehen* [zeːn]
ɛ	(kurzes offenes e)[9]	
	ʔ—K	*erscheinen*
	K—K	*Tablett, Bett*

---

9 Für einige Fremdwörter wird manchmal kurzes geschlossenes [e] transkribiert, z. B. bei *Methyl;* hier wird nur kurzes offenes [ɛ] angenommen.

ə	(gemurmeltes kurzes e)	
	K__K	Ober
	K__#	eine
	V__k	Eier
	V__#	Haie
t	(unbehauchtes t)	
	__s	zerbrach } nur vor
	__ʃ	platschen } [s] oder [ʃ]
tʰ	(behauchtes t)	
	überall außer vor [s] oder [ʃ]:	
	Stute, Tod [tʰoːtʰ], Tante, Tand	
k	(unbehauchtes k)	
	__s	fix } nur vor
	__ʃ	Gschriet[10] } [s] oder [ʃ]
kʰ	(behauchtes k)	
	überall außer vor [s] und [ʃ]:	
	Pokal, keck, klickt	
ç	(palatales ch)	
	K__K	Furcht }
	K__V	Mädchen } nach Konsonant
	K__#	Molch }
	V hell__	ich, echt, Eiche, euch (nach hellem V)
χ	(velares ch)	
	V dunkel__	brach, brauchen, bucht, doch
		(nach dunklem V)

Abb. 13: Liste zur Distribution einiger phonetischer Elemente des Deutschen

4. Prozedur: Vergleich der Distributionen und Phonematisierung. Bisher hatte die Analyse durch Segmentieren und Substituieren mit den freien Varianten phonetische Elemente geliefert, deren linguistische Äquivalenz festgestellt ist. Im nächsten Schritt sollen die phonetischen Elemente aufgrund ihrer Distributionen in den sprachlichen Äußerungen zu linguistischen, dem Sprachsystem angehörenden Einheiten zusammengefaßt werden, die dann Phoneme genannt und in Schrägstrichen notiert werden. Die Grundoperation ist das Vergleichen der Distributionen von phonetischen Elementen und das Zusammenfassen von Elementen mit komplementärer, d. h. verschiedener, Distribution zu jeweils einem Phonem.

---

10 Ort in Kärnten.

Nach der Liste von Abb. 13 haben z. B. [t] und [tʰ] einerseits sowie [k] und [kʰ] andererseits und [t] und [kʰ] sowie [k] und [tʰ] komplementäre Distribution, so daß sie folgendermaßen phonematisiert werden können:
(1a) [t, tʰ]   → /t/
(1b) [k, kʰ]   → /k/
(2a) [t, kʰ]   → /T/
(2b) [k, tʰ]   → /K/

Welche der beiden Möglichkeiten ist zu wählen? Hier wird nun die oben bereits erwähnte phonetische Ähnlichkeit als wichtiges Kriterium angesetzt; phonetisch ähnliche Elemente sind zusammenzufassen. Im Beispiel sind [t] und [tʰ] einerseits sowie [k] und [ʰ] andererseits nur durch das Artikulationsmerkmal „Aspiration" voneinander unterschieden, während z. B. [t] und [kʰ] zudem durch die Merkmale „dental" vs. „velar" verschieden sind. Also sollte man die erste Möglichkeit wählen. Zudem wird ein Substitutionstest ergeben, daß [t] und [tʰ] sowie [k] und [kʰ] durchaus substituierbar sind; viele Informanten würden keinen Unterschied feststellen. Andererseits sind [t] und [kʰ] keinesfalls substituierbar, so daß auch nach diesem Kriterium die zweite Möglichkeit auszuschalten wäre. Analog zu /t/ und /k/ wird man ein Phonem /p/ festlegen.

Nun zu einem weiteren Beispiel. In der Liste sind [ç] und [χ] mit komplementärer Distribution enthalten, so daß allein nach diesem Kriterium [ç, χ] zu /X/ phonematisiert werden können. Die phonetische Unähnlichkeit von [ç] und [χ] als Elemente von /X/ wird notiert, indem man von zwei A l l o p h o n e n des Phonems spricht; A l l o p h o n e sind phonetisch verschiedenen Elemente eines Phonems in komplementärer Distribution. Je nachdem, wie stark man die phonetische Ähnlichkeit bewertet, wird man Allophone zu einem Phonem zusammenfassen oder als verschiedene Phoneme führen. Sollten z. B. in einer Sprache ein Konsonant und ein Vokal in komplementärer Distribution stehen, so würde man sie sicher nicht als Allophone eines Phonems ansehen. Andererseits wären eine Reihe von Allophonen als freie Varianten anzusehen, wenn sie in äquivalenter oder überlappender Distribution stünden; das gilt z. B. sicher für [p] und [pʰ], [t] und [tʰ] sowie [k] und [kʰ].

Als drittes und letztes Beispiel — auf den Knacklaut wird später eingegangen — seien die vier *e*-Varianten behandelt. Die beiden kurzen Vokale [ə] und [ɛ] haben nach der Liste überlappende Distribution. [ə] erscheint nicht im Anlaut, [ɛ] nicht im Auslaut und nicht nach Vokal, beide zwischen zwei Konsonanten. Nimmt man zur Distribution das prosodische Merkmal „unbetont" bzw. „haupt- oder nebentonig" hinzu, dann haben [ə] und [ɛ] komplementäre Distribution: [ə] ist immer unbetont, [ɛ] trägt Haupt- oder Nebenbetonung. Es ist demnach angebracht [ə] und [ɛ] als Allophone eines Phonems /e/ zu definieren.

Der phonematische Status der langen Vokale [ɛ:] und [e:] ist schwieriger zu ermitteln. Sie haben äquivalente Distribution; von da aus gesehen sind zwei Phoneme anzusetzen. Andererseits sind sie phonetisch sehr ähnlich, und wenn man als Korpus Transkriptionen von Äußerungen mehrerer Informanten hat und zudem bei Substitutionstests mehrere Informanten befragt, so wird man [ɛ:] und [e:] nicht immer gleich bewertet finden und sie ebensogut als zwei verschiedene Elemente wie als linguistisch äquivalente freie Varianten ansetzen können. Selbst in einer Äußerung wie *Die Bären fressen gern Beeren* wird nicht jeder Informant im ersten Falle [ɛ:] und im zweiten [e:] artikulieren. Insofern die Daten in diesem Falle widersprüchlich sind, kann auch die Analyse nur willkürlich entweder ein Phonem /E/ oder zwei Phoneme /ɛ:/ und /e:/ ergeben.

Mit einer Distributionsanalyse können also durchaus — das ist im letzten Fall deutlich geworden — mehrere Phonemsysteme für eine Sprache „entdeckt" werden, entweder weil das Korpus widersprüchliche Fakten liefert, oder weil bei der Zusammenfassung phonetischer Elemente zu Phonemen z. B. das Kriterium „phonetische Ähnlichkeit" stärker oder schwächer bewertet wird.

Mit den Beispielen sei die Demonstration distributioneller Entdeckungsprozeduren zunächst abgeschlossen. Eine umfassende Analyse hätte neben den Phonemen auch Prosodeme bzw. Konture me (Wort- und Satzbetonung und -melodie) in einer Liste aufzuführen. Außerdem wäre das **phonologische System** einer Sprache zu beschreiben, in welchem die Distribution der Phoneme anzugeben wäre. Für das deutsche phonologische System ist z. B. kennzeichnend, daß das Knacklautphonem / ʔ / nur und immer am Wortanfang vor Vokalen steht, daß also im phonologischen System die Phonemfolge /# ʔ V/ vorkommt und die Folge */#V/ unzulässig ist. Oder es kommt z. B. die Folge /# tr . . ./ häufig vor wie in *tragen, treffen* usw., während die Folge */# rt . . ./ nicht vorkommt. Für eine eingehende Behandlung dieser Fragen muß auf die Fachliteratur verwiesen werden (vgl. Bibliographie).

In der Einführung konnten die Methoden und Prozeduren und der Phonembegriff nur exemplarisch dargestellt werden [11]. Zu letzterem sei nochmals betont, daß die Phoneme nicht nur die phonetisch bestimmten Laute der Sprache sind, sondern linguistische Elemente, die durch ihre Stellung im System, durch ihre syntagmatischen (Umgebung) und paradigmatischen (Substituierbarkeit) Relationen definiert sind; ihr Status hängt zudem von den „Entdeckungsprozeduren" und den sie rechtfertigenden Methoden ab.

Für den Distributionalismus war die Explizitheit und Nachprüfbarkeit der Verfahren wichtigstes wissenschaftstheoretisches Prinzip: eine eindeutige Herleitung eines die Sprache beschreibenden Phonemsystems aus den Korpora wurde angestrebt, nicht ein einziggültiges System. Man war sich der Abhängigkeit der Ergebnisse von den Prozeduren durchaus bewußt, nahm sie aber in Kauf als Preis für die wissenschaftliche Objektivität.

Hier ist allerdings kritisch zu fragen, ob die Objektivität und Explizitheit in allen Prozeduren gewahrt ist, und ob die positivistischen Prozeduren dem Phänomen angemessen sind. Beide Fragen lassen sich gemeinsam beantworten. Die Analysetechniken enthalten in der Informantenbefragung eine Prozedur, bei der Explizitheit nur bedingt möglich ist. Beobachtet werden kann nur die externe Reaktion des Informanten, nicht jedoch sein — internes — Entscheiden über Kriterien zur Beantwortung der Fragen. Wenn Informanten bei Substitutionstests befragt werden, ob zwei Äußerungen einander gleichen, dann ist einer positiven oder negativen Antwort nicht zu entnehmen, ob die Gleichheit oder Ungleichheit der Lautfolge, also des Sprachkörpers, beurteilt wurde, oder ob die sprachliche Äußerung als Ganzes mit ihrem Inhalt gemeint ist. Nach dem behaviouristischen methodischen Grundprinzip sind Inhaltsfragen und interne Entscheidungen nicht zugelassen wegen ihres ‚mentalistischen' Charakters. Beide jedoch, der Informant notwendig und der Linguist aus praktischen Gründen bei den Abkürzungen, nehmen Rekurs auf die Inhalte, die Bedeutungen der Äußerungen. Die Objektivität und Externalität der Prozeduren wird in diesem Punkt nicht durchgehalten, und sie kann nicht

---

[11] Eine komplette Liste der Phoneme des Deutschen wird im Zusammenhang mit der Darstellung der Prager Phonologie gegeben (s. 2.2.2).

durchgehalten werden, weil Sprechen und Sprache Hören nicht nur externe, sondern immer auch interne, mentale Prozesse sind. Es scheint deshalb angebracht, den Anspruch auf im positivistischen Sinne verifizierbare Objektivität zurückzustellen und infolgedessen die Prozeduren auch der Sprachbeschreibung nicht ausschließlich auf die Sprachkörperseite sprachlicher Zeichen abzustimmen, sondern die Frage nach der Funktion der Laute für das gesamte Sprachzeichen zu stellen und davon auszugehen, daß die Laute der Sprache nicht nur eine Distribution haben, sondern daß sie Wörter unterscheiden und somit bedeutungsunterscheidende, differentielle Funktion haben.

2.2.2 Funktionalismus

Der funktionalistische Ansatz wurde besonders in der sog. Prager Linguistik entwickelt und vertreten. Als Mitglied dieses Kreises wurde bereits der — nicht-behaviouristische — Psychologe und Sprachtheoretiker Karl Bühler erwähnt. Für die Phonologie waren die Arbeiten von Roman Jacobson und von N. S. Trubetzkoy bedeutsam. Die folgende Darstellung ist an Trubetzkoys Buch ‚Grundzüge der Phonologie' orientiert [12].

Als wichtigste Funktion der Sprachlaute nennt Trubetzkoy die distinktive oder bedeutungsunterscheidende Schallfunktion. Grundlegend für den Begriff der Unterscheidung ist der Begriff der Opposition, des Gegensatzes: zwei einander gegenübergestellte Dinge können nur voneinander unterschieden werden, wenn sie in einem Gegensatzverhältnis stehen, d. h. wenn sie sich in gewissen Eigenschaften unterscheiden. Wörter einer Sprache können nur dann voneinander unterschieden werden, wenn sie sich im Sprachkörper, im phonetischen (!) Schall voneinander unterscheiden; anders herum gesagt: diejenigen phonetischen Schallgegensätze einer Sprache, die Wortinhalte unterscheiden, haben linguistische, für das Sprachsystem relevante Funktion. Trubetzkoy definiert: „Schallgegensätze, die in der betreffenden Sprache die intellektuelle Bedeutung zweier Wörter differenzieren können, nennen wir phonologische (oder phonologisch distinktive oder auch distinktive) Oppositionen. Solche Schallgegensätze dagegen, die diese Fähigkeit nicht besitzen, bezeichnen wir als phonologisch irrelevant oder indistinktiv" (S. 30/31). Der Gegen-

---

12 Über den Prager Kreis vgl. Vachek (1964)

satz zwischen [a:] und [i:] in *Bar* und *Bier* oder zwischen [b] und [g] in *Bier* und *Gier* ist phonologisch relevant, derjenige zwischen [biː ʀ] mit Zäpfchen-R und [biː R] mit Zungen-R ist irrelevant und indistinktiv, weil die intellektuelle Bedeutung der beiden Lautfolgen die gleiche ist, und weil es kein deutsches Wortpaar gibt, das durch die beiden verschiedenen R inhaltlich unterschieden wird.

Wie erscheinen nun die Oppositionen in der Sprache? Diese Frage führt zur Distribution der Laute in den Wörtern einer Sprache, die bei Trubetzkoy nicht etwa ausgeklammert, sondern für das Aufstellen des phonologischen Systems von großer Bedeutung ist; nur wird die Distribution nicht zum alleinigen Kriterium für das „Entdecken" des phonologischen Systems wie bei den amerikanischen Strukturalisten, sondern die Distribution wird in Verbindung mit der Funktion der Laute zum Definieren der linguistischen Einheiten verwendet.

In jeder Sprache gibt es vertauschbare Laute, d. h. Laute in gleicher Umgebung in Einzelfällen, und es gibt unvertauschbare Laute, d. h. Laute, die nie in gleicher Umgebung vorkommen wie z. B. der Ich-Laut [ç] und der Ach-Laut [χ] im Deutschen. Die beiden Laute haben, in Harrisscher Terminologie, komplementäre Distribution, während vertauschbare Laute äquivalente oder überlappende oder auch einschließende Distribution haben. Die unvertauschbaren Laute können keine direkten Oppositionen bilden. Die vertauschbaren Laute bilden jedoch Oppositionen. Phonetisch, von den Lauten her gesehen, sind sowohl distinktive als auch indistinktive, irrelevante Oppositionen möglich; phonologisch, vom Sprachsystem her gesehen, sind nur die distinktiven Oppositionen relevant. Dabei treten bei den Einzelsprachen Unterschiede auf. Im Deutschen ist z. B. das prosodische Merkmal der Tonhöhe beim Sprechen der Vokale irrelevant und funktionslos im Hinblick auf die Wortinhalte [13]. Im Japanischen dagegen werden durch Tonhöhenunterschiede Wortinhalte unterschieden. Ein Wort wie *tsuru* kann drei verschiedene Bedeutungen haben (relative Höhe durch Pfeil angedeutet):

[tsuː ↑ ruː ↓] = Kranich
[tsuː ↓ ruː ↑] = Ranke
[tsuː ruː]   = Angeln.

---

[13] Nicht jedoch im Hinblick auf die Ausdrucks- und Appellfunktion der Sprachzeichen (vgl. dazu die Bühlerschen Funktionen S. 44); und ebenfalls nicht in Satzprosodien, wo Hebung und Senkung der Stimme am Ende eines Satzes Fragesätze von anderen unterscheidet.

Andererseits ist im Japanischen der Unterschied zwischen [l] und [r] funktionslos, während die beiden Laute im Deutschen distinktive Oppositionen bilden wie in *Ruder — Luder* oder in *Barren — Ballen*. Bisher war von den Lauten als Teilen einer Lautfolge und von Schallgegensätzen die Rede. Der Lautbegriff ist im folgenden zu klären. Lautfolgen, die in Oppositionen stehen, weil sie „intellektuelle Bedeutungen" von Wörtern (semantische B.) differenzieren, sind p h o n o l o g i s c h e   E i n h e i t e n. Diese phonologischen Einheiten können von sehr unterschiedlicher Länge sein: *Beet* und *Bett* unterscheiden sich durch langes und kurzes *e*, während *Blumentopf* und *Biedermann* nur den Anlaut gemeinsam haben, und *Buch* und *Seite* insgesamt lautlich verschieden sind. Konstituierend als Grundeinheiten für das phonologische System einer Sprache sind die kleinsten phonologischen Einheiten, die sich nicht in noch kleinere zerlegen lassen. Diese k l e i n s t e n   b e d e u t u n g s u n t e r s c h e i d e n d e n   E i n h e i t e n einer Sprache sind ihre P h o n e m e. Im Unterschied zu Harris definiert Trubetzkoy Phoneme nicht nach der Distribution kleinerer Einheiten in konkreten Textkorpora (der phonetischen freien Varianten), sondern nach der Funktion von Einheiten in den Wörtern einer Sprache; allerdings kann diese Funktion in konkreten Fällen nur konstatiert werden, wenn die Lauteinheiten in Opposition stehen, d. h. ihre Distribution ist zu berücksichtigen.

Es bleibt noch zu klären, wie bei Trubetzkoy der substantielle Aspekt der Laute, d. h. die phonetischen Eigenschaften der Phoneme, behandelt wird. Zunächst ist nachdrücklich zu betonen, daß Phoneme abstrakte Einheiten der Langue sind und nicht Einheiten der Parole, der einzelnen Sprechakte. Phoneme werden in einzelnen Sprechakten r e a l i s i e r t. Beobachtbar sind deshalb nicht die Phoneme, sondern nur die P h o n e m r e a l i s i e r u n g e n. Wie im Abschnitt über die Phonetik dargestellt, lassen sich die Laute einer Sprache und somit die Phonemrealisierungen durch eine Reihe von artikulatorischen Merkmalen beschreiben, von denen ja auch Harris beim ersten Segmentieren ausging. Der Phonetiker wird ein ganzes Bündel von Artikulationsmerkmalen notieren. Für den Phonologen sind nur diejenigen Merkmale von Interesse, die phonologisch relevant sind, d. h. die Phoneme unterscheiden. Es sei an das Beispiel der Tonhöhe bei Vokalen erinnert: im Deutschen sind [u: ↓] und [u: ↑] nicht unterschieden; das Artikulationsmerkmal ‚Tonhöhe', obwohl phonetisch vorhanden, ist phonologisch irrelevant. Im Hinblick auf die Artikulationsmerkmale ist demnach das Phonem ein abstraktes Gebilde: es ist „die Gesamtheit der phonologisch relevanten Eigenschaften eines Lautbildes"[14]. Das Bündel distinktiver Merkmale nennt man auch den P h o n e m g e h a l t der Phoneme. Wenn sich Phonemrealisationen — auch P h o n e genannt — artikulatorisch unterscheiden, z. B. [R] und [ʁ] als Realisationen von /r/, spricht Trubetzkoy von phonetischen oder f a k u l t a t i v e n V a r i a n t e n. Sie entsprechen in der Sache den Harrisschen Allophonen.

Im Zusammenhang mit Trubetzkoy sind bisher Begriffe definiert worden. Nun zur Methode, wie die Phoneme einer Sprache zu gewinnen sind und ein phonologisches System aufzustellen ist. Trubetzkoy macht sich keine Gedanken über ein Korpus und über Segmentierungsprozeduren. Für ihn sind die Wörter einer Sprache Belege; zum Auffinden der Phoneme benötigt man Wortpaare, die in einem Phonem, d. h. einem nicht weiter teilbaren kleinsten Laut, eine Opposition bilden. Diese O p p o s i t i o n s p a a r e sind in der Sache das gleiche wie die Harrisschen Minimalpaare, nur sind sie nicht unbedingt aus Textkorpora zu entnehmen, sondern können vom Linguisten ohne weiteres als Belege angeführt werden. Für die Bestimmung der Phoneme gibt Trubetzkoy Regeln an, mit deren Hilfe Phone als Realisationen von fakultativen Varianten (den Harrisschen Allophonen), von Phonemen und von sog. k o m b i n a t o r i s c h e n V a r i a n t e n identifiziert werden können:

— Vertauschbare Phone, die artikulatorisch verschieden sind, sind dann Realisationen von Phonemen, wenn sie „intellektuelle Bedeutungen" unterscheiden, sonst sind sie Realisationen von fakultativen Varianten.

— Nicht vertauschbare und artikulatorisch sehr ähnliche Phone werden als kombinatorische Varianten desselben Phonems gewertet, es sei denn sie können direkt nebeneinander stehen. Im Deutschen sind z. B. [ç] und [χ] kombinatorische Varianten, weil sie phonetisch ähnlich sind (palataler und gutturaler Frikativlaut), aber nie in Opposition und nie nebeneinander stehen [15].

14 Zitat Trubetzkoy S. 36. — Die Theorie von den Phonemen als Bündeln distinktiver Merkmale wurde ebenfalls von Roman Jakobson vertreten und weiterentwickelt und von ihm in die generative Phonologie eingebracht, wie im Exkurs zur ‚Generativen Grammatik' erläutert wird.
15 Allerdings gibt es abweichende Meinungen, für die als Beleg *Tuchchen* [tʰu : xçən] o. ä. angeführt wird.

2.2.3 Deutsche Phoneme

Die bisher definierten Begriffe werden im folgenden am Beispiel deutscher Phoneme erläutert. Die phonetische Unterscheidung zwischen Vokalen und Konsonanten wird übernommen. Auf den dritten Phonemtyp, die Prosodeme (Tonhöhenunterschiede und Betonungsunterschiede), die zu den Vokalen und Konsonanten hinzutreten, wird nicht eingegangen. Die angeführten Phoneme sind in der Phonologie teilweise umstritten. So werden z. B. die langen Vokale manchmal als zwei kurze Vokale angesehen und auch über die Affrikaten /ts, ks, pf/ gibt es unterschiedliche Meinungen. Im Rahmen dieser allgemeinen Einführung in die Linguistik können spezielle phonologische Fragen nicht behandelt werden. Es wird wiederum auf die Fachliteratur verwiesen, wo z. T. andere Phoneminventare für das Deutsche aufgestellt werden. Hier soll nur das Grundsätzliche demonstriert werden.

2.2.3.1 Vokalphoneme

Zunächst werden in Abb. 14 Vokalphoneme mit Oppositionspaaren aufgeführt; auf den Phonemgehalt wird explizit nur bei der Darstellung phonetischer und kombinatorischer Varianten eingegangen. Bei der Auswahl der Oppositionspaare und durch die daraus folgende Gegenüberstellung kurzer und langer Vokale ist implizit ein systematischer, den Phonemgehalt betreffender Gesichtspunkt enthalten, auf den nicht weiter eingegangen wird. Weiter unten wird bei den Konsonanten demonstriert, wie ein Phonemsystem auf der Basis distinktiver Merkmale dargestellt werden kann. Die Frage, ob und inwieweit Nasale zum deutschen Phonemsystem gehören, wird hier ausgeklammert; die Nasale bleiben unberücksichtigt. Die Belege sind in normaler Buchstabenschrift und nicht in phonematischer Transkription wiedergegeben, weil sie sich so besser lesen lassen.

In Abb. 15 folgen die fakultativen Varianten der deutschen Vokalphoneme. Für die kurzen offenen Vokale lassen sich nur Fremdwortbelege finden. Die Varianten sind demnach nicht eigentlich deutsch und werden wohl auch nur in hyperkorrekter Aussprache realisiert.

Umstritten ist im Deutschen das /e:/, das entweder als [ɛ:] oder als [e:] realisiert wird. Ob man ein oder zwei Phoneme ansetzt hängt davon ab, ob man z. B. *Ähre — Ehre, Bären — Beeren, Säle — Seele, säen — sehen, Seen* als Oppositionspaare gelten läßt oder ob man die Wörter als H o m o p h o n e (gleicher Sprachkörper, verschiedene Inhalte) ansieht, die zwar mundartlich verschieden realisiert werden, deren verschiedene Aussprache jedoch systematisch nicht zu erfassen ist.

kurze Vokale		lange Vokale		Diphthonge	
/a/	Bann	/a:/	Bahn	/ai/	Bein
	Fall		fahl		fein
	Kamm		kam	/au/	kaum
/e/	Bett	/e:/	Beet		faul
	Kette		Käte		
/i/	bist	/i:/	Biest		
	bitten		bieten		
	still		Stil, Stiehl		
/o/	offen	/o:/	Ofen	/oi/	
	Wolle		Wohle		
	Frau Holle		hole, hohle		heule
/ø/	Hölle	/ø/	Höhle		
/u/	Bulle	/u:/	Buhle		Beule
	muß		Mus		
/y/	füllen	/y:/	fühlen		

Abb. 14: Tabelle der deutschen Vokale mit Oppositionspaaren (17 Vokale)

/e/	Mettwurst	Methyl
/i/	bin	binär
/o/	Pocken, Sonne	Pokal, sonor
/u/	Butter, Futter	Butan, Futur
/y/	Füssen, füllen	Physik, Phyllis

Abb. 15: Vokalphoneme mit fakultativen Varianten

Ebenfalls problematisch ist der kurze ‚e'-Laut. Wenn man die Wörter *Streitende* (Ende eines Streites) und *streitende* (Partizip des Verbums *streiten*), sowie *Reifende — reifende* usw. als Oppositionspaare akzeptiert, wobei der Knacklaut vernachlässigt wird, hätte man zwei Phoneme /e/ und /ə/. Wenn man solche zusammengesetzten Wörter nicht für Oppositionen in Anspruch nimmt, findet man keine Oppositionen zwischen [e] und [ə] und kann sie als kombinatorische Varianten eines Phonems /e/ ansetzen.

Soviel zu den Vokalen. Zur späteren Verwendung und zur Zusammenfassung seien die Vokalphoneme des Deutschen noch einmal aufgeführt: das Deutsche hat 17 bis 19 Vokalphoneme /a, a:, ai, au, e, e:, i, i:, o, o:, ø, ø:, oi, u, u:, y, y:/ und ggfls. /ɛ:/ und / /.

2.2.3.2 Konsonantenphoneme

Nun zu den Konsonanten. In Abb. 16 werden die Konsonantenphoneme, wiederum mit Oppositionspaaren, aufgeführt. Berücksichtigt man den Phonemgehalt, d. h. die Artikulationsmerkmale, wie sie in der Tabelle von Abb. 15 enthalten sind, dann lassen sich bei den Konsonanten Phonemreihen aufstellen, bei denen die einzelnen Phoneme sich nur in jeweils einem distinktiven Merkmal unterscheiden: /t/ und /d/ unterscheiden sich im Merkmal ‚stimmlos' bzw. ‚stimmhaft', /t/ und /p/ im Merkmal ‚dental' versus ‚labial' usw. In der Abbildung werden 17 deutsche Konsonantenphoneme in solchen Reihen und zugleich in Kreuzklassifikation (zwei Koordinaten) aufgeführt. In der vertikalen Richtung wird die Artikulationsstelle angezeigt, in der horizontalen die Artikulationsart, wobei jeweils noch zwischen ‚stimmhaft' und ‚stimmlos' unterschieden wird.

Nicht enthalten in diesem Schema sind die Phoneme /l, r, h, j/, für die hier als Belege die Oppositionspaare *lagen — ragen — Hagen — jagen* angeführt seien. Sie unterscheiden sich in ihrem Phonemgehalt stärker von allen anderen Konsonanten. Ebenfalls nicht aufgeführt ist das nur in Fremdwörtern belegte /ʒ/ wie in *Dschungel* oder *Gewinnmarge*. Als Phonem nicht mitgerechnet wird der Knacklaut [ ]. Da er nur in bestimmter Stellung — vor Vokalen am Wortanfang — erscheint, kann man für ihn keine Oppositionspaare mit einfachen Wörtern finden. Bedeutungsunterscheidend wirkt er in einem Paar wie dem abgeleiteten Wort (*Eulen*)-*spiegelei* und der Zusammensetzung (*knuspriges*) *Spiegelei* oder dem oben angeführten Paar *Streitende* (*Ende des Str.*) und *streitende* (*Partizip*). Insofern Zusammensetzungen als Bildung aus mehreren Wörtern anzusehen sind, kann man den Knacklaut hier als sekundäres phonetisches Merkmal behandeln und aus dem phonologischen System ausschließen. Umstritten sind schließlich die Affrikaten /ts, pf, ks/ und /tʃ/; /ts/ und /pf/ werden hier monophonematisch gewertet, weil die Artikulationsstellen nebeneinander liegen. /ks/ fehlt in der Aufstellung, es wäre durch

Artikulationsstelle \ Artikulationsart	frikativ		plosiv		nasal
	sthaft	stlos	sthaft	stlos	
labial			patzen Posten /p/ paßt Oper *Alp[1]	Bier Eber /b/ Bast Ober *Alb	Maat Klamm /m/ Mast
dental			Tatzen tauen /t/ tun Puter *tot[1]	dir Eder /d/ duhn Puder *Tod	Naht sinnen /n/ nun
guttural[2]		Rache reichen Kirche /x/ dich doch	Katzen kosten kauen Kiel /k/ dick Dock *Werk[1] Ekel	Gier Eger /g/ Dogge Egel *Werg	Klang singen /ŋ/ Ding ding- dong
labio- dental	wagen Löwen /v/ wert	raffe reifen /f/ fährt hoffen	Pfosten Pfauen /pf/ Pferd Hopfen		
alveolar	sagen lösen /z/ reisen so	Rasse reißen /s/ reißen	Zaun Ziel /s/ reizen Zoo		
alveolar + Lippen- rundung		rasche Kirsche /ʃ/			

Abb. 16: Deutsche Konsonantenphoneme mit distinktiven Merkmalen

1 Die Buchstabenschrift täuscht Oppositionen vor, die phonetisch nicht realisiert sind; phonologische Lösungsversuche sind: ‚Morphophonem' (Harris; rein distributionelle Kriterien) und ‚Archiphonem' (Trubetzkoy; nach dem Phonemgehalt); vgl. Ausführungen im Abschnitt ‚Wörter, Morpheme, Phoneme' des nächsten Kapitels (3.1).
2 Bei /x/ in bestimmten Umgebungen durch ‚palatal' zu ersetzen, d. h. [ç] statt [χ] in phonetischer Transkription.

das Oppositionspaar *Hecke — Hexe* zu belegen. /t ʃ/ wie in *klatschen* fehlt ebenfalls. Für die Diskussion über eine monophonematische oder biphonematische Wertung der Affrikaten wird auf die Fachliteratur verwiesen.

Als Beispiele für fakultative Varianten wären für das Deutsche [r, ɾ, R, ʁ] als Realisierungsmöglichkeiten des /r/ anzuführen. Als kombinatorische Varianten sind die behauchten und die unbehauchten Realisationen von /p, t, k/ und die gutturale [χ] und palatale [ç] Version des Ach-Lautes /x/ anzuführen.

Will man die einzelnen Phoneme mit ihren distinktiven Merkmalen darstellen, so verwendet man dazu gewöhnlich eine Matrixdarstellung wie z. B. in Abb. 17, in der alle distinkiven Merkmale einer Sprache erscheinen und für ein Phonem mit ‚+' oder ‚—' für ‚zutreffend' oder ‚nicht zutreffend' gekennzeichnet sind. Das Wort *Universität* wäre demnach folgendermaßen zu charakterisieren (Abb. 17):

	/u	n	i	v	e	r	z	i	t	e:	t/
vokalisch	+	—	+	—	+	—	—	+	—	+	—
kurz	+		+		+			+		—	
offen	—		—		+			—		+	
:											
konsonantisch	—	+	—	+	—	+	+	—	+	—	
stimmhaft		+		+		+	+		—		—
frikativ		—		+		—	+		—		—
plosiv		—		—		—	—		+		+
nasal		+		—		—	—		—		—
vibrant		—		—		+	—		—		—
labial		—		—		—	—		—		—
labio-dental		—		+		—	—		—		—
dental		—		—		—	—		+		+
alveolar		+		—		—	+		—		—
guttural		—		—		+	—		—		—
:											

Abb. 17: Phonemnotierung mit Merkmalsbündeln

2. 2. 3. 3 Phoneminventar und phonologisches System

Insgesamt sind hier 21 Konsonantenphoneme aufgezählt worden, wenn man /pf/ und /ts/ monophonematisch /tʃ/ und /ks/ dagegen biphonematisch wertet: /m, n, ŋ, b, d, g, p, pf, t, ts, k, x, v, f, z, s, ʃ, l, r, h, j/. Zusammen mit den 17 (19) Vokalphonemen hat das Deutsche demnach ca. 38—42 Phoneme, wobei die Prosodeme, die zu den Lautphonemen hinzukommen, nicht berücksichtigt sind. Wie die zahlreichen Einschränkungen und Hinweise auf andere Ansichten sowie die ungefähre Zahlenangabe zeigen, können die Phoneme nicht als ‚das deutsche Phoneminventar' angesehen werden; Phoneme sind als ‚theoretische Konstrukte' theorieabhängige Einheiten, und in strittigen Fällen muß eine monophonematische oder biphonematische Wertung oder eine Zuordnung zu zwei Phonemen oder als kombinatorische Varianten zu einem Phonem von einer Theorie und den empirischen Daten her begründet werden. Die Beispiele sollten demonstrieren, wie man dabei vorgehen kann. Soweit das angeführte Inventar deutscher Phoneme betroffen ist, stimmt die Anzahl sicherlich ungefähr mit der Realität überein. Man hat empirisch festgestellt, daß die verschiedenen Einzelsprachen zwischen ca. 25 und 60 Phoneme enthalten. Wichtig bei diesen Zahlen ist die Größenordnung: diese Phoneme sind zu Tausenden von Morphemen und zu Hunderttausenden von Wörtern kombinierbar.

Die Beschreibung des phonologischen Systems einer Sprache ist für Funktionalisten, ebenso wie für Distributionalisten, nur vollständig, wenn die Verteilung der Phoneme einschließlich der Prosodeme in Wörtern und Sätzen festgestellt wird. Im phonologischen System wäre z. B. darzustellen, daß die Kombination /kt/ im Deutschen am Wortanfang nicht vorkommt, oder daß nach /st/ am Wortanfang nur Vokale und als einziger Konsonant /r/ folgen können usw. Auf die phonematischen Strukturen deutscher Wörter kann hier nicht weiter eingegangen werden; es wird auf die schon mehrfach erwähnte Spezialliteratur verwiesen.

Das Kapitel über die Sprache als Klang ist hiermit bis auf einige Schlußbemerkungen abgeschlossen. Einige Aspekte der generativen Phonologie werden im Exkurs zur generativen Grammatik behandelt.

2. 3 Zusammenfassung

Ziel des Abschnittes über die Sprache als Klang war ein doppeltes: erstens war der grundsätzliche Unterschied zwischen der Behandlung des Klanges als physikalisch bzw. physiologisch beobachtbare Substanz in der Phonetik und der Behandlung von Lauten als Einheiten des Sprachsystems in der Phonologie herauszuarbeiten. Zweitens waren zwei verschiedene linguistische Schulen mit Theorien und Methoden zu demonstrieren: die Taxonomie, die das Phonemsystem mit Entdeckungsprozeduren aus Äußerungen erschließen will, und der Funktionalismus, der die Phoneme von ihrer differentiellen Funktion her erschließt und ihren phonetischen Gehalt, die Artikulationsmerkmale, soweit berücksichtigt, wie sie distinktive Funktionen haben und damit linguistisch relevant sind.

Die verschiedenen Fragestellungen und Ausgangspunkte — bei den Taxonomen das Ausgehen von den Sprachkörpern und die Frage nach deren Verteilung in Textkorpora, und bei den Funktionalisten das Ausgehen von den Funktionen und die Frage nach deren Realisierung in sprachlichen Einheiten — werden auch im folgenden Abschnitt über die Morphologie der Sprache wieder aufgegriffen. Dabei wird der Status der Phoneme im Hinblick auf die größeren Einheiten der Sprache behandelt. Auf die generative Phonologie wird im Syntaxkapitel eingegangen.

3. Morphologie: die Wörter der Sprache

Die Phoneme sind, wie im vorangegangenen Kapitel ausgeführt wurde, keine echten sprachlichen Zeichen, weil sich in ihnen nur die Sprachkörperseite der Zeichen manifestiert; Phoneme werden als Phone realisiert, aber damit ist noch nichts über die Inhaltsseite sprachlicher Zeichen gesagt. Erst Äußerungen, die nicht aus irgendwelchen Phonfolgen, sondern aus Wörtern und Sätzen bestehen, haben einen Inhalt. Wie bereits weiter oben ausgeführt wurde, ist es möglich, Wörter als Teile von Sätzen zu beschreiben oder Sätze als Kombinationen von Wörtern. Wie ebenfalls ausgeführt wurde, sollen in dieser Einführung die kleineren Einheiten vor den größeren behandelt werden. Was hat nun die Linguistik zum ‚Wort‘ zu sagen, welche Wortdefinition hat sie anzubieten? Die Frage ist in dieser allgemeinen Form nicht zu beantworten: soviele Linguisten es gibt, soviele Wortdefinitionen scheint es zu geben. Es empfiehlt sich deshalb nicht, eine Begriffsbestimmung zu versuchen. Statt dessen werden für das Folgende Wörter als empirische Gegenstände akzeptiert, deren Eigenschaften darzustellen sind. Die beiden wichtigsten Eigenschaften seien vorangestellt: 1. Wörter lassen sich zerlegen, das Wort *zerlegen* z. B. in die Elemente *zer-leg-en* und in die Phoneme /ts-e-r-l-e:-g-e-n/. 2. Wörter haben Funktionen im Sprachsystem, z. B. syntaktische Funktionen in Sätzen, referentielle Funktionen in Bezug auf die Umwelt, in kommunikativen Situationen usw. Dieses Kapitel handelt von den Möglichkeiten, Wörter zu zerlegen, und von den Funktionen der Wörter und der kleineren Elemente.

3. 1 Wörter, Morpheme, Phoneme

Im oben angeführten Beispiel wurde das Wort *zerlegen* auf zweifache Weise zerlegt, einmal in Phoneme und einmal in die Elemente *zer-leg-en*. Die letzteren Elemente, die man traditionell Präfix, Stamm, Flexionsendung o. ä. nennt, seien zunächst einmal allgemein mit dem Namen M o r p h e m [1] bezeichnet. Der Begriff ‚Morphem‘ ist im

---

[1] Bei Morphemen gilt dieselbe terminologische Konvention wie bei Phonemen: das in der Parole, der Äußerung, erscheinende einzelne Element ist das Morph; die dem Sprachsystem angehörende Einheit ist das Morphem. Morpheme können durch phonematisch verschiedene Allomorphe realisiert werden.

folgenden exakt zu definieren. Zuvor ist jedoch die Beziehung zwischen Wörtern und Phonemen bzw. Morphemen und Phonemen zu klären (Morpheme lassen sich wie Wörter in Phoneme zerlegen).

Die rigorosen Distributionalisten hatten die Relation zwischen Morphemen und Phonemen als „bestehen aus" charakterisiert. Morpheme, sagten sie, bestehen aus Phonemen; sie sind immer wiederkehrende Phonemfolgen, die in Textkorpora als kleinste wiederkehrende Folgen mit denselben Prozeduren entdeckt werden können wie die Phoneme. Harris gibt für die Morphemanalyse einer Sprache eine der Phonemanalyse entsprechende Folge von Prozeduren mit Segmentieren und Substituieren, Feststellen von Distributionen und Klassifizieren von Phonfolgen als Morphemrealisationen (Morphen), als Morphemvarianten (Allomorphen) und als Morpheme. Eine solche morphologische Distributionsanalyse wäre ungleich schwieriger auszuführen als eine Phonemanalyse, weil sehr viel mehr Morpheme zu „entdecken" und entsprechend sehr viel umfangreichere Korpora zu untersuchen wären, und weil zudem falsche oder zumindest unsinnige Zerlegungen nicht auszuschließen wären.

Man nehme z. B. den oben angeführten Grammatikersatz *Ein fixer Ober zerbrach einem blonden Mädchen mit einem Tablett einen hübschen Pokal* als Äußerung. Bei der folgenden Zerlegung sind die wiederkehrenden Folgen, die Segmente einer ersten Segmentierung, durch Bögen gekennzeichnet:

/ainfiksero:bertserbra:xainemblondenme:txenmitainemtabletainenhypʃenpoka:l/

Folgende Segmente sind im Korpus, z. T. in überschneidender Zerlegung, enthalten: /ain, ainem, em, en, er, ne, ser[2], taine/. Davon läßt sich /ainem/ in /ain/ und /em/ zerlegen und ist zu streichen. Die Folge /taine/ wird man in einem anderen Korpus kaum finden und schon bald als falsches Segment streichen, zumal ein Akzeptieren von /taine/ für die obige Analyse einen Verzicht auf einen Beleg von /ain/ zur Folge hätte. Entsprechendes gilt für /ser, ne/. Bleiben als wiederkehrende Segmente /ain, em en, er/ die tatsächlich als morphologische Elemente des Deutschen vorkommen, aber im Korpus nur z. T. als Morphe akzeptiert werden können: /ain/ ist immer Morph, /en/ ist in den Kontexten /ain___/, /hypʃ___/ und /blond___/ aber nicht im Kontext / me:tx___/ Morph und /er/ nur im Kontext /fiks___/ aber nicht in der

---

[2] Wenn man die Affrikate /ts/ als zwei Phoneme zählt.

Kontexten /ts̱ˍbraːx/ und /oːbˍ/. Die Berichtigungen würden aus einer umfangreicheren Korpusanalyse hervorgehen, weil die jeweils als Kontext angegebenen Segmente nicht häufig genug wiederkehren würden bzw. nur zusammen mit den jeweiligen Ergänzungen. Aber auch eine restlose Segmentierung von Äußerungen in akzeptierte Elemente kann falsche Ergebnisse bringen: es steckt eben kein *Buch* in der *Buche,* kein *Tal* im *Taler* und weder *Bar* noch *Bier* im *Barbier.*

Abgesehen von diesen systematischen Gründen, die gegen eine Entdeckung von Morphemen als Phonemfolgen allein auf der Basis distributioneller Analysen stehen, sprechen auch die Zahlen eines Inventars gegen solche Korpusanalysen. Wie weiter oben erwähnt, enthält das Deutsche ca. 40 Phoneme. Die Zahl der Morpheme ist in der Größenordnung von 5000—10 000 zu suchen[3]. Wenn diese Zahlen auch im einzelnen fehlerhaft sein mögen, so stimmen sie doch in der Größenordnung. Aus empirischen Gründen ist es deshalb notwendig, die Klasse der Morpheme einer Sprache als offene Klasse anzusetzen. Auch deshalb scheidet die Entdeckung der Morpheme einer Sprache mit rein distributionellen Prozeduren aus.

Für die Phonem-Morphemrelation ist zu folgern, daß ein Morphem nicht einfach eine Phonemfolge mit bestimmter Distribution ist, sondern als linguistische Einheit sui generis behandelt werden muß, die nicht aus Phonemen besteht, sondern die durch Phoneme lautlich r e p r ä s e n t i e r t wird. Das gleiche gilt auch für Wörter, deren Sprachkörper durch Phoneme repräsentiert werden. Bei graphematischer Transkription gilt das gleiche für Grapheme.

Im folgenden sollen sprachliche Äußerungen und Belege in konventioneller Orthographie und nicht in phonematischer Transkription wiedergegeben werden, damit sie leichter zu lesen sind. Dadurch wird allerdings ein phonologisch-morphologisches Problem ausgeklammert, welches an dieser Stelle wenigstens kurz zu berühren ist. Es gibt eine Reihe deutscher Wörter, die mit einem stimmlosen Plosivlaut enden, der in flektierten Formen zu einem stimmhaften wird, z. B. /gɔlt — goldes; graːp — graːbes/. In der Orthographie wird diese sog. A u s l a u t v e r h ä r t u n g des Deutschen nicht notiert: *Gold, Grab.* Die Phonologen tragen solchen minimalen phonetischen Unterschieden bei der Realisation von Morphemen auf verschiedene Weise Rechnung.

---

[3] Eine Computerzählung der Morpheme im Wörterbuch von Wahrig ergab fast 5 000 deutschstämmige Morpheme und fast 10 000 insgesamt.

Die Distributionalisten, z. B. Harris, schlagen vor, nach der Morphemanalyse eines Korpus solle eine erneute Phonemanalyse folgen, bei der solche in einem Morphem bei verschiedener Umgebung auftretenden Phonempaare zu einem sog. M o r p h o p h o n e m zusammenzufassen sind; die Morphophoneme werden mit Großbuchstaben transkribiert: /golD, graB/. Harris betont, daß die Morphophoneme nur aus ökonomischen Gründen eingeführt werden, damit die Morpheme einheitlicher notiert werden können. Es ist bereits oben darauf hingewiesen worden, daß mit distributionellen Analysen mehrere — in Bezug auf die Prozeduren korrekte — Phoneminventare und Phonemsysteme für einen Korpus und somit für eine Sprache entdeckt werden können.

Trubetzkoy behandelt das Phänomen, das im Deutschen z. B. in der Auslautverhärtung erscheint, von der Möglichkeit einer Oppositionsstellung her: die stimmhaften und stimmlosen Plosive stehen im Deutschen am Wortende nicht in Opposition; der Gegensatz und mit ihm die distinktiven Merkmale (nicht die phonetischen!) der jeweiligen Phonemgehalte sind aufgehoben. In dieser Aufhebungsstellung werden die Phoneme zu sog. A r c h i p h o n e m e n ; als Phonemgehalt enthalten sie die Gesamtheit der distinktiven Eigenschaften, die sonst zwei Phonemen gemeinsam sind.

Wie gesagt, wird die Auslautverhärtung in der dt. Orthographie nicht berücksichtigt. Bei der weiteren Behandlung der als Graphemfolge repräsentierten Morpheme bleibt die Frage nach den Morphophonemen bzw. Archiphonemen deshalb unberücksichtigt. Zu unterstreichen ist jedoch, daß sowohl bei Harris als auch bei Trubetzkoy für diese Fälle keine verschiedenen Phonemfolgen und damit Allomorphe angesetzt werden wie das bei Ab- und Umlaut der Fall ist (vgl. u.), sondern daß besondere Phonemtypen definiert werden.

Nach diesem kurzen Exkurs zurück zu den Morphemen. Wie gesagt, sind Morpheme nach ihrer Phonem- bzw. Graphemfolge nur zu identifizieren. Zu ihrer Definition wird ihre Funktion herangezogen; man definiert Morpheme als kleinste b e d e u t u n g s t r a g e n d e Einheiten des Sprachsystems im Gegensatz zu den Phonemen als kleinsten b e d e u t u n g s u n t e r s c h e i d e n d e n Einheiten. Die Eigenschaft ‚bedeutungstragend' verweist, wenn man an das Bühlersche Zeichenmodell denkt, auf die Darstellungsfunktion der Sprache. Insofern in den Morphemen eine Phonemfolge (Sprachkörper) und ein Inhalt (Bedeutung) einander zugeordnet sind, sind Morpheme die kleinsten Vollzeichen des Zeichensystems Sprache. Die Morphologie erfaßt und beschreibt demnach die kleinsten vollwertigen Sprachelemente, ihre syntagmatischen und paradigmatischen Relationen, ihre Funktionen und Verteilungen sowohl im Hinblick auf die empirisch gegebenen Wörter und die — später zu definierenden — Sätze einer Sprache als auch im Hinblick auf die Darstellungsfunktion (Umweltreferenz) der Sprachzeichen.

Bleibt noch die methodische Frage nach dem Vorgehen: soll man Wörter in Morpheme zerlegen und dann deren Funktionen feststellen, d. h. soll man von den „linguistischen Formen" ausgehen, diesen Funktionen als Eigenschaften zuordnen und die Morpheme nach den Eigenschaften klassifizieren, oder soll man Funktionsklassen definieren und ihnen Elemente zuordnen. Die Methodenfrage läßt sich nicht kategorisch sondern nur mit Berücksichtigung des zu beschreibenden Gegenstandes beantworten. Wenn in der betreffenden Sprache Funktionen eindeutig durch Morphe realisiert sind, wie das z. B. im Türkischen der Fall ist, kann man durch konsequente Wort- oder auch Korpuszerlegung alle Morphemrealisationen und die ihnen zugeordneten Funktionen erfassen. Im Deutschen jedoch ist man z. B. mit Sprachgegebenheiten wie den folgenden konfrontiert: das Wort *Kinder* läßt sich zerlegen in *Kind* und *er*, wobei *er* den Plural anzeigt und *Kind* den Singular. Das gleiche gilt für *Rind-er* und *Geld-er;* aber bei *Räd-er* bleibt nach abtrennen des *er* ein Morph *Räd*, während das entsprechende Singularmorph *Rad* lautet; ‚Plural' wird hier also durch so etwas wie „Umlaut des Stammvokals + Endung *er*" angezeigt. Dasselbe gilt für *Gott-Götter* usw. Bei dem Paar *Raub-Räuber* hingegen handelt es sich nicht um Singular und Plural, sondern der Stammumlaut und das *er* weisen auf eine Wortableitung hin. Wiederum anders verhält es sich bei den Paaren *Wagen-Wagen, Mädchen-Mädchen*, bei denen Singularform und Pluralform identisch sind[5].

Die Beispiele zeigen, daß Eigenschaften z. T. durch verschiedene Allomorphe repräsentiert werden, daß sie gar nicht repräsentiert werden oder daß, umgekehrt gesagt, Phonemfolgen ‚mehrdeutig' sein können. Daraus ist zu folgern, daß man bei einer Analyse der Daten

---

5 Paare wie die beiden zuletzt angegebenen haben dazu geführt, daß ein sog. N u l l m o r p h e m als Einheit angenommen wurde; als theoretisches Konstrukt ist die Annahme einer Nullendung von Nutzen, zumal wenn man der synchronischen Analyse die diachronische hinzufügt und das Abschleifen und Abfallen von Endungen im Laufe der Zeiten feststellt. Nullmorpheme werden gewöhnlich mit dem Zeichen ‚#' notiert.

beide Wege beschreiten muß: man wird die Morpheme nach ihren Funktionen klassifizieren und Belegungen für die Funktionsklassen suchen, man wird aber ebenfalls Wörter in morphologische Elemente zerlegen und die Elemente als Morphe oder Allomorphe eines Morphems kennzeichnen.

Die Wörter wiederum sind auf zweierlei Weise morphologisch zu beschreiben: einmal ist ihre Zerlegung in Morpheme zu notieren, welche ihre Bedeutungen in die Wörter einbringen; in dieser Hinsicht ist die Analyse distributionell, wobei die morphologischen Elemente allerdings nicht nach ihrer Distribution identifiziert werden, sondern nach ihrer Bedeutung; erst bei der Zerlegung von Wörtern in Morpheme wird die Distribution funktionell definierter Elemente festgestellt. Weil aber die Zerlegungen nicht immer aufgehen[6], sind die Wörter außerdem nach ihrer Gesamtbedeutung, nach den ihnen zugehörigen Inhaltsbündeln zu befragen.

An dieser Stelle sind nun einige terminologische Verabredungen zum Gebrauch des Begriffes ,Wort' und zur Beziehung zwischen Sprachkörpern und -inhalten bei Wörtern zu treffen. Sowohl die Phoneme als auch die Morpheme wurden als abstrakte, dem Sprachsystem angehörende Einheiten definiert, die jeweils durch ein Phon oder Morph oder gegebenenfalls durch Alloformen realisiert werden. Eine gleiche Unterscheidung ist bei den Wörtern zu treffen. Ein W o r t ist eigentlich eine abstrakte Einheit, die in verschiedenen W o r t f o r m e n realisiert ist. Wenn man über Wörter redet, zitiert man sie gewöhnlich ohne weiteres Nachdenken in derjenigen Wortform, in der sie auch im Lexikon erscheinen. Verben werden z. B. in der Infinitivform aufgeführt, Substantive im Nominativ Singular usw. Korrekterweise müßte man in diesen Fällen immer von der Lexikonform oder Grundform des jeweiligen Wortes sprechen; trotzdem soll im folgenden die allgemein übliche Redeweise beibehalten werden; es wird nur dann

---

6 Der Grund dafür, daß Zerlegungen nicht aufgehen, kann häufig in diachronischer Analyse gezeigt werden: die lautliche Entwicklung der Wörter zeigt, daß ursprünglich durch Phoneme oder Phonemfolgen repräsentierte Morpheme miteinander verschmolzen oder abgefallen sind. Beim Wort *Tag* ist z. B. die im Ahd. u. a. den Nom. Sg. repräsentierende Endung -*a*, die in ahd. *taga* erscheint, zunächst zu -*e* abgeschwächt und dann ausgefallen. Dieser Prozeß läßt sich heute z. B. beim Dativ Sg. beobachten, wo ein -*e* nicht mehr obligatorisch ist aber durchaus noch stehen kann. In synchronischer Analyse sind diachronische Begründungen und Betrachtungen allerdings unzulässig.

auf den spezifischen Wortformenstatus einer Realisierung verwiesen, wenn verschiedene einem Wort zugehörende Sprachkörper thematisch behandelt werden.

Einige weitere Termini sind für die Relationen zwischen Sprachkörpern und -inhalten bei Morphemen und Wörtern festzulegen. Sprachkörper und Inhalt sind einander zugeordnet, aber die Zuordnung ist nicht eindeutig. Viele Sprachkörper repräsentieren mehrere, oft sehr verschiedene Sprachinhalte. Allgemein bezeichnet man solche mehrdeutigen Sprachzeichen als H o m o n y m e , wobei man dann je nach Realisierungssubstanz zwischen gleichklingenden H o m o p h o n e n und gleichgeschriebenen H o m o g r a p h e n unterscheiden kann. Die Graphemfolge *Schloß* z. B. ist ein Homograph, weil sie sowohl *Königsschloß* als auch *Türschloß* bedeuten kann; als Phonemfolge /ʃlos/ repräsentiert sie zudem die 1. und 3. Pers. Sg. Prät. des Wortes *schließen*.

Die Mehrdeutigkeit vieler Wörter oder Morpheme tritt bei einer isolierten Analyse der Einzelelemente besonders stark in Erscheinung. Wenn die Einheiten als Elemente von Sätzen analysiert werden, fallen bereits eine große Anzahl besonders grammatischer Mehrdeutigkeiten fort. In längeren Texten und besonders in kommunikativen Situationen werden weitere Mehrdeutigkeiten ausgeschaltet; d. h. die Kommunikationspartner ‚verstehen' jeweils die zueinander und zur Kommunikationssituation passenden Bedeutungen, während ihnen die anderen möglichen Bedeutungen nicht bewußt werden. Allerdings ist in der Sprache eben auch die Möglichkeit des ‚Aneinandervorbeiredens' enthalten, welche im günstigsten Falle als bemerkte Kommunikationsstörung, häufig als Mißverständnis, dessen sich die Partner nicht bewußt werden, und im schlimmsten Falle als bewußter Mißbrauch und Manipulation durch einen Kommunikationspartner auftritt.

Homonymie wurde hier nur im Zusammenhang mit Wörtern oder Morphemen diskutiert. Im Zusammenhang mit der Syntax wird auf syntaktische Mehrdeutigkeiten zurückzukommen sein.

Nach diesen allgemeinen Begriffen sind nun einige morphologische Grundbegriffe zu definieren; sie werden mit Beispielen für das Deutsche erläutert, von denen aus man nicht ohne weiteres auf andere Sprachen schließen sollte.

In welche Morpheme lassen sich Wörter zerlegen, welche Bedeutungen und Funktionen lassen sich unterscheiden, welche Zerlegungsklassen und welche Funktionsklassen gibt es im Deutschen? Der mehrfach als Korpus benutzte Satz vom fixen Ober kann auch hier wieder als erstes Beispiel dienen. Er wird im folgenden in seine Morphe zerlegt:

Ein/fix/er/Ober/zer/brach/ein/em/blond/en/Mäd/chen/mit/ein/em Tablett/ein/en/hübsch/en/Pokal/

Eine erste Analyse im Hinblick auf Wörter und Morpheme zeigt: es gibt Morpheme — genauer Morphe — die zugleich Wörter — genauer Wortformen — sind, wie *ein, Ober, mit, Pokal* und es gibt Morpheme, die nicht zugleich Wörter sind, wie *er**, *zer, chen, en*. Demnach ist als erstes zwischen wortfähigen und nicht wortfähigen Morphemen zu unterscheiden[7]. Insgesamt enthält der Korpussatz folgende wortfähigen Morpheme: *ein, fix, Ober, brach, blond, mit, Tablett, hübsch, Pokal*. Wortfähige Morpheme, die selbständig Wörter sein können und ohne die ein Wort nicht gebildet werden kann, werden im folgenden K e r n e genannt. Die nicht wortfähigen Morpheme des Satzes sind *er**, *zer, em, en, chen*. Sie werden nach ihrer Anfügungseigenschaft A f f i x e genannt. Nach der Stellung in Bezug auf die Kerne in Wörtern ist dabei zwischen P r ä f i x e n , die vor den Kernen stehen, und S u f f i x e n , die hinter den Kernen stehen, zu unterscheiden. Von den Beispielen ist *zer* Präfix, die anderen sind Suffixe. Nicht bei den Beispielen dabei ist ein dritter Typ, I n f i x e , die zwischen Kernen stehen wie z. B. *s* in *Friedensengel: Frieden/s/engel* und *Arbeit/s/amt*. Kerne und Affixe sowie deren Unterklassen werden nach rein distributionellen Kriterien unterschieden. Welche Inhalte sind nun aber den verschiedenen Elementen zugeordnet, welche Funktionen werden durch sie repräsentiert? Man hat zunächst generell zwischen vier verschiedenen Typen von Funktionen zu unterscheiden:

1. Es gibt Morpheme mit r e f e r e n t i e l l e r Funktion, die direkt und unabhängig von der Redesituation auf Gegenstände und Sachverhalte der Umwelt verweisen können, wie z. B. *Ober, blond, hübsch, Tablett, Pokal*. Solche Morpheme, die auch in Lexika erscheinen, werden L e x e m e genannt. Auf verschiedene Arten des Verweisens wird später einzugehen sein.

2. Es gibt Morpheme mit ebenfalls referentieller Funktion, die nur abhängig von der jeweiligen Redesituation oder vom Kontext auf die

---

[7] Vorausgesetzt man verwendet die Morpheme kommunikativ beim Sprechen „in Rede" und nicht extrakommunikativ, indem man über sie spricht wie z. B. in dem Satz *Das ‚chen' ist ein Suffix.*

* *er* mit anderer Bedeutung ist selbständiges Morphem

Umwelt verweisen können. Jede sprachliche Äußerung wird an einem bestimmten Ort und zu einem bestimmten Zeitpunkt getan, sie geschieht in einer Raum-Zeit-Situation; zudem wird die Äußerung von einer bestimmten Person (Sprecher/Schreiber) gewöhnlich an eine oder mehrere andere Personen (Hörer/Leser) adressiert. Sprecher und Hörer befinden sich in einer spezifischen kommunikativen Situation, die durch Raum und Zeit und durch verschiedene Kommunikationsrollen gekennzeichnet ist. In der Rede selbst verweisen eine Vielzahl von Morphemen auf gerade diese Situation. Man nennt solche Morpheme d e i k t i s c h e Elemente (nach dem griech. Wort *deixis* ‚Verweisung'). Zu den l o k a l d e i k t i s c h e n Elementen gehören Morpheme wie *hier, dort, oben, unten*. Zu den t e m p o r a l d e i k t i s c h e n gehören *gestern, heute, früher*, aber auch Tempusmorpheme, die zu den Flexionsmorphemen (s. u.) zählen. Elemente, die auf die Kommunikationsrollen der Kommunikationspartner verweisen wie *ich* (Sprecher), *du* (Angesprochener), *er, sie, es* (Besprochener, -e, es) werden auch p e r f o r m a t o r i s c h e Elemente genannt, weil sie auf den Vollzug der Kommunikation (die Performanz) verweisen. Man kann hier von R o l l e n d e i x i s sprechen. Wenn der Verweis auf die Kommunikationssituation außerdem gekoppelt ist mit einem Verweis in den Redekontext, spricht man von a n a p h o r i s c h e r D e i x i s. Morpheme wie *der, dies, mit* sind anaphorische Partikeln. Für die deiktischen Elemente hat man in der Linguistik keinen *em*-Namen. Im Strukturalismus wurden Fragen der Redesituation lange Zeit außer acht gelassen. Erst in letzterer Zeit, im Rahmen der generativen Grammatik und im Rahmen intensiverer Kommunikationsforschung, beschäftigt man sich mit den p r a g m a t i s c h e n Aspekten der Zeichenverwendung, mit dem situativen Kontext und mit dem über einen Satz hinausgehenden Kontext von Äußerungen (Textlinguistik).

3. Es gibt Morpheme mit g r a m m a t i s c h e r Bedeutung, die auf das Miteinandervorkommen der Morpheme und Wörter im Satz verweisen, d. h. die syntaktische Funktionen anzeigen und Wörter z. B. als Subjekt, Prädikat usw. eines Satzes kennzeichnen. Solche Morpheme werden gewöhnlich F l e x i o n s m o r p h e m e genannt; von den Beispielen gehören *er, em, en* zu den Flexionsmorphemen. Es wird sich zeigen, daß grammatische Funktionen und deiktische Funktionen nicht immer leicht gegeneinander abzugrenzen sind (‚Tempus' versus ‚Zeit', ‚Genus' versus ‚natürl. Geschlecht' usw.).

4. Es gibt eine Reihe von Morphemen, deren Funktion im Sprachsystem gewöhnlich mit W o r t b i l d u n g bezeichnet wird. Von den Beispielen sind *zer* und *chen* Wortbildungsmorpheme. Einzelheiten der Wortbildung werden später besprochen.

Die bisher kurz erläuterten morphologischen Termini seien vor einer detaillierten Behandlung der deutschen Morphologie nach verschiedenen Gesichtspunkten zusammengefaßt und knapp charakterisiert.

Allgemeinlinguistische Eigenschaften:
Wörter: empirisch gegebene sprachliche Einheiten
Wortformen: Allovarianten der Wörter
Morpheme: linguistisch definierte Einheiten des Sprachsystems
 „kleinste bedeutungstragende Sprachelemente"
Morphe: Realisierungen von Morphemen in Redetexten
Allomorphe: phonematisch unterschiedliche Realisierungen
 eines Morphems
Homonyme: mehrdeutige Sprachkörper
Homophone   „   „   bei lautlicher Realisierung
Homographen   „   „   bei schriftl.   „
Distributionelle Eigenschaften der Morpheme in Bezug auf Wörter:
Kerne: wortfähige Morpheme
Affixe: nicht wortfähige Morpheme
Präfixe: in Wörtern vor Kernen stehende Affixe
Infixe: in Wörtern zwischen Kernen stehende Affixe
Suffixe: in Wörtern hinter Kernen stehende Affixe
Funktionelle Eigenschaften von Morphemen:
Lexeme: Verweis auf die Umwelt; referentielle Funktion
deiktische Elemente: kommunikationssituationsabhängiger Verweis
 auf die Umwelt
anaphorische Elemente: kontextabhängiger Verweis auf die
 Umwelt bzw. Verweis in den sprachlichen
 Kontext
Flexionsmorpheme: Hinweis auf syntaktische Funktionen
Wortbildungsmorpheme: Hinweis auf inhaltliche oder grammatische
 Modifizierung eines Lexems

Aus den Hinweisen auf syntaktische Funktionen von Morphemen geht hervor, daß die Morphologie eng mit der Syntax verknüpft ist. Obwohl in diesem Kapitel primär von den Morphemen und Wörtern die Rede ist, werden im Vorgriff auf Späteres syntaktische Gegebenheiten zu berücksichtigen sein.

Die Morpheme sind nach zwei verschiedenen Kriterien unterklassifiziert worden, nach distributionellen Eigenschaften in Wörtern und nach Funktionen im Sprachsystem. Wie verhalten sich die Typen zueinander? Generell läßt sich darüber nichts sagen: weder sind alle Kerne Lexeme noch sind alle Wortbildungsmorpheme Affixe usw. Die deutsche Morphologie ist recht komplex; Einzelheiten werden unter folgenden Gesichtspunkten besprochen: Wortarten, Flexion und Wortbildung; Fragen der inhaltlichen Gliederung des Wortschatzes werden im Kapitel über die Semantik behandelt.

3. 2 Das Problem der Wortarten

Wörter werden traditionell nach W o r t a r t e n oder W o r t k l a s s e n eingeteilt. Die Klassifikation wird gewöhnlich mit unterschiedlichen Argumenten begründet.

1. Wörter werden nach ihrer morphologischen Struktur klassifiziert; man sagt dann z. B. „ein konjugierbares Wort ist ein Verb".

2. Wörter werden nach distributionellen Kriterien definiert; man sagt dann z. B. „Wörter, die an Stelle von Nomen stehen können, sind Pronomen".

3. Wörter werden nach ihrer Funktion in Sätzen oder Satzteilen, also nach syntaktischen Gesichtspunkten klassifiziert; man sagt dann z. B. „Wörter, die Verben näher bestimmen, sind Adverbien".

4. Wörter werden nach den Umweltreferenten, auf die sie typisch verweisen, klassifiziert, man sagt dann z. B. „Wörter, die den Dingen Namen geben, sind Nomen bzw. Substantive".

Keines dieser vier Klassifikationsprinzipien kann befriedigen. Die im Hinblick auf die Zerlegung der Wörter in Morpheme distributionelle Definition nach morphologischen Kriterien setzt voraus, daß die Morpheme und ihre semantischen Inhalte und syntaktischen Funktionen unabhängig von Wörtern definiert sind; diese Voraussetzung ist bestenfalls in einer Darstellung der morphologischen Struktur von Wörtern zu erfüllen aber nicht bei der Analyse selbst, bei der man nicht nur mit Morphemen als Teilen von Äußerungen konfrontiert ist, sondern eben auch mit Wörtern. Das gleiche gilt für die Definition von Wortklassen wie Pronomen, bei der auf andere Wortklassen verwiesen wird. Die Definition nach syntaktischen Kriterien setzt eine vollständige syntaktische Analyse voraus. Für die Syntax wird das auch in der generativen Grammatik angestrebt, wie weiter unten erläutert wird, aber dort erscheinen einerseits als Endterme einer syntaktischen Analyse keine Wörter oder Morpheme sondern die sog. ‚Formative' als abstrakte syntaktische Einheiten, und andererseits werden bei der Analyse selbst Wortartkategorien wie Nomen, Nominalphrase, Verb usw. verwendet und somit als Grundbegriffe vorausgesetzt. Wenn diese Verwendung traditioneller grammatischer Kategorien in der generativen Grammatik auch theoretisch abgesichert ist, so ist damit für eine Definition dieser Kategorien außerhalb der generativen Modelle nichts gewonnen. Die semantische Definition schließlich scheint zwar für die jeweils angegebenen Wörter plausibel, aber für eine große Zahl von Wörtern einer Klasse ist sie schlechterdings unsinnig, wie man am Beispiel der ‚Dingwörter' sehen mag: ein *Ball* und ein *Haus* sind Dinge, aber *Dummheit* ist kein Ding, auch kein ‚abstraktes'. Außerdem sind diese semantischen Definitionen eigentlich an den in den Wörtern enthaltenen Lexemen orientiert; die Lexeme sind aber gar nicht so eindeutig auf bestimmte Wortarten festgelegt, wie es scheinen mag. Eine Untersuchung von ca. 2750 im Wörterbuch von Mackensen enthaltenen Lexemen ergab, daß 47,4% der Substantive, 45,2% der Verben und 43,8% der Adjektive ohne Wortbildungsmorphem und ohne Änderung des Sprachkörpers abgesehen vom Hinzufügen bzw. Streichen der Infinitivendung *-en* bei den Verben mindestens einer der beiden anderen Wortklassen angehörte, so wie sie bei Mackensen gekennzeichnet waren[8].

Im Hinblick auf die Wortarten hat der Strukturalismus eigentlich nur Kritik an den bisher vorgelegten Definitionen zu bieten, soweit man sich überhaupt mit Wörtern befaßt hat. Das erklärt sich daraus, daß kein überzeugender Wortbegriff definiert werden kann und das hat u. a. wiederum darin seinen Grund, daß der Strukturalismus in der Erforschung der Semantik wenig geleistet hat, weil die Semantik als ‚mentalistischer' Bereich lange Zeit aus strukturalistischer Forschung ausgeschlossen wurde.

Man muß demnach die traditionellen Wortartbegriffe verwenden. Sie sollen kurz mit den besprochenen morphematischen Eigenschaften charakterisiert werden. Die Flexion wird in diesem Zusammenhang nur erwähnt und weiter unten eingehend behandelt. Auf den Zusammenhang zwischen Wortarten und syntaktischen Funktionen wird im Syntaxkapitel eingegangen. Traditionellerweise teilt man deutsche Wörter in 9 oder 10 Wortklassen ein: N o m e n (bzw. S u b s t a n t i v e), V e r b e n, A d j e k t i v e, A d v e r b e n, P r o n o m e n

[8] Vgl. Bünting, Morphologische Strukturen (1970).

(bzw. **Artikel** und **Pronomen**), **Numeralien**, **Konjunktionen**, **Präpositionen** und **Interjektionen**. Definiert werden die Wortarten nach den oben kritisierten Prinzipien. Per definitionem enthalten alle Wörter mindestens ein Kernmorphem, wenn man den Begriff Kern so erweitert, daß die Verbalstämme darunter fallen; wie oben anhand derjenigen Kerne, die zugleich Lexeme sind, mit Zahlen belegt, sind die Kerne jedoch nicht unbedingt auf eine Wortart festgelegt; vom Sprachkörper her gesehen sind sie zur Hälfte gewissermaßen Wortarthomonyme. Der Kern *REIF* z. B. erscheint als — semantisch mehrdeutiges — Nomen *(Armreif* und *gefrorener Tau)*, als Verbum *(reifen)* und als Adjektiv *(reife Birne)*. Die Wörter einiger Wortarten — die Substantive (Nomen), Verben, Adjektive, Pronomen, Artikel und Numeralien — sind in spezifischer Weise flektierbar, d h. ihre Wortformen bestehen aus einem Lexem und meistens einem Flexionsmorphem, wobei der Kern je nach Flexionsstatus durch verschiedene Allomorphe repräsentiert werden kann. Die Kerne einiger Wortarten sind Lexeme; das trifft bei Nomen, Verben, Adjektiven und Numeralien in jedem Fall, bei Adverbien z. T. zu *(schnell, schön)*. Die Kerne anderer Wortarten sind deiktische, z. T. anaphorische Partikel; das trifft bei Pronomen, Präpositionen und Konjunktionen und wohl auch Interjektionen in jedem Fall, bei Adverbien z. T. zu *(heute, hier)*. Solche Zuordnungen von Morphemeigenschaften zu Wortarten zeigen, in welcher Weise man die Wortarten nach morphologischen Gesichtspunkten zu analysieren hätte. Sie deuten aber auch an, z. B. durch die Überlappung bei den Adverbien, daß eine konsistente Analyse der Wortarten noch aussteht. Auf die Wortarten wird im Zusammenhang mit der Wortbildung verwiesen.

Eng verknüpft mit den Wortarten und, wie oben gesagt, teilweise bei der Bestimmung von Wortartzugehörigkeiten verwendet, ist die Flexion, die als nächstes zu besprechen ist.

3.3 Flexion

In traditioneller Sicht fallen die Begriffe Morphologie und Flexion fast zusammen: die Lehre von der Gestalt der Wörter war hauptsächlich die Lehre der Deklination der Nomina (Nomen, Pronomen, Adjektive) und der Konjugation der Verben. Da hier kein Abriß der deutschen Flexion gegeben werden kann, wird die Flexion unter zwei generellen Gesichtspunkten behandelt:

1. distributioneller Gesichtspunkt: Realisation der Flexion in Flexionsmorphemen, deiktischen Morphemen und Alloformen und Kongruenz der Syntagmen.
2. funktioneller Gesichtspunkt: grammatische Kategorien Person, Numerus, Genus, Kasus, Tempus, Modus, Aktionsart (Aspekt) und Genus Verbi.

Beim distributionellen Gesichtspunkt, also bei der Verteilung von Elementen mit Flexionscharakter, kann man im Deutschen eigentlich nicht von einer Flexion der Wörter, sondern nur von einer Flexion der Syntagmen sprechen, wobei unter S y n t a g m a eine z. B. als Satzteil zusammenhängende Wortgruppe zu verstehen ist wie *die dicken Bücher* oder *in den staubigen Regalen* oder *sind lange nicht gelesen worden* usw. Bei Wörtern eines Syntagmas ist es Bedingung für korrekten Sprachgebrauch, daß sie k o n g r u e n t flektiert sind, d. h. daß die für das Syntagma geltenden Flexionsmerkmale allen Elementen eines Syntagmas zugeordnet werden. Das Deutsche ist in dieser Hinsicht sehr redundant, weil die Merkmale in mehreren Elementen wiederkehren. Das Kongruenzprinzip gilt für Syntagmen jeder Größenordnung bis hin zu den Sätzen, in denen z. B. Numeruskongruenz zwischen dem als Subjekt fungierenden Nominalsyntagma und dem als Prädikat fungierenden Verbalsyntagma gefordert wird.

Nicht nur unter dem Gesichtspunkt der Kongruenz muß man im Deutschen von einer Flexion der Syntagmen ausgehen, sondern auch unter dem Gesichtspunkt der erscheinenden Morpheme. Die verschiedenartigsten grammatischen Kategorien (s. u.) erscheinen in der deutschen Flexion nicht nur in einzelnen Wörtern, sondern ihre Realisierung ist häufig auf mehrere Wörter verteilt. Ein Vergleich des Deutschen und Lateinischen macht das deutlich: lat. *puella* heißt z. B. unter anderem *das Mädchen* und *amaverat* heißt *hatte geliebt*. Im Deutschen erscheinen z. T. Artikel und Hilfsverben, wo im Lateinischen ein morphologisch komplexes Wort steht[9]. Ähnliches gilt für das deutsche Syntagma *ich liebe*, dem lateinisches *amo* entspricht; das deiktische Personalpronomen *ich* ist im Lateinischen zusammen mit einer Tempus- und Modusangabe im Endungsmorphem *-o* enthalten.

Es sei also festgehalten, daß die Flexion im Deutschen z. T. durch Anfügen vom Flexionsmorphemen an Wörter und z. T. durch Wort-

---

[9] Auch hier zeigt sich deutlich, daß eine exakte Linguistik wohl mit Morphemen und Morphemrealisierungen arbeiten kann, aber bei Wörtern in Schwierigkeiten gerät.

syntagmen realisiert wird (äußere Flexion). Dabei werden häufig mehrere Angaben durch einen Sprachkörper realisiert. Ferner ist zu beachten, daß Flexionssuffixe in den meisten Fällen Homonyme sind und daß — andererseits — Flexionskategorien durch viele Allomorphe repräsentiert werden. Im Satz *Die Bahnen fahren* repräsentiert *-en* z. B. in Verknüpfung mit *Bahn-* Plural Nominativ und in Verknüpfung mit *fahr-* 3. Pers. Plural; *-en* kann außerdem eine ganze Menge anderer Angaben repräsentieren, z. B. Infinitiv beim Verb oder Genitiv, Dativ, Akkusativ Plural in der Nominalflexion usw. Insgesamt gibt es im Deutschen abgesehen vom Nullmorphem 18 Sprachkörper, die als Flexionsendungen vorkommen: *-e, -em, -en, -end, -ens, -er, -ern, -es, -est, -et, -n, -s, -st, -t, -te, -ten, -test, -tet*. Hinzu kommt noch, daß viele Lexeme je nach Flexionsstatus durch verschiedene Allomorphe repräsentiert werden (innere Flexion, Umlaute und Ablaute).

Gewöhnlich zählt man Wörter, die nach dem gleichen Paradigma (Modell) flektieren, d. h. die mit den gleichen Flexionsallomorphen verknüpft und deren Lexeme auf gleiche Weise ab- bzw. umgelautet werden, zur gleichen Flexionsklasse. Wie im Abschnitt über die Wortarten bereits gesagt wurde, wird die Zugehörigkeit zur Deklination oder Konjugation bei der Wortartbestimmung als Klassifikationsmerkmal herangezogen.

3.3.1 Kategorien

Nun zu den Flexionskategorien. Bei der folgenden Diskussion muß besonders beachtet werden, daß die Kategorien auf verschiedene Weise verkörpert werden, und daß eine Beschreibung, die auf den Wortmorphologien einer Sprache fußt, nur die Idiosynkrasien dieser einen Sprache erfaßt, und für eine andere Sprache als Vorbild irrelevant ist. Erst der Vergleich verschiedener Sprachen kann allgemeine Gesichtspunkte erbringen[10].

Das Sprachsystem enthält neben Lauten und individuellen, in Lexemen verkörperten Inhalten eine Reihe von grammatischen Kategorien, die man sich als Koordinaten für die Einordnung der sprachlichen

---

10 Das Englische hat z. B. in der Verbalflexion eine Verlaufsform, deren deiktische Bedeutung im Deutschen durch Adverbien realisiert wird: *I am going — gerade jetzt gehe ich;* oder: das Lateinische hat in der Deklination einen Instrumentalkasus, der im Deutschen durch eine Präpositionalphrase realisiert wird.

Äußerungen in die Redesituation und den Redekontext vorstellen mag. Man unterscheidet dabei syntaktische und deiktische Kategorien; den die Kategorien verkörpernden Sprachelementen sind entsprechend syntaktische und deiktische Funktionen zugeordnet. Syntaktische Funktionen werden z. B. durch Kasusangaben angezeigt, deiktische Funktionen werden durch Angaben zu Personen (Kommunikationsrolle und Genus), zum Numerus, zu Tempus, Modus, Aktionsart und Aspekt und teilweise zum Kasus angezeigt, wie im einzelnen kurz darzustellen ist.

3.3.1.1 Kasus

Die Kategorie K a s u s ist mit der Deklination verknüpft; alle mit Kasusmorphemen versehenen Wörter werden dekliniert; das trifft für alle Nomina zu; wenn man nach der Flexion die Wortarten einteilt, sind alle deklinierbaren Wörter Nomina. Diese Definition ist allerdings unzureichend, wenn man bedenkt, daß alle Verben mit der Infinitivform als Grundform deklinierbar sind.

Angaben zum Kasus eines Nominalsyntagmas weisen auf die syntaktische Funktion eines Syntagmas hin. Im Deutschen hat man vier Kasus:
Nominativ verweist auf Subjektfunktion, ggfls. auch auf Attributfunktion und Objektfunktion,
Genitiv verweist auf Attributfunktion, in Einzelfällen auch auf Objektfunktion (*sich des Geschehens erinnern*),
Dativ verweist auf Funktion des indirekten Objekts,
Akkusativ verweist auf Funktion des direkten Objekts.

Die syntaktischen Funktionen sind hier nicht näher zu besprechen. Es sei nur darauf hingewiesen, daß die Verben nach ihrer R e k t i o n Syntagmen mit bestimmten Kasus als Objekte r e g i e r e n (vgl. Dependenzgrammatik im Syntaxkapitel, 4.2).

In anderen Sprachen hat man weitere Kasus, im Lateinischen z. B. den Ablativ (Instrumental), der im Deutschen mit einer Präpositionalphrase realisiert wird, wobei die Präposition wiederum den Kasus regiert (*mit* + Dativ). Definiert man die Kasuskategorien auf der Basis vorkommender Wortformen, dann ist im Deutschen der Instrumental kein Kasus, wohl aber im Lateinischen und z. B. im Russischen. Definiert man Kasus allgemeiner und nimmt einen Instrumental und z. B. einen Lokativ hinzu, dann hat man zu konstatieren, daß einige Kasus im Deutschen und z. B. auch im Englischen durch Präpositionalphrasen verkörpert werden. In den Präpositionalphrasen liegt auch der Übergang vom syntaktischen zum deiktischen Aspekt beim Kasus. Ein Lokativ z. B. verweist ganz eindeutig auf Raumkoordinaten in der Umwelt; dabei ist es dann aber ein Unterschied, ob Lokalpräpositionen wie *in, auf, unter, über, neben* mit Nominalphrasen im Dativ oder im Akkusativ erscheinen. *Ich gehe in dem Haus* und *Ich gehe in das Haus* unterscheiden sich nur im Kasus; der Verweis in die Umwelt, ob ich mich ‚innerhalb' oder ‚in Richtung auf' befinde, wird vom Kasus geleistet.

3.3.1.2 Person, *Numerus, Genus,* ‚Genus Verbi'

Angaben zu Person und Numerus werden in der Nominaldeklination und in der Verbalkonjugation gemacht (vgl. o. zur Kongruenz). Als Personalangaben erscheinen die drei deiktischen Kategorien des Verweises auf die Redesituation (einer ... dem anderen ... über die Dinge) gekoppelt mit Angaben zum Numerus (Singular oder Plural), bei den Pronomen mit Genusangaben und mit Hinweisen auf die sozialen Rollen der Kommunikationspartner: Sprecher = *ich rede, wir reden;* Hörer = *du hörst, ihr hört, Sie hören;* Dargestelltes = *er, sie, es liest, sie lesen.*

Beim Numerus wird im Deutschen generell nach Singular und Plural unterschieden. Andere Sprachen kennen einen ‚Dual', wiederum andere eine Kategorie ‚mehr als fünf' und ‚weniger als fünf' usw. Auch im Deutschen unterscheidet man zwischen einem s u m m a t i v e n und einem k o l l e k t i v e n Plural. Neben summativen, aufzählenden Bildungen *Berg—Berge, Feder—Federn* gibt es die kollektiven, oft der Wortbildung zugerechneten *Berg — Gebirge, Feder — Gefieder.* Normalerweise kann man vom Numerus als grammatischer Kategorie auf eine Anzahl in der Umwelt schließen, aber es gibt eine Reihe von Wörtern, die sog. S t o f f n a m e n wie *Milch, Butter, Mehl, Eisen* usw., bei denen das nicht möglich ist; dabei deckt sich der grammatische Befund gewöhnlich mit den natürlichen Gegebenheiten beim Umweltreferenten, der als nicht abzählbare Menge vorkommt.

Kritischer ist die Beziehung zwischen grammatischem System und Umwelt beim Genus. Bei den deiktischen Partikeln (Pronomen), die in Kommunikationssituationen gebraucht werden, stimmen grammat. Genus und natürl. Geschlecht des angesprochenen Gegenstandes bzw. der angesprochenen Person überein, aber bei den Lexemen stimmen im Deutschen Genus und natürl. Geschlecht nicht immer überein: das trifft zwar bei Personenbezeichnungen meistens nicht zu, wenn man von *das Mädchen* absieht, aber die Genusunterschiede von *das Haus*, *die Tür* und *der Ofen* sind in der Umwelt wohl kaum auszumachen.

Im Zusammenhang mit dem Genus ist auf einen Begriff der Konjugation einzugehen, dessen traditionelle Bezeichnung G e n u s v e r b i ein Ärgernis ist, weil er mit dem Genus der Deklination verwechselt werden kann. Gemeint sind die Konjugationsformen A k t i v und P a s s i v , deren Verwendung im Satz verschiedene syntaktische Konstruktionen für semantisch teilweise gleiche und teilweise auch verschiedene Sachverhalte erfordern: die semantischen Relationen zwischen Handlung (Geschehen) — Handelndem (Geschehnisträger) — Objekt der Handlung (des Geschehens) werden im Aktivsatz in der Folge Subjekt — Prädikat — Objekt wiedergegeben, im Passivsatz dagegen in der Folge Agens — Prädikat — Subjekt (als syntaktische Funktionen!). Aktiv und Passiv sind demnach eigentlich als Transformationen in der Syntax zu behandeln, zumal ihre Verwendung in Beziehung zur Rektion der Verben steht. In der Morphologie ist zu notieren, daß das Aktiv in den normalen Verbalformen verkörpert ist, während das Passiv durch ein Umschreibungssyntagma mit flektiertem *werden* + Part. Perf. des Lexemverbums wiedergegeben wird.

3.3.1.3 Tempus, Modus, Aktionsart (Aspekt)

T e m p u s ist das lateinische Wort für Z e i t . Die grammatische Kategorie des Tempus gibt in grammatisch-systematischer Weise in Äußerungen eine Z e i t r e f e r e n z , die entweder durch Z e i t a d v e r b i e n (*gestern, später*), durch entsprechende Syntagmen (*am vergangenen Tag, nächstes Jahr*) oder in der Verbalkonjugation oder durch beides realisiert wird; meistens denkt man beim Terminus ‚Tempus' an die Konjugation. Traditionellerweise setzt man drei generelle Zeitabschnitte auf einer Zeitachse an: Vergangenheit — Gegenwart — Zukunft; dabei werden Vergangenheit und Zukunft noch einmal gegliedert in Vorvergangenheit und in eine Zukunft, die als abgeschlossen vorausgesehen wird. Diese saubere Einteilung in sechs Tempusstufen ist mehr an der lateinischen Grammatik mit ihren Flexionsformen und einem davon hergeleiteten deutschen Tempussystem orientiert als an den Sprachgegebenheiten des Deutschen und der tatsächlichen Zeitreferenz. Die Zeit wird in anderen Sprachen auf andere Weise kategorisiert als in den drei Kontrasten Vergangenheit — Gegenwart — Zukunft. Man findet Dichotoymien Gegenwart und Nicht-Gegenwart (ohne Angabe einer ‚Richtung'), Vergangenheit und Nicht-Vergangenheit (inklusive Zukunft), oder aber Gegenwart, zeitlich nahe zur Gegenwart und zeitlich weit entfernt von der Gegenwart usw. Die Aufzählung mag als Demonstration genügen, daß die scheinbar so natürliche Unterscheidung Vergangenheit — Gegenwart — Zukunft nicht die einzig mögliche Aufteilung der Zeitachse darstellt. Wie sieht es nun im Deutschen aus? Die 6 Tempora — jetzt mit lateinischen Namen — Plusquamperfekt, Perfekt, Präteritum (Imperfekt), Präsens, Futur I, Futur II sind im Flexionssystem festzustellen; Präsens und Präteritum sind als reine Verbalformen vorhanden, die anderen werden durch Syntagmen ausgedrückt, die aus Hilfsverb mit Tempusangabe plus Infinitiv, welcher Zeitlosigkeit angibt, oder Partizip Perfekt, welches abgelaufene Zeit angibt, bestehen. Eine der Tempusformen sei exemplarisch genauer betrachtet: die Präsensform. Sie verweist keineswegs immer auf die Gegenwart der Redesituation; Präsensformen werden benutzt, wenn zeitlose Aussagen gemacht werden: *Alle Menschen reden.* Außerdem werden Präsensformen benutzt, wenn auf Zukünftiges verwiesen wird, wobei die Zeitreferenz durch Adverbien oder Adverbialsyntagmen ausgedrückt wird: *Nächste Woche besuche ich Tante Elise. Morgen demonstrieren die Studenten.* Auch Vergangenes kann durch adverbielle Bestimmung in Verbindung mit der Präsensform des Verbums ausgedrückt werden: *Da fahre ich gestern ahnungslos in die Stadt und treffe doch ausgerechnet Tante Elise in der Straßenbahn.* Traditionelle Grammatiken versuchen, ihre Konzeption zu retten, und sprechen in solchen Fällen vom ‚historischen Präsens' oder ähnlichem. Den Beispielen zufolge scheint es eher so zu sein, daß die sogenannte Präsensform in der Zeitreferenz unmarkiert ist. Erst die Redesituation oder der Kontext geben die zeitliche Einordnung. Dagegen sind die Präteritumformen eindeutig markiert; sie verweisen immer auf Vergangenes. Beim Perfekt und seiner Differenzierung, dem Plusquamperfekt, kommt zur Aussage über den vorgegenwärtigen Zeitpunkt des Geschehens noch eine Aussage über die Abgeschlossenheit hinzu, die diese für alle Verben verwendbare Tempusangabe in die Nähe einer Kategorie rückt, die gewöhnlich A k t i o n s a r t genannt wird. Nach der Aktionsart, auch A s p e k t oder auf Deutsch V e r - l a u f s f o r m genannt, wird unterschieden, ob eine im Verb angesprochene Handlung bzw. ein Geschehen beginnt (ingressive, inchoative, auch inkohative A.), andauert (durative A.) oder abgeschlossen ist (perfektive A.). Im Deutschen werden Aktionsarten eigentlich nicht — höchstens in hyperkorrekten, am Lateinischen orientierten Schulgrammatiken — durch Flexionsformen angegeben, wie das z. B. im Englischen der Fall ist. Dort steht der durativen Reihe *I am/was reading the book; I will/would be reading the book* die perfektive Reihe *I have/had read the book; I will/would have read the book* gegenüber. Statt dessen werden im Deutschen Aktionsmerkmale durch Wortbildungspräfixe realisiert; man vergleiche duratives *blühen*, inchoatives *erblühen* und perfektives *verblühen*. Außerdem wird inchoativer Aspekt durch Syntagmen wie z. B. *anfangen zu . . . , beginnen zu . . .* ausgedrückt. Durativer Aspekt wird häufig, besonders in mündlicher Rede (Umgangssprache) durch Syntagmen wie *Heiner ist am Spielen* ausgedrückt. Daß gerade diese letzte Wendung so häufig in mündlicher Rede erscheint, deutet darauf hin, daß die Aktionsarten als Kategorien des Sprachsystems auch im Deutschen voll funktionieren, wenn sie auch in der Morphologie nicht in dem Maße eindeutig realisiert sind wie in anderen Sprachen[11].

Nun zum Modus. Unter dem Begriff M o d u s versteht man zunächst allgemein eine Angabe über den Wirklichkeitsgehalt des dargestellten Sachverhalts. Nach der Morphologie und dem Flexionssystem des Deutschen zu urteilen, gibt es als modale Kategorien nur die einfachen Aussagen von Tatsachen im I n d i k a t i v , die Aussage über die Möglichkeit des Ausgesagten im K o n j u n k t i v und als drittes mit direktem Bezug auf die Kommunikationssituation und mit Appellfunktion die Aufforderung im I m p e r a t i v . Es gibt jedoch eine ganze Reihe weiterer Modi, die im Deutschen nicht in der Konjugation sondern durch syntaktische Konstruktionen mit den M o d a l v e r b e n *(können, dürfen, müssen, mögen, möchten, sollen, wollen)* realisiert werden, und die in anderen Sprachen z. T. im Flexionssystem erscheinen, so wie ja auch der deutsche Konjunktiv z. B. im

---

11 Es sei den Schulgrammatikern und Sprachpflegern nachdrücklich empfohlen, sich bei Behandlung solcher Fragen an der Sprachwirklichkeit zu orientieren und nicht an traditionellen Normen. Die Äußerung *Ich bin am Schreiben* hat eine ganz präzise Bedeutung und ist verschieden von *Ich schreibe*. Es ist nicht einzusehen, warum *Ich schreibe gerade jetzt* stilistisch besser sein soll als *Ich bin am Schreiben*; woher werden die Bewertungskriterien genommen?

Englischen „umschrieben" werden muß durch ein Syntagma mit einem Modalverb. Sicherlich ist auch das F r a g e n ein Modus, wenn er auch im Deutschen durch Fragepronomen bzw. Wortstellung und, in mündlicher Rede, durch Intonation (Heben der Stimme am Ende der Äußerung) verkörpert wird.

Die Diskussion der grammatischen Kategorien, so wenig ausführlich sie war, hat weit über das hinausgeführt, was man gewöhnlich unter Flexion und Flexionsmorphologie versteht. Aber eine Einschränkung auf die üblichen Flexionsparadigmata, welche Wortmorphologien in den Mittelpunkt stellen und nur beim Tempus ‚Umschreibungen mit Hilfsverben' als Syntagmen einbeziehen, schien von einem generellen Standpunkt aus nicht statthaft. Bereits bei der Flexion zeigt sich deutlich, wie vielfältig die grammatischen und deiktischen Ordnungs- und Orientierungskoordinaten des Sprachsystems in den Sprachelementen und deren Kombinationen verkörpert sind, und welch scheinbar zufällige Größen die Wörter sind, auf deren vielfältige morphologische Struktur im folgenden Wortbildungsabschnitt einzugehen ist.

3. 4 Wortbildung: die morphologische Struktur der Wörter

Man kann die gerade in der deutschen Sprache so reichlich vertretene Wortbildung eigentlich kaum unter rein synchronischen Gesichtspunkten adäquat betrachten. Wenn man eine diachronische Betrachtung ausklammert, weil man zunächst heute produktive Wortbildungsvorgänge und -muster erfassen will, dann muß man sich darüber im klaren sein, daß gerade bei der Wortbildung, wo das Entstehen der theoretisch so schwer zu fassenden, aber empirisch gegebenen Wörter zu analysieren ist, die historische Dimension und der Vergleich mit früheren Sprachstufen vieles erklären kann, was bei synchronischer Betrachtung als Ausnahme, als ‚geprägtes Wort' usw. registriert werden muß. Eine synchronische Betrachtung stellt fest, ob bestimmte Bildungsmuster noch wirksam sind, ob also bestimmte Morphemkombinationen ad hoc gebildet werden können (offene Klassen), wie z. B. die Kombination ‚Lexem + *-ung*', oder ob Muster nicht mehr wirksam sind und Morphemkombinationen nicht mehr ad hoc gebildet werden könnten, wie z. B. Wörter auf *-nis* (geschlossene Klassen).

Insgesamt gesehen hat die synchronisch ausgerichtete strukturalistische Linguistik nicht viel zur Beschreibung der Wortbildung beigetragen, zumal nicht zur Beschreibung der Wortbildung im Deutschen. Im folgenden werden deshalb wiederum nur Vorschläge skizziert, wie man die Wortbildung auf der Basis morphologischer Analysen darstellen könnte. Vorschläge zur Behandlung im Rahmen der generativen Grammatik werden später behandelt.

Die folgende Darstellung wird sich auf die drei sog. Hauptwortarten (Nomen, Verben, Adjektive) beschränken, weil diese den weitaus größten Teil deutscher Wörter ausmachen, und weil die deutsche Wortbildung hier nicht vollständig, sondern nur exemplarisch behandelt werden kann.

Die Wörter lassen sich aufgrund ihrer morphematischen Struktur nach den Morphemtypen Lexem (zugleich gewöhnlich Kern), Flexionsmorphem[12] (häufig als innere Flexion durch eine Alloform des Lexems realisiert) und Wortbildungsmorphem unter rein synchronischen Gesichtspunkten in drei oder vier Klassen einteilen.

1. Wörter, die aus einem Lexem und möglicherweise einem Flexionsmorphem bestehen; sie werden traditionell **einfache Wörter** genannt: Beispiel: *Glück*.

2. Wörter, die aus einem Lexem, einem oder mehreren Wortbildungsmorphemen[13] und möglicherweise einem Flexionsmorphem bestehen; sie werden traditionell **abgeleitete Wörter** genannt; Beispiele: *glücklich, Unglück, verunglücken*.

3. Wörter, die aus mindestens zwei Lexemen, möglicherweise einem oder mehreren Wortbildungsmorphemen und möglicherweise einem Flexionsmorphem bestehen; sie werden traditionell **zusammengesetzte Wörter** genannt; Beispiele: *Glückslos, Losglück, Unglücksrabe*.

4. Außerdem gibt es eine Anzahl von Wörtern, gewöhnlich Verben, die aus einem Lexem, einem deiktischen Element und möglicherweise einem oder mehreren Wortbildungsmorphemen und Flexionsmorphemen bestehen, z. B. *beglücken, verunglücken, abfahren, vorführen, fortschreiten, Fortschritt*. Diese Wörter werden teilweise als Ablei-

---

12 Wenn man will auch mit Nullmorphemen.
13 Wenn man auch in der Wortbildung ein Nullmorphem ansetzt, würden die einfachen und die abgeleiteten Wörter zusammenfallen. Ein solches Vorgehen scheint für das Deutsche reichlich konstruiert, da die in Sprachkörpern realisierten Wortbildungsmorpheme häufig auftretende und von der Funktion her gesehen komplexe Elemente sind; die empirische Evidenz spricht hier für eine gesonderte Behandlung.

tungen und teilweise als Zusammensetzungen klassifiziert. Die deiktischen Elemente, gewöhnlich Präpositionen, werden auch t r e n n b a r e P r ä f i x e genannt, weil sie beim Flektieren z. T. abgetrennt werden im Gegensatz zu den n i c h t t r e n n b a r e n Präfixen, man vergleiche *abfahren — fährt ab* und *verfahren — verfährt*. In einigen Wortbildungslehren werden solche P r ä f i x b i l d u n g e n sowohl bei trennbaren als auch bei untrennbaren Präfixen gesondert behandelt; der Begriff Ableitung bleibt dort Suffixbildungen vorbehalten.

Im folgenden werden die vier Worttypen einzeln besprochen.

3.4.1 Einfache Wörter

Anhand der einfachen Wörter wird die Komplexität der deutschen Morphologie in einem kleinen Bereich exemplarisch gezeigt. Wenn man von den Sprachkörpern, hier von den Graphemfolgen der Morpheme und Wörter ausgeht, findet man im Deutschen vielfältige Zuordnungen.

a.[14] Ein Lexem wird durch eine Graphemfolge repräsentiert; einzelne Wortformen unterscheiden sich durch hinzutretende Flexionsmorpheme; Beispiel: *Meer, Meeres, Meere, Meeren.*

b.[14] Ein Lexem wird durch mehrere Graphemfolgen repräsentiert; einzelne Wortformen unterscheiden sich durch Allomorphe des Lexems (innere Flexion) und durch hinzutretende Flexionsmorpheme; Beispiel: *können, kann, kannst, könnte, könnt, könnten, konnte, konntet, konnten, gekonnt.*

c. Ein Lexem wird durch eine Graphemfolge repräsentiert; es gehört Wörtern mehrerer Wortarten an und erscheint entsprechend mit verschiedenen Flexionsmorphemen; Beispiele: *Form, formen, geformt* usw.; *Tag, tagen* ...

d. Ein Lexem wird durch mehrere Graphemfolgen repräsentiert und erscheint in Wörtern einer oder mehrerer Wortarten und mit entsprechenden Flexionsmorphemen; Beispiele: *Lauf, laufen, Läufe, läuft, lief, gelaufen, trinken, trank, Trank, tränken, tränke, getrunken, Trunk,* ... (das Wort *Tränke* enthält das Wortbildungsmorphem *-e*). Ein Wort wie *tränken* wird traditionellerweise in der Wortbildung behandelt; in rein synchronischer Sicht läßt sich ein Ableitweg kaum angeben, so daß man von Wortarthomographen sprechen muß.

14 Die Typen a und b gehören eigentlich nicht der Wortbildung an.

e. Mehrere Lexeme werden durch eine Graphemfolge repräsentiert; sie erscheinen in Wörtern einer Wortart (semantische Homographie[15]) in der gleichen oder verschiedenen Flexionsklassen; Beispiele (Wortformen werden nur noch angedeutet): *Hahn (Gockelhahn* und *Wasserhahn); der Tor, die Toren* und *das Tor, die Tore; die Flur, die Fluren* und *der Flur, die Flure.*

f. Mehrere Lexeme werden durch eine Graphemfolge repräsentiert; sie erscheinen in Wörtern verschiedener Wortarten zusammen mit verschiedenen Flexionsformen; Beispiel: *Reif* (semantischer Homograph, Lexem[1] *gefrorener Tau,* Lexem[2] *großer Ring); reif* (Lexem[3] *reife Beeren), reifen* (Lexem[3]); dazu Ableitungen zu Lexem[2] *der Reifen* und zu Lexem[3] die *Reife* usw.

Typ	Anz. d. Lex.	Anz.d.Graphemf.	Anz. d. Wörter	Anz. d. W'art.	Beispiele
a	1	1	1	1	Meer
b	1	mehrere	1	1	können, kann, gekonnt
c	1	1	mehrere		Tag, tagen
d1	1	mehrere	mehrere		Lauf, laufen; Trank, trinken; Band, Bund, binden
d2	mehrere	1	mehrere		klar, klären
f	1	mehrere	mehrere		reif, Reif, reifen; Tau, tauen; Ball, ballen, Ballen
e	mehrere	1	mehrere	1	Tor, Flur
g	mehrere	mehrere	mehrere		Schloß, schließen, schloß, Schlösser schlösse

Abb. 18: Relationen zwischen Lexemen, Graphemfolgen und Homographen bei einfachen Wörtern

15 Inwieweit man mehrere Lexeme ansetzen kann, und wann man von Metaphern, Metynomien usw. sprechen sollte, ist in einer semantischen Beschreibung zu klären. Als Beispiel sei *Bein* angeführt mit den drei Bedeutungsbereichen *Knochen, Extremität bei Lebewesen, Tischbein.*

g. Mehrere Lexeme werden durch mehrere Graphemfolgen repräsentiert, die in Wörtern verschiedener Wortarten erscheinen, aber mindestens eine Graphemfolge gemeinsam haben; Beispiel: *Schloß*[1] *(Königsschloß), Schloß*[2] *(Türschloß)*, zu Lexem[2] *schließen — schloß — geschlossen.*

In Abb. 18 sind in einer Tabelle die verschiedenen Konstellationen zusammengestellt.

3.4.2 Abgeleitete Wörter

Für die Lexeme abgeleiteter Wörter gibt es dieselben vielfältigen Möglichkeiten der Homographie und der Verkörperung in Alloformen wie bei den einfachen Wörtern. Hinzu kommt, daß bei Kombination mit einer Reihe von Wortbildungsmorphemen Lexeme „umgelautet" werden, d. h. in anderer Alloform repräsentiert werden als in den Wortformen der einfachen Wörter; Beispiele hierfür sind *Brot — Brötchen, Tag — täglich.*

Ableitungen sind unter den bekannten Aspekten der Distribution (Stellung und Anzahl) der Morpheme und der Funktion der Wortbildungsaffixe zu betrachten.

Wortbildungsmorpheme können Präfixe wie *un-, ver-, zer-, ge-* usw. oder Suffixe wie *-ung, -lich, -ier(en)* usw. sein. Sie können oft in großer Anzahl zusammen mit einem Kern auftreten wie in *Unmenschlichkeit, Vermenschlichung* oder *Unverantwortlichkeit*. Interessanter als Anzahl und Stellung ist jedoch die Funktion der Wortbildungsmorpheme. Die meisten Wortbildungsmorpheme bestimmen die Wortart des entstehenden Wortes, wenn sie mit einem Lexem oder einem bereits abgeleiteten Wort kombiniert werden. Bei Suffixen trifft das generell zu: Wörter auf *-lich, -bar, -sam* sind Adjektive, Wörter auf *-ung, -keit, -chen* usw. sind Nomen und auf *-ier(en)* Verben. Präfixe dagegen treten in Wörtern mehrerer Wortarten auf: *unklug, Unsinn, verlaufen, Verlauf*. In diachronischer Analyse kann man bei den Präfixen *be-, ent-, er-, mis-, ver-, zer* zeigen, daß sie eindeutig verbalisieren und daß Nomen, in denen sie in vorderster Position erscheinen, Deverbativa sind. In synchronischer Analyse ist ein solcher Ableitweg wiederum nicht nachzuweisen. Wie gesagt, ist es eine wichtige Funktion der Wortbildungsmorpheme, Wörter von einer in eine andere Wortart abzuleiten bzw., von den Lexemen aus gesehen, Lexeme einer Wortart zuzuordnen. Nicht immer leiten jedoch Wortbildungsmorpheme Wörter ab. Häufig haben sie außerdem oder ausschließlich eine semantische Funktion und bringen einen oder mehrere klar bestimmbare semantische Inhalte in das neugebildete Wort ein. Das Suffix -*chen* z. B. gibt dem im Lexem eines Wortes angesprochenen Referenten das semantische Merkmal „von kleiner Gestalt" hinzu[16], das Präfix *un-* deutet auf ein negatives Gegenteil des im Lexem ausgedrückten Sachverhaltes hin usw. Man hat demnach bei Wortbildungsmorphemen zwischen g r a m m a t i s c h e r und s e m a n t i s c h e r F u n k t i o n zu unterscheiden. Daraus ergeben sich folgende Ableitungsvorgänge und Ableitungsmuster.

a. E x p a n s i o n : der semantische Gehalt von Lexemen wird durch Wortbildungsmorpheme verändert; die Wortart bleibt die gleiche wie im einfachen Wort; Beispiele: *Kind — Kindchen, Kindlein; fahren — verfahren; schön — unschön.*

b. D e r i v a t i o n : Lexeme, die in einfachen Wörtern in einer Wortart erscheinen, werden durch Kombination mit Wortbildungsmorphemen in Wörter einer anderen Wortart transponiert. Dabei sind zwei Grundtypen zu unterscheiden:

b 1: f u n k t i o n a l e D e r i v a t i o n : das Wortbildungsmorphem hat nur grammatische, wortartzuordnende Funktion; der semantische Inhalt des Lexems gilt unverändert für das neue Wort; Beispiel: *verführen — Verführung = das Verführen.*

b 2: s e m a n t i s c h e D e r i v a t i o n : das Wortbildungsmorphem hat grammatische und semantische Funktion; der semantische Inhalt des Lexems wird durch den semantischen Inhalt des Wortbildungsmorphems modifiziert; Beispiele: *fahren, fuhr — Fahrt, Fahrer, Fuhre.*

Zwischen den idealisierten Typen b 1 und b 2 ist nicht immer leicht zu unterscheiden, zumal viele Wortbildungsmorpheme in Wörtern beider Typen erscheinen, man vergleiche
funktional: *verführen — Verführung*
semantisch: *umgeben — Umgebung.*

c. g e p r ä g t e W ö r t e r : viele der abgeleiteten Wörter verweisen auf ganz bestimmte Umweltreferenten; bei solchen geprägten Wörtern ist der semantische Gehalt des Lexems gegenüber dem Grundwort verschoben wie z. B. bei *Zeitung, Brandung* und möglicherweise auch dem oben angeführten *Umgebung* (einer Ortschaft). Solche

---

16 In einer Reihe von Bildungen, meistens Deadjektiva, zeigt -*chen* eine Koseform an: *Liebchen, Dummchen.*

geprägten, lexikalischen, dem Wortschatz angehörenden Formen können neben ad-hoc Bildungen stehen; Beispiele: *Schonung* =[1] ‚Wald mit jungen zu schonenden Bäumen' und[2] ‚Vorgang des Schonens'; *Leiter*=[1] ‚Klettergerät' und [2] ‚jemand, der etwas leitet'. Geprägte Wörter treten ebenfalls beim Expansionstyp auf wie z. B. *Reiterlein* = [1] ‚kleiner Stern auf dem mittleren Deichselstern des Großen Wagens' und [2] ‚kleiner Reiter'.

3.4.3 Zusammensetzungen

Es ist ein Charakteristikum der deutschen Sprache, daß man in reichlichem Maße Wörter bzw. Lexeme zu langen Wörtern zusammensetzen kann. Die berühmte *Donaudampfschiffahrtsgesellschaft (skapitänswitwenrentenabholstelle . . .)* ist ein überspitztes Beispiel für die im Sprachsystem gegebenen Möglichkeiten. Auch bei der Zusammensetzung werden einige Typen herausgegriffen, um die Komplexität der deutschen Morphologie zu demonstrieren, für die es, wie schon mehrfach gesagt wurde, noch keine umfassende konsistente strukturalistische oder generative Analyse gibt.

Bei Zusammensetzungen ist es im Sinne einer einfachen Beschreibung besser, von der Zusammensetzung zweier oder mehrer Wörter auszugehen und deren morphologische Struktur zu beschreiben, als die morphologische Struktur der Wörter insgesamt zu beschreiben. In Zusammensetzungen ist die Stellung der Wörter zueinander für die Bedeutung wichtig *(Blumentopf* vs. *Topfblumen),* und dabei ist es gleichgültig, ob die Teile einfache Wörter, Ableitungen oder Zusammensetzungen sind; Zusammensetzungen sind echte W o r t zusammensetzungen und erst in einer sekundären Ebene Morphemketten.

In Zusammensetzungen erscheint häufig ein Infixmorphem, gewöhnlich F u g e , F u g e n l a u t oder B i n d e l a u t genannt, dessen Funktion zweifach erklärt wird. Entweder wird die Fuge als Artikulationshilfe erklärt oder genetisch als ursprüngliche Kasusendung, z. B. Genitiv oder Dativ *-s, -en, -er, -e* in *Frühlingsanfang, Sonnenstrahl, Wörterbuch* und *Hundesteuer.* Beide Erklärungen können nur im deskriptiven Sinn befriedigen, insofern sie Rechenschaft über eine Idiosynkrasie der Sprache ablegen, sie haben jedoch keine vorhersagende, regelartige Gültigkeit, wie die Beispiele *Winteranfang* und *Mondstrahl* zeigen, bei denen es keine Fuge gibt.

Im folgenden werden verschiedene häufig anzutreffende Typen der Zusammensetzung charakterisiert.

a. **Zusammenbildung**: das eben über die Zusammensetzung einfacher und abgeleiteter Wörter Gesagte gilt nicht bei einem Typus, bei den Syntagmen, die keine Zusammensetzungen oder Zusammenrückungen sind, in Kombination mit einem Suffix als Wörter erscheinen; sie werden gewissermaßen als Syntagmen durch das Suffix zu Wörtern abgeleitet; Beispiele: *Gesetzgeber, Gesetzgebung, einsilbig, diesjährig, vorsintflutlich*.

b. **Zusammenrückung** nennt man gewöhnlich ad-hoc Zusammensetzungen, dei denen Syntagmen zu einem Wort zusammengefaßt werden, z. B. *Sechsuhrladenschluß, Hansguckindieluft*. Häufig zeigt man den ad-hoc Charakter solcher Zusammenrückungen in geschriebenen Texten durch Bindestriche an: *Fußball-Weltmeisterschaft*. Als Zusammenrückungen werden manchmal auch **Akronymbildungen** bezeichnet, bei denen Initialbuchstaben bzw. Teile von Wörtern zu neuen Wörtern werden: *Apo, ADAC, Hapag, Mifrifi*.

c. **Komposita** (eigentliche Zusammensetzungen): bei den Komposita sind die Stellung der Wörter zueinander und ihre Funktion, d. h. die Art der Bedeutungsverknüpfung, voneinander abhängig[17]. Beim häufigsten Typ, dem **Determinativkompositum**, fungiert das jeweils letzte Wort (Lexem) als Grundwort, das durch das oder die vorhergehenden modifiziert wird. Ein *Bierfaß*, z. B., ist ein — nicht notwendigerweise gefülltes — Faß, während *Faßbier* das Getränk ist; gleiches gilt für *Glückslos* — *Losglück*, *Türschloß* — *Schloßtür* (mit Homonymie bei *Schloß*) oder sogar *Schloßtürschloß*. Bei den **Kopulativkomposita**, bei denen die semantischen Bedeutungen zweier Wörter addiert, zusammengebunden (kopuliert) werden, ist die Stellung nicht relevant, obwohl sich für einige Wörter Konventionen gebildet haben: es heißt *Hemdhose* und nicht **Hosenhemd*, und es heißt *dreizehn, vierzehn* usw. und nicht **zehndrei, zehnvier*.

d. **Geprägte Wörter**: wie bei den Ableitungen gibt es bei Zusammensetzungen eine große Zahl geprägter Wörter, bei denen die zusammengefügten Lexembedeutungen nicht mehr in vollem Umfang gelten, sondern das zusammengesetzte Wort als Ganzes auf bestimmte

---

17 Die Stellung der Morpheme in Wörtern wurde bisher als funktionslose Konvention behandelt außer in der Ableitung, wo das am weitesten rechts stehende Suffix die Wortart bestimmt. In der Syntax wird die Funktion einzelner Satzteile z. T. ausschließlich durch die Stellung realisiert und ist damit determiniert.

Umweltreferenten verweist und lexikalisiert ist. Ein *Vatermörder* ist in geprägter Wendung ein spezifischer Hemdkragen und kein Patrizide, ein *Magenbitter* ist ein Getränk (und das Wort ein Nomen und kein Adjektiv) usw. Die Kopulativkomposita sind meistens auch geprägte Wörter (vgl. o. *Hemdhose*).

3.4.4 Präfixbildungen

Wie oben gesagt, werden Wörter mit trennbaren Präfixen manchmal als Ableitungen, manchmal als Zusammensetzungen und manchmal in einer eigenen Kategorie geführt, wozu dann wiederum manchmal auch Bildungen mit nicht-trennbaren Präfixen gerechnet werden. Wenn sie als Ableitungen eingestuft werden, geht man von dem funktionellen Kriterium aus, daß die trennbaren Präfixe in ihrem semantischen und deiktischen Charakter vielen Wortbildungsmorphemen entsprechen. Man hätte sie dann als Expansionen mit trennbaren Präfixen einzustufen. Wenn sie als Zusammensetzungen klassifiziert werden, geht man von dem distributionellen Kriterium aus, daß zwei selbständige Wörter kombiniert werden. Von den Ableitungen unterscheiden sie sich übrigens nicht nur durch die Trennbarkeit der Präfixe, sondern auch durch die Betonung in mündlicher Rede. Untrennbare Präfixe werden nicht betont, trennbare werden mit Hauptakzent versehen oder zumindest mit gleichem Akzent wie die Lexeme gesprochen: ʻ*abfahren* gegenüber *verʻfahren*. Die beiden im Sprachkörper in vielen Wortformen gleichen Wörter *überʻsetzen* (von einer Sprache in eine andere) und *ʻübersetzen* (über ein Gewässer) sind durch Betonung und Trennbarkeit der Präfixe unterschieden. Präfixbildungen werden bisweilen auch f e s t e bzw. u n f e s t e Bildungen genannt je nachdem, ob die Präfixe trennbar sind oder nicht.

3. 5 Zusammenfassung

Die Wörter als empirisch gegebene Einheiten und die Morphologie als Beschreibung der kleinsten bedeutungtragenden Einheiten der Sprache wurde unter verschiedenen Gesichtspunkten dargestellt. Die Relation zwischen Phonemen und Morphemen bzw. Wörtern wurde als ‚repräsentieren' gekennzeichnet: Phonemfolgen repräsentieren Morphe, die wiederum, ggfl. mit Allomorphvarianten, ein Morphem realisieren. Wenn mehrere Morpheme durch dieselbe Phonemfolge repräsentiert werden, hat man Homonyme (je nach Realisierungsmedium Homophone oder Homographen). Wörter wurden nicht definiert, sondern als empirische Einheiten akzeptiert, deren morphologische Strukturen zu beschreiben waren. Dabei wurde unterschieden zwischen erstens der Zerlegung von Wörtern in morphologische Elemente (Distribution der Elemente in Wörtern und Syntagmen), wobei als Distributionsklassen Kerne und Affixe (Präfixe, Infixe und Suffixe) definiert wurden, und zweitens den Funktionen, die den morphologischen Elementen bzw. Wörtern oder Syntagmen zugeordnet sind. Als Hauptfunktionen wurden Lexemfunktion (Verweis auf Umweltreferenten), deiktische Funktion (Verweis auf Kommunikationssituation bzw. Kontext), Flexionsfunktion (Verweis in das grammatische System der Sprache, z. T. verknüpft mit Deixis) und Wortbildungsfunktion herausgestellt und im einzelnen diskutiert. Bei der Darstellung wurde auf die sprachtheoretischen und methodischen Grundsätze nicht in dem Maße eingegangen wie im Kapitel über die Sprache als Klang — und wie im folgenden Syntaxkapitel —, weil für die Morphologie vom Strukturalismus keine von der Phonologie verschiedenen Ansätze entwickelt wurden. Das Wort als Spracheinheit ist vom Strukturalismus ohnedies vernachlässigt worden. Die Morphologie einer Sprache ist jedoch als Nahtstelle zwischen den abstrakten grammatischen, deiktischen und semantischen Funktionen, Kategorien und Bedeutungen und ihrer Realisierung in Sprachkörpern ein wichtiger Teil des Sprachsystems, auf dessen Diskussion nicht verzichtet werden durfte, wenn auch die grammatischen Kategorien nur knapp diskutiert und Strukturmuster nur skizziert werden konnten.

4. Syntax: die Struktur der Sätze

Vorbemerkung

Als die vorliegende Einführung vor nunmehr acht Jahren konzipiert und geschrieben wurde, galt es, die neueren strukturalistischen Ansätze darzustellen, die die Diskussion, die Forschung – und zunächst zögernd, dann aber nachhaltig – die Sprachdidaktik beeinflußten. Inzwischen liegen viele theoretische und praktische Arbeiten zur Syntax vor, sowohl generelle Abhandlungen zu Syntaxproblemen als auch Arbeiten zur Syntax des Deutschen und anderer Sprachen. Es empfiehlt sich deshalb, im Rahmen dieser Einführung einen etwas breiteren Überblick über Fragestellungen und Begriffe der Syntax zu geben und dabei weniger auf formale Fragen der Notation und der theoretischen Stringenz einzugehen und mehr auf solche Begriffe, die den syntaktischen Gehalt und die Geregeltheit des Satzbaues betreffen; außerdem sind die verschiedenen Theorieansätze zu charakterisieren.

Der Abschnitt Syntax erhält somit folgenden Aufbau: In 4.1 werden allgemeine Grundbegriffe zum Satz behandelt, in Abschnitt 4.2 Kategorien und Funktionen der Elemente, in Abschnitt 4.3 „Wortstellung", und Kongruenz sowie in einem Exkurs Darstellungstechniken, die heute zur Darstellung von Strukturen benutzt werden. In Abschnitt 4.4 werden verschiedene Ansätze, Modelle und Theorien zur Syntax, jeweils mit spezifischen Darstellungstechniken, vorgestellt. Der Abschnitt 4.5 schließlich enthält eine umfassendere Darstellung des Ansatzes der generativen Transformationsgrammatik, eingeleitet durch einen Exkurs mit einer allgemeinen Darstellung der generativen Grammatik. Zugrundegelegt wird das sogenannte Standardmodell (nach Chomskys Aspekten der Syntaxtheorie, Englisch 1965, Deutsch 1969); es soll auch in der neuen Auflage die Darstellung der Syntax abschließen, da es exemplarisch zeigt, wie eine formalere syntaktische Beschreibung aussehen könnte. Zudem stellt sich die Transformationsgrammatik den Grundfragen der Syntax und bietet im Konzept der Tiefen- und Oberflächenstruktur ein übersichtliches Grundmodell, in dem Syntax als Regelsystem verstanden wird und in dem schließlich ein heute weit über die Syntax hinaus gebräuchlicher Begriff – die Kompetenz des natürlichen Sprechers/Hörers – in definierter Weise zugrundegelegt wird.

4.1 Grundbegriffe

4.1.1 Satz und Äußerung

Fragt man in der Linguistik nach einer verbindlichen Satzdefinition, so ist die Antwort ähnlich wie beim Begriff ‚Wort': einerseits findet man soviele Satzdefinitionen wie es linguistische Schulen gibt, und andererseits gehört das Wort ‚Satz' der Umgangssprache an und hat dort neben anderen eine für den sprachlichen Bereich geltende vage Bedeutung, wie sie in Äußerungen wie *Ich möchte dazu einige Sätze sagen* zum Ausdruck kommt, was paraphrasiert werden könnte zu *Ich habe dazu einige Aussagen zu machen* o. ä. Nun nimmt aber die Linguistik dem Satzbegriff gegenüber eine andere Position als dem mehr oder weniger undefinierten Wortbegriff gegenüber ein; der Satz wird in der Linguistik allgemein als größte zu beschreibende grammatische Einheit anerkannt. Er gehört damit zur Langue, zum Sprachsystem. Die in etwa korrespondierenden Größen der Parole, die Satzrealisierungen, werden Äußerung genannt. Was ein Satz ist, und ob eine Äußerung ein Satz ist, wird somit von der Grammatik bestimmt. Ob ein grammatischer Satz eine akzeptable Äußerung ist, wird hingegen von den Sprechern einer Sprache bestimmt. Auf die Gegensatzpaare Äußerung-Satz und akzeptabel-grammatisch wird im Zusammenhang mit dem generativen Ansatz näher einzugehen sein. Hier sei festgehalten, was für alle linguistischen Konzeptionen gilt: der Begriff Satz ist wie Phonem und Morphem ein theoretischer Begriff, dessen genaue Definition von theoretischen Voraussetzungen abhängt. Man könnte in diesem Sinne auch vom Satztyp sprechen. Sätze sind die größten zu beschreibenden Einheiten der Langue, deren Konstruktionen aus kleineren Einheiten der Langue nach den Belegen der Parole, d. h. nach den Äußerungen, zu beschreiben sind.

4.1.2 Satz, Äußerung und Text

Der Satz wurde oben die größte zu beschreibende Einheit der Langue genannt, die Äußerung als korrespondierender Begriff der Parole eingeführt. Damit sind zwei systematische Begriffe gewonnen, denen ein dritter zuzuordnen ist, der die Ergebnisse konkreten Sprechens oder Schreibens betrifft, der Begriff Text. Insofern Texte konkretes Sprechen oder Schreiben betreffen, gehören sie der Parole an; häufig wird Text gleichgesetzt mit Äußerung, wobei dann oft Äußerung oder auch Rede für das Mündliche, Gesprochene und Text für das Schriftliche, Geschriebene benutzt wird.

Der Begriff Text wurde im Zusammenhang mit den Prozeduren des Distributionalismus im Sinne eines Textkorpus bereits als übergreifender Begriff eingeführt (vgl. 1.2.1.5).

Unter einem Text wird immer eine abgeschlossene Passage verstanden; ein Text kann kurz – ein kurzer Absatz oder nur eine Äußerung – oder lang – mehrere Bände *Krieg und Frieden* – sein; ein Text kann von einem Autor stammen oder von mehreren, z. B. ein Dialog, eine Diskussion, ein Briefwechsel; ein Text kann schließlich sprachliche und nicht sprachliche Teile enthalten, Bilder, Zeichnungen, Symbole usw.

Text ist ein analytischer, der Beschreibung und Betrachtung zugehörender Begriff. Vom Betrachter her wird festgelegt, was er – für welche Ziele auch immer, literarisch interpretierende, historisch auswertende, psychologisch analysierende, juristisch bewertende, linguistisch beschreibende oder als einfacher Leser, als darstellender Schauspieler usw. – als Text für eine anstehende Aufgabe zugrundelegen will.

In solcherart definierten Texten kommen Äußerungen bzw. Sätze vor. Besonders in schriftlichen Texten kennt man die Gliederung von Texten in Sätze, schon äußerlich gekennzeichnet durch Satzschlußzeichen (Punkt, Ausrufezeichen, Fragezeichen). Hier hat man nun einen anderen Satzbegriff, der eigentlich der Parole und nicht der Langue und damit der Grammatik angehört. Sehr häufig findet man in Texten Textsätze, die im grammatischen Sinne unvollständig sind, etwa im folgenden Beispiel (Werbung der Bundesbahn):

Unser Vorschlag: „Kommen Sie nach der Hauptschule zur Bahn. Sofort. Als Junggehilfe. Und sofort sind Sie dabei! Sie lernen die vielseitigen Aufgaben des Eisenbahndienstes kennen. In zwei Jahren. In dieser Zeit werden Sie Experte – wissen alles von unserem Unternehmen. Und arbeiten von Anfang an praktisch mit. Sechs Monate im Ladegeschäft unserer Gepäck-, Expreßgut- und Güterabfertigungen. Weitere sechs Monate örtlicher Betriebsdienst. Als Rangierer und Stellwerkswärter. Schließlich zwei Monate im Gleisbau und zwei Monate im Betriebsmaschinendienst . . ."

In solchen Fällen sprechen die Grammatiken von verkürzten oder elliptischen Sätzen. Im oben (4.1.1) definierten Sinn handelt es sich dabei um Äußerungen. Ihre Akzeptabilität trotz ihrer grammatischen Unvollständigkeit wird durch den Kontext sichergestellt. Dieser Kontext kann der benachbarte Text sein – man spricht dann auch vom Kotext – oder er kann der allgemeine kulturelle und gesellschaftliche Zusammenhang sein, in dem etwas gesagt oder geschrieben wird.

Aber auch grammatisch korrekte Sätze werden durch den Ko(n)text beeinflußt, z. B. bei der Verwendung anaphorisch-deiktischer Redemittel (vgl. 3.1); das gilt insbesondere für die Pronomen, deren Verwendung durch situativen Kontext (z. B. Demonstrativa) und durch Wiederaufgreifen von Genanntem (Pronominalisierung durch Personalpronomen usw.) bedingt ist. Die Syntax kommt hier an ihre – durch den Gegenstand Satz selbst definierten - Grenzen. Fragen der Texthaftigkeit von Texten, der Zusammengehörigkeit von Sätzen bzw. Äußerungen in Texten (Textkonstitution, Textkohärenz) werden, neben anderen, in der Textlinguistik behandelt; man spricht dann von Textanalyse. Die Grenzen zwischen der Textanalyse und der Syntax fließen, u. a. weil der Satzbegriff doppelt verwendet wird als Satztyp in der Syntax und als Element des Textes in der Textanalyse.

4.1.3 Satz, Satzgefüge, Teilsatz, Hauptsatz, Gliedsatz, Matrixsatz

Ein Satzbegriff, der den Satz als Einheit der Langue gegen die Äußerung und den Text als Erscheinungsformen der Parole abgrenzt, ist gewonnen. Es gilt jedoch, weitere Unterscheidungen zu treffen, Unterscheidungen übrigens, die in der deutschen Sprachwissenschaft und in den deutschen Grammatiken eine Tradition mit diffuserer Begrifflichkeit antrifft als etwa im Englischen: es geht um die Differenzierung zwischen dem Satz (Englisch *sentence*) als syntaktisch umfassend abgeschlossener Sinneinheit und dem Satz (Englisch *clause*) als grammatischer Einheit, die jedoch Teil eines umfassenderen Gebildes, des Satzes im erstgenannten Sinne, ist.

Beide Satzbegriffe fallen zusammen, wenn es sich um einen **einfachen Satz**, der auch durch Adjektive und Adverbien erweitert sein kann, handelt. Beispiele für einfache Sätze: *Vater schläft. Er schnarcht. Eine Fliege umkreist ihn. Sie setzt sich schließlich auf seine Nase. Verärgert schlägt er im Halbschlaf nach dem lästigen Fliegentier.*

Aber der Satzbegriff wird unklar, wenn es heißt: *Während Vater schnarchend schläft, umkreist ihn eine Fliege, die sich schließlich auf seine Nase setzt; er ist verärgert und schlägt, halb noch schlafend, nach dem Fliegentier.*

Ist es ein Satz? Sind es mehrere Sätze? – Man spricht hier gewöhnlich von einem **Satzgefüge**, von einem komplexen Satz oder, da zwei durch Semikolon getrennte Teile vorhanden sind, von einer **Satzreihe**.

Die einzelnen Teile nennt man zunächst ohne weitere Kennzeichnung **Teilsätze**. Genauer unterscheidet man dann zwischen **Hauptsatz** und **Gliedsatz** (in anderer Terminologie: **Nebensatz**). Gliedsätze sind Sätze, die nicht für sich allein stehen können, die in andere Sätze eingebettet sind bzw. an andere, eben Hauptsätze, angeschlossen sind. Man kann sie auch durch nominale (substantivische) oder adverbielle Satzglieder ersetzen; deshalb heißen sie auch Gliedsätze.

Der Terminus **Hauptsatz** ist hingegen ein ungenauer und in der Begrifflichkeit eigentlich falscher Begriff. Einerseits wird der Begriff Hauptsatz im Sinne von ‚vollständiger Satz' verwendet, also auch für einfache Sätze. Andererseits können jedoch alle nominalen und adverbiellen Satzglieder als Gliedsätze vorkommen, und dann bleibt als sogenannter Hauptsatz nur ein für sich unvollständiger Teilsatz, manchmal auch nur ein Verb, wie die Beispiele zeigen (Beispiel (2) enthält anstelle eines Gliedsatzes einen erweiterten Infinitiv):

(1) *Wer auch immer im Sessel schläft, schnarcht erbärmlich.*

              GS   HS
(2) *Was man uns vorwirft, ist, daß wir verlernt haben,*

  GS   HS   GS
mit der Natur in Einklang zu leben.

    erw., satzwertiger Infinitiv

In der neueren Linguistik trägt man diesen Verhältnissen in der Syntax Rechnung und vermeidet den Begriff Haupsatz; man spricht statt dessen vom **Matrixsatz** und meint damit den Rahmen, das Grundmuster, die Schablone, in der an Stelle nominaler oder adverbieller Satzglieder Gliedsätze eingeordnet sind, und zwar als Subjekt-, Objekt-, Ergänzungs-, Attribut- oder Adverbialsätze.

4.1.4 Der Satz und seine Elemente: Wort als Wortart, Satzglied, Satzteil, Syntagma, Konstituente

Wenn Sätze die größten Einheiten linguistischer Beschreibung sind, welches sind die kleineren, aus denen Sätze bzw. Teilsätze (s. o.) bestehen? – Man könnte zunächst vermuten, die nächste Gliederungsstufe seien die Wörter; und in der Tat gibt es wohl ein allgemeines Verständnis von der Satzlehre (Syntax) als der Lehre von der Ordnung der Wörter in Sätzen. So direkt und unmittelbar ist die Beziehung zwischen Wörtern und Sätzen jedoch nicht.

Zunächst und auf der untersten Stufe des Beziehungsgefüges Satz verallgemeinert man vom Wort zur Wortart. Wenn man von syntaktischen

Grundbegriffe

Strukturen handelt, sind die Wörter nicht als einzelne Wörter von Interesse, sondern als Vertreter einer Wortart, allenfalls als Unterklasse (Subkategorie), also z. B. als intransitive oder transitive Verben, als bestimmter oder unbestimmter Artikel, als konkretes oder abstraktes Nomen. Darauf wird zurückzukommen sein, wenn das Problem der semantischen Verträglichkeit dargestellt wird (4.6.1.6).

Aber auch von der Wortart her gibt es keine direkte Beziehung zum Satz als Ganzem; in Sätzen, die nicht nur aus wenigen Wörtern bestehen, gehören offensichtlich einige enger zusammen als andere; das zeigt sich u. a. darin, daß sie im gleichen Kasus stehen (vgl. 4.3.4) oder daß sie en bloc ersetzt werden können oder umgestellt werden können. In dem schon bekannten Beispielsatz vom Ober und dem blonden Mädchen würde man nach solchen Kriterien etwa folgende Wortgruppen haben (durch Schrägstriche gekennzeichnet):

Ein fixer Ober / zerbrach / einem blonden Mädchen / mit einem Tablett / einen hübschen Pokal.

Solche Wortgruppen, die im Mindestfall aus einem Wort bestehen, könnte man zunächst einmal ganz allgemein Syntagmen nennen. In verschiedenen Grammatikmodellen haben sie z. T. verschiedene Namen; dahinter stehen dann jeweils verschiedene Definitionen und Analysekriterien. Eines ist allen Ansätzen jedoch gemein: Sätze werden als gestufte, hierarchisch geordnete Beziehungsgefüge erfaßt, die die Wörter als Wortarten, geordnet in Syntagmen, enthalten.

Im Zusammenhang mit der Charakterisierung verschiedener syntaktischer Modelle werden die unterschiedlichen Bezeichnungen für die Syntagmen genauer erläutert (Abschnitt 4.4); an dieser Stelle werden die wichtigsten allgemeinen Begriffe kurz vorgestellt:

Syntagma ist die allgemeine beschreibende Bezeichnung für eine zusammengehörige Gruppe von Wörtern. Man spricht hier auch von syntaktischen Konstruktionen.

Der Terminus Satzglied besagt, daß etwas als Element, eben als Glied, eines Satzes aufgefaßt wird. Der Satzgliedbegriff ist eng mit operationalen Definitionen verbunden (vgl. 4.4.4 zur Umstellbarkeit), und führt zu einigen Schwierigkeiten, wenn mehr als nur eine Stufe in der Hierarchie des Beziehungsgefüges angesetzt wird, vgl. dazu die Satzglieder 2. Ordnung (Attribute und adverbiellen Bestimmungen) und die Diskussion um einen engen oder weiten Prädikatsbegriff (4.2.4.1).

Satzteil ist ein alter, der traditionellen Grammatik entstammender Begriff, der die Teile von ihren Funktionen her als Subjekt, Prädikat,

Objekt usw. begreift.

(Satz-)Konstituente ist ein Terminus des Distributionalismus; er kennzeichnet die Zusammengehörigkeit, aus der ein neues, hierarchisch übergeordnetes Element – eben z. B. die Konstituente „nominales Glied" (oder Nominalphrase, s. u. 4.6) entsteht.

Phrase (meist spezifiziert als Nominalphrase, Verbalphrase usw.) ist ein Gliederungsterminus, der in Phrasenstrukturgrammatiken und in generativen Transformationsgrammatiken gebräuchlich ist. Er geht zurück auf einen im Englischen und auch Französischen durchaus auch traditionell gebrauchten Begriff; ins Deutsche ist er im Zusammenhang mit der generativen Transformationsgrammatik gekommen.

4.2 Kategorien und Funktionen

Beim Beschreiben syntaktischer Gegebenheiten hat man grundlegend zu unterscheiden zwischen der Kategorie, der etwas angehört, und der Funktion, die es im Satz einnimmt. Die Kategorien stellen grundlegende Einteilungen dar, sie sind Klassenbegriffe, die austauschbare Elemente enthalten. Man unterscheidet – das wurde im Morphologiekapitel behandelt – Wortartkategorien und grammatische Kategorien, die sich u. a. in der Flexion ausdrücken (Tempus, Modus, Numerus usw.). Der Zusammenhang dieser Kategorien mit der Syntax wird in den Abschnitten 4.2.1 und 4.2.2 dargestellt.

Die syntaktischen Funktionen sind Beziehungsbegriffe (relationale Begriffe), die anzeigen, welche Rolle die Teile im Satz spielen. Sie bilden die Grundmuster für die Satzbedeutung. Es ist z. B. ein Unterschied, ob es heißt *Die Professoren belehren (ärgern, erfreuen, bewundern, beschimpfen) die Studenten.* oder ob es heißt *Die Studenten belehren (. . .) die Professoren.*, ob also *die Studenten* Subjekt und *die Professoren* Objekt im Satz ist oder umgekehrt. – Die fünf syntaktischen Funktionen Subjekt, Prädikat, Objekt, adverbielle Bestimmung und Attribut sind in den Abschnitten 4.2.4 bis 4.2.6 erläutert.

4.2.1 *Wortartkategorien*

Wörter kommen in Sätzen, soweit die Syntax als Ordnungsprinzip betroffen ist, als Wortart vor. Das Problem der Wortartdefinitionen und -abgrenzungen ist im Morphologiekapitel (3.2) behandelt. Für die syntaktischen Muster sind Wortartkategorien in zweierlei Weise von Belang: beim syntaktisch motivierten Wortartwechsel und bei der Binnenstrukturierung und Benennung der Syntagmen.

Syntaktisch motivierter Wortartwechsel liegt vor, wenn ein Wort einer Wortart in einer Funktion gebraucht wird, die im Grundmuster einer anderen Wortart zugewiesen ist, also z. B.

– wenn ein Adjektiv adverbial gebraucht wird wie in *Heiner übt fleißig Klavier.* (gegenüber prädikativem *Heiner ist fleißig.*),

– wenn ein Adjektiv nominal gebraucht wird wie in *das Gute im Menschen.*

Wortartkategorien werden weiterhin für die kategoriale Benennung der Syntagmen herangezogen. Man geht dabei von der Annahme aus, daß in einem Syntagma eine Wortart die strukturbestimmende Rolle spielt, und spricht vom Kopf oder Kern der Konstruktion; entsprechend benennt man dann die Syntagmen: nominales Satzglied (oder nominale Gruppe oder Nominalphrase), verbales Satzglied (verbale Gruppe, Verbgruppe, Verbalphrase) usw. Hinter der Kopfeigenschaft verbirgt sich eine Dominanzbeziehung, die eigentlich eine Art Abhängigkeitsbeziehung ist (vgl. dazu 4.4.6); ein Nomen (oder ersetzendes Pronomen) muß in einer Nominalphrase stehen, und es bestimmt Genus und Numerus der begleitenden Artikel, Pronomen, Adjektive; ein Verb muß in einer Verbalphrase stehen, und es bestimmt Zahl und Kasus der Objekte (Kasusrektion und Valenz der Verben).

In diesem Zusammenhang ist z. B. die Einstufung von Syntagmen interessant, die eine Präposition enthalten. Hier sagt man entweder, die Präposition, die ja den Kasus bestimmt (oft zusammen mit dem Verb), ist dominierend, und dann hat man eine **Präpositionalphrase** (präpositionale Gruppe usw.), z. B. bei *in der Stadt* (Dativ, Ort) und *in die Stadt* (Akkusativ, Richtung). In deutscher Terminologie meint man diese Leistung, wenn man von Verhältniswörtern spricht. Oder man sagt, das Nomen dominiere die Konstruktion, die durch die Präposition lediglich in den Satzverband eingefügt werde, und spricht dann von einer **Nominalphrase mit Präposition**; im deutschen Terminus Fügewort ist diese Leistung der Präpositionen angesprochen. (Der lateinische Terminus bezieht sich auf die Stellung des Wortes vor (prä) der nominalen Gruppe; im Deutschen gibt es auch Präpositionen, die nachgestellt werden; man spricht dann besser von Postpositionen, z. B. *immer der Nasenspitze nach*. Außerdem gibt es mehrteilige Präpositionen, die eigentlich Circumpositionen sind: *um des lieben Friedens willen*.

Über Einzelheiten möge man sich in Grammatiken der deutschen Sprache informieren[1]. Hier bleibt festzuhalten: die Wortartkategorien gehen in die Hierarchie der syntaktischen Beziehungen ein, sie bestimmen die Kategorien der Syntagmen und deren Binnenstrukturierungen.

4.2.2 *Grammatische Kategorien*

Die grammatischen Kategorien wurden im Zusammenhang mit der Flexion eingeführt (Abschnitt 3.3.1). In Sätzen kommen flektierbare Wörter immer in einer flektierten Wortform vor. Man unterscheidet die Deklination der nominalen Wörter und die Konjugation der Verben.

In der Deklination werden nominale Wörter und nominale Gruppen flektiert; der Kasus gibt dabei die grammatische Funktion an: Nominativ zeigt Subjektfunktion, Prädikatsnomen oder Apposition an; Akkusativ und Dativ zeigen Objektfunktion, manchmal adverbielle Bestimmung bei entsprechender Raum, Zeit oder Umstände betreffender Bedeutung (anders allerdings bei kasusregierenden Präpositionen) an; Genitiv zeigt Attribut, seltener Objekt oder adverbielle Bestimmung an.

Das Genus (grammatische Geschlecht) zeigt Unterklassen der Nomina bzw. der sie vertretenden Pronomina an, der Numerus Anzahlverhältnisse; bei beiden gilt für die nominale Gruppe die Kategorie des Nomens bzw. vertretenden Pronomens.

Der Numerus und die Person (1., 2., 3.) des Subjektes und der danach so genannten Personalform des finiten Verbs müssen übereinstimmen (vgl. u. 4.3.4 zur Kongruenz).

Die Modalität wird durch die Konjugation des Verbs (Modus) oder durch Modalverben ausgedrückt, letztere sind für die verbale Klammer (4.3.2.1) von Bedeutung. Modale Aussagen können auch durch adverbielle Bestimmungen der Art und Weise verstärkt und differenziert werden. Vgl.: *Er sagte, er käme.* (Konjunktiv zeigt Möglichkeit und Zitat an). *Er sagte, er käme vielleicht.* (Möglichkeit verstärkt und in Frage gestellt durch das *vielleicht*).

Das Tempus, das zeitliche Verhältnisse der Aussagen angibt, wird durch Verbformen, häufig durch umschriebene Verbformen (verbale Klammer) und durch adverbielle Bestimmungen ausgedrückt, die häufig das Tempus erst präzisieren, etwa das unmarkierte Tempus auf Gegenwart

---

[1] Z. B. Eichler/Bünting: Deutsche Grammatik – Form, Leistung und Gestalt der Gegenwartssprache, AT-Taschenbuch, Kronberg 1978 (1976¹). Helbig/Buscha: Leipzig 1977; Erben: Abriß der deutschen Grammatik, München 1970. Schulz-Griesbach, Deutsche Grammatik, München 1968.

oder Zukunft hin festlegen, vgl. *Ich komme jetzt. – Ich komme morgen.* – Beim Tempus gibt es zudem Regeln möglicher Tempusbeziehungen zwischen Hauptsatz (Matrixsatz) und Gliedsatz (consecutio temporum).

Die genera verbi des Aktivs und Passivs bewirken, daß der Täter (Handelnde, Geschehnisträger) im Aktivsatz als Subjekt erscheint, während er im Passivsatz entfallen kann (täterabgewandtes und täterloses Passiv); der oder das vom Geschehen Betroffene steht im Aktivsatz im Akkusativ als Objekt, im Passivsatz im Nominativ als Subjekt.

Vergleiche: *Der Ober zerbricht den Pokal.* (Aktiv)

    Subj.   Akk.-Obj.

Der Pokal wird zerbrochen. (täterloses Passiv)

    Subj.

Der Pokal wird von dem Ober zerbrochen. (täterabgew. Passiv)

    Subj.   Agens

Die Aktionsarten schließlich können bewirken, daß Verben ihre Valenz wechseln und z. B. ein Akkusativobjekt verlangen, evtl. statt eines präpositionalen oder anderen Objekts;

vergleiche: *Die Sonne scheint.*
           Die Sonne bescheint Arme und Reiche. (Akkusativobjekt)
           Ich trete in das Zimmer. (präp. Obj. bzw. Raumergänzung)
           Ich betrete das Zimmer. (Akkusativobjekt).

Aus den Beispielen und dem Gesagten wird deutlich, daß die Verbindung zwischen der Morphologie als Ausdruck grammatischer Kategorien und der Syntax so eng ist, daß es gerechtfertigt erscheint, beide Bereiche zusammen als Morphosyntax zu fassen, wie das nicht wenige tun.[2]

4.2.3 *Notwendige Teile (Satzglieder) und Grundfunktionen*

In traditioneller Sichtweise – und in vielen neueren Ansätzen (vgl. aber Dependenz 4.2.4 und 4.4.5) – geht man davon aus, daß Sätze, die im Sinne

---

2 Z. B. Glinz, H.: Deutsche Syntax, Stuttgart 1965.
Rohrer, Chr.: Funktionelle Sprachwissenschaft und transformationelle Grammatik, München 1971.

der Grammatik vollständig sind (grammatisch sind), mindestens zwei Teile (Satzglieder, Konstituenten) enthalten: einen **nominalen** Teil (im Kasus Nominativ) mit der syntaktischen Funktion **Subjekt** und einen **verbalen** Teil (mit mindestens einem finiten, d. h. konjugierten Verb) und der Funktion **Prädikat**. Weil beide Teile in – grammatischen – Sätzen vorhanden sein müssen, spricht man auch von **Basisgliedern** und **Grundfunktionen**. Die Beziehung von Subjekt und Prädikat zueinander und damit die Begrifflichkeit selbst wird verschieden interpretiert.

So meint man, mit dieser Beziehung ein grundlegendes kommunikatives Muster erfaßt zu haben; das drückt sich z. B. in den deutschen Begriffen **Satzgegenstand** (etwas wird als Gegenstand der Aussage gesetzt) und **Satzaussage** (über den Gegenstand wird nun etwas ausgesagt) aus; in diesem Sinne verwendet man auch die Begriffe **Thema** und **Rhema**.

Hinter einer solchen Gliederung von Setzung und Aussage wird zugleich häufig ein logisches Muster gesehen: das Subjekt ist dann das Argument, über das im Prädikat Aussagen (Prädikationen) gemacht werden, und dem Eigenschaften (Funktoren) zugeordnet werden.

Unter der kommunikativen Perspektive der Mitteilung von Neuigkeiten werden Thema und Rhema im angelsächsischen Raum auch **Topic** und **Comment** genannt. Beide sind nicht notwendig an Subjekt und Prädikat gebunden, aber in der Normalstellung von Aussagesätzen steht das Subjekt in der ersten, der Thema- bzw. Topic-Position. (Vgl. dazu funktionale Satzperspektive in Abschnitt 4.3.3)

Die traditionelle Verknüpfung von Thema und Rhema, Satzfunktion und Wortarten geht letzten Endes auf Aristoteles zurück. In Aristoteles' Denkgebäude besteht die Welt aus Personen, Tieren, Dingen usw. – **Substanzen** genannt – die mit gewissen Eigenschaften und einer Position in Raum und Zeit behaftet sind, die Ausführende oder Erleidende von Handlungen sind usw. Substanz ist die Grundkategorie, die anderen sind **Akzidenzien**. In der Sprache werden die Substanzen durch Substantive benannt, und in Sätzen wird die Subjektfunktion durch Wörter bzw. Syntagmen wahrgenommen, welche Substantive oder Stellvertreter von Substantiven sind (Nomina oder Nominalphrasen). Der Schluß, die Substantiv-Subjekte seien das Argument einer Aussage, liegt nahe. Hier wäre wiederum einzuwenden, daß die logischen Relationen zwar in die syntaktischen Relationen von einigen Sätzen (den Aussagesätzen) hineininterpretiert werden können, zumal sie in griechischer Vorzeit einmal aus der Struktur von Aussagesätzen entwickelt wurden, daß ein solches Strukturschema aber für eine **syntaktische** Analyse aller Satzstrukturen in natürlichen

Sprachen nicht ausreicht. Und auch die Einteilung der Welt in Substanzen und Akzidenzien, die sich in der Sprache in bestimmten Wortarten spiegeln, ist nur ein mögliches Denkgebäude.

Weitere notwendige Satzglieder sind die Objekte, die zusammen mit manchen Verben stehen müssen. Ob sie als Teile des Prädikats oder als eigenständige Teile des Satzes zu führen sind, ist umstritten (vgl. 4.2.3.1).

Genauer unterscheidet man – nach den Kasus – zwischen Akkusativobjekten (direkten Objekten), Dativobjekten (indirekten Objekten), seltenen Genitivobjekten sowie präpositionalen Objekten (zu Bedeutungsleistungen vgl. den Ansatz der inhaltbezogenen Grammatik 4.5.3).

Schließlich gibt es bei einer Reihe von Verben notwendige Zusätze, die teilweise als Sonderkategorie (Ergänzungen) und teilweise als notwendige adverbielle Bestimmungen erklärt werden. Es handelt sich um Verben wie *wohnen* und *dauern*, also um Sätze wie

Wir wohnen in Essen-Kettwig. – Die Fahrt dauert zwei Stunden.

        Ortsergänzung   Zeitergänzung

Der Bedeutung nach handelt es sich um Raum-, Zeit- oder Modalaussagen, weshalb sie den adverbiellen Bestimmungen gleichen. Insofern sie notwendige Zusätze sind und nicht, wie die „normalen" adverbiellen Bestimmungen, freie Angaben, rechnet man sie andererseits eben als eigenständige Ergänzungen. Die Übergänge sind fließend, auch die Übergänge zum präpositionalen Objekt, vergleiche

Ich warte auf die Straßenbahn (auf wen? präpositionales Objekt)

Ich warte auf der Straße. (wo? Ortsergänzung bzw. adv. Best. des Ortes)

Vergleiche auch

Er ißt den ganzen Käse. (Akkusativobjekt)

Er ißt den ganzen Tag. (Zeitergänzung oder adverbielle Bestimmung)

Als weiteres, letztes grundlegendes Satzmuster sind schließlich die Sätze mit dem Verb *sein* als Vollverb zu nennen. Traditionellerweise spricht man hier vom Verb als Kopula und dem Zusatz als dem Prädikatsnomen, es kann Nomen (im Nominativ, dem sogenannten Gleichsetzungsnominativ), Adjektiv oder Adverb sein, vergleiche

Er ist Student. (Nomen)

Er ist klug. (Adjektiv)

Er ist hier. (Adverb)

Weil das Verb oft als *ist* erscheint, spricht man auch von der *ist*-Prädikation und dem Prädikativ (statt dem Prädikatsnomen)[3].

---

[3] Manchmal werden auch Sätze mit den Verben *werden, bleiben, scheinen, sich*

4.2.3.1 Enger und weiter Prädikatsbegriff

In den verschiedenen Grammatikmodellen wird der Begriff Prädikat auf zweierlei Weise verwendet.

- Entwedet man erfaßt mit dem Prädikat nur das Verb, allerdings mit eventuellen Hilfsverben, Modalverben und trennbaren Präfixen; hier spricht man vom engen Prädikatsbegriff;
- oder man trägt dem Rechnung, daß viele Verben eines oder mehrere Objekte bzw. Ergänzungen fordern und zählt sie mit als Teile des Prädikats. Bei einem solchen weiten Prädikatsbegriff hat das Verb selbst die Funktion eines Prädikatskernes (vgl. o. 4.2.1 zum Kopf bzw. Kern eines Syntagmas). – Für einen solchen weiteren Prädikatsbegriff spricht, daß die hierarchische Stufung des Satzes einerseits und die Unterscheidung zwischen syntaktisch notwendigen (obligatorischen) und freien (fakultativen) Satzgliedern (Attributen und adverbiellen Bestimmungen) andererseits klarer in der Struktur des Satzes erfaßt werden können.

Im Beispielsatz vom blonden Mädchen und dem Ober, verkürzt um die Angabe *mit einem Tablett*: Enges Prädikat:

Ein fixer Ober zerbrach einem blonden Mädchen einen Pokal

| Subjekt | Prädikat | Dativobjekt | Akk.-Obj. |

Weites Prädikat:
Ein fixer Ober zerbrach einem blonden Mädchen einen Pokal.

| Subjekt | Präd.-kern | Dat.-Obj.. | Akk.-Obj. |

Prädikat

Für den weiten Prädikatsbegriff spricht weiterhin, daß in umschriebenen Verbformen die verbale Satzklammer das gesamte Prädikat umschließt:

Ein fixer Ober |hat| *einem blonden Mädchen einen Pokal* |zerbrochen.|

dünken und beschränkt auch *heißen* (im Sinne von *einen Namen haben*) zu Prädikationssätzen gezählt, weil sie mit Zusätzen stehen, die den Prädikatsnomen entsprechen, vgl. *Er ist Student. Er bleibt Student.*

Wenn das Subjekt nicht an erster Stelle steht, wird es allerdings ebenfalls mit von der Verbklammer eingeschlossen (vgl. dazu 4.3.2.1)

|Hat| ein fixer Ober einem blonden Mädchen einen Pokal |zerbrochen?|

4.2.4 Ergänzungen in der Dependenzgrammatik

In Dependenzgrammatiken, in denen die Beziehungen der Teile im Satz als Abhängigkeiten verschiedener Art verstanden werden (siehe dazu 4.4.5), wird in den konkreten Sprachanalysen grundsätzlich das Verb als hierarchisch oberstes Glied angesetzt. Verben haben, so sagt man, Valenzen oder Wertigkeiten, sie eröffnen Leerstellen, und diese Leerstellen werden durch nominale Satzglieder eingenommen. Man nennt diese Satzglieder zunächst unterschiedslos Ergänzungen und unterscheidet formal nach E 1, E 2, E 3 usw. In der Sache, nicht jedoch in der theoretischen Einbettung und Definition, entsprechen diese Ergänzungen den Subjekten und Objekten, also den obligatorischen nominalen Satzgliedern. Insofern ‚Subjekt' allerdings in der traditionellen Sichtweise eine Beziehung zwischen Teil und Satz und nicht zwischen Teil und Verb ist, können Funktions-Namen der traditionellen Syntax nur in Bezug auf semantische Leistungen wie Geschehnisträger, Handlungsziel usw. (vgl. u. inhaltbezogene und auch funktionale Grammatik 4.4.2 und 4.4.3) verwendet werden, nicht jedoch als syntaktische Begriffe. Prädikate können in Dependenzgrammatiken gar nicht vorkommen.

Die freien, fakultativen Satzglieder (Attribute und adverbielle Bestimmungen) werden in Dependenzgrammatiken freie Angaben genannt.

4.2.5 Freie (fakultative) Satzglieder:
Attribute und adverbielle Bestimmungen

Neben den notwendigen (obligatorischen) Subjekten und Prädikaten mit ihren Objekten gibt es zwei weitere Satzglieder, die syntaktisch nicht notwendig sind, das heißt, die nicht stehen müssen, damit ein Satz als grammatisch bewertet und auch von Sprechern empfunden und akzeptiert wird. Es handelt sich um Satzglieder, die nähere Bestimmungen, Einzelheiten zum im Grundgerüst der notwendigen Satzglieder Ausgedrückten hinzufügen, die also aus inhaltlichen Gründen und von der kommunikativen Intention her häufig sehr wichtige Informationen enthalten.

Man unterscheidet dabei zwischen den Attributen (deutsch: Beifügungen), welche nominalen Satzgliedern zugeordnet sind und diese näher bestimmen, und den **adverbiellen Bestimmungen** (Umstandsbestimmungen), welche Umstände des Raumes (Ort und Richtung), der Zeit (Zeitpunkt und Dauer), der Art und Weise (modal) und logische Zusammenhänge zum ausgedrückten Geschehen hinzufügen; strukturell beziehen sie sich auf den ganzen Satz (z. B. Zeitbestimmungen), auf das gesamte Prädikat oder nur auf das Verb. Attribute und adverbielle Bestimmungen kommen in vielen Erscheinungsformen vor.

Attribute erscheinen als:
– vorangestellte oder nachgestellte Adjektive (letztere werden manchmal auch zu den Appositionen gerechnet):
 der grüne Baum . . .; der Baum, grün . . .; der Baum, ein grüner . . .
– nominale Satzglieder im Genitiv (Genitivattribut):
 das Grün des Baumes; des Baumes Grün
– nominales Satzglied mit Präposition:
 der Baum von grüner Farbe
– Nominales Satzglied im gleichen Kasus (Apposition):
 der Baum, eine Tanne . . .; der Baum, und zwar eine Tanne, . . .
– Relativsatz:
 Der Baum, der immer grün ist, . . .
– nachgestellter selbständiger Satz (Parenthese):
 der Baum – er ist grün – . . .; der Baum – der Baum ist grün – . . .
– konjunktionale sowie uneingeleitete Gliedsätze:
 Ich war der Ansicht, daß der Baum eine Tanne sei.
 (welcher Ansicht? – daß der Baum . . .)
 Meine Frage, was für ein Baum das sei, . . .

Adverbielle Bestimmungen erscheinen als:
– Adverbien und adverbial gebrauchte Adjektive:
 Morgens träumt er. Er träumt unruhig.
– Nominale Satzglieder mit oder ohne Präposition:
 Er träumt den ganzen Morgen. Er träumt im Halbschlaf.
– Eine Infinitivkonstruktion:
 Er träumt, ohne aufzuwachen.
– Satzwertiges Partizip:
 Endlich eingeschlafen, schlief er unruhig und mit Träumen.
– Gliedsätze, häufig mit Konjunktion:
 Nachdem er endlich eingeschlafen war, schlief er unruhig und mit Träumen.

Auch ein Adverb oder ein Adjektiv kann seinerseits adverbiell näher bestimmt werden:

sehr unruhig, blaß um die Nasenspitze, ...

Solche Erscheinungsformen werden in Transformationsgrammatiken als Umformungsketten (Transformationsketten) behandelt.

Auf das Abgrenzungsproblem zu notwendigen Raum-, Zeit- und Modalergänzungen bei einigen Verben wurde oben (4.2.3) hingewiesen.

Attributive und adverbielle Beziehungen gehen auch in die Wortbildung ein, vergleiche

attributive Beziehung: *grünes Holz – Grünholz; dicker Darm – Dickdarm; blaues Licht – Blaulicht* ...

adverbielle Bestimmung: *in die Ferne sehen – fernsehen; in schöner Weise tun – schöntun.*

4.3 Stellung und Verknüpfung der Elemente im Satz

Die Syntax einer Sprache beschreiben heißt nicht nur, die Arten (Kategorien) der Teile und ihre Beziehungen zueinander (Funktionen) erfassen, sondern auch und zentral: die Möglichkeiten und Restriktionen der Aneinanderreihungen von Elementen, ihre Positionen und ihre Stellung im Satz sowie die Leistung der Stellungsmuster zu erfassen. Insofern die Stellung nur eine Dimension – in geschriebener Sprache von links nach rechts – berücksichtigen kann, der Satz aber ein hierarchisches, mehrstufiges Gebilde ist (vergleiche 4.1.1), wird in diesem Zusammenhang auch nach den weiteren sprachlichen Mitteln außer dem Nebeneinanderordnen in linearer Reihe zu fragen sein, nach den weiteren Mitteln, die die Zusammengehörigkeit von Teilen anzeigen (siehe dazu unten 4.3.4 Kongruenz).

Man hat bei der Frage nach der Stellung der Wörter (eigentlich Wortstellung und Satzgliedstellung s. unten) und der Funktion dieser Stellung generell – nicht nur im Deutschen – davon auszugehen, daß diese Stellung eine syntaktische Funktion hat, die den Satzbau und seine Strukturiertheit sowie die syntaktische Funktion seiner Teile betrifft, und eine darüber hinausgehende Funktion, die Stilistisches, Semantisches und Kommunikatives betrifft.

Eine Grundbeobachtung beim Vergleich verschiedener Sprachen ist, daß die Stellung immer dann strengeren Regeln unterliegt, wenn die syntaktischen Funktionen der Elemente – also ob sie Subjekt, Objekt, adverbielle Bestimmung usw. sind – nicht durch andere Mittel einwandfrei angezeigt werden. Als Faustregel könnte man sagen: je differenzierter die Morphologie, desto freier die Stellung. Man vergleiche dazu etwa das Lateinische mit voll ausgebauter Flexionsmorphologie und sehr freier Stellung, das Deutsche mit schon abgeschliffener, aber doch noch vorhandener Flexionsmorphologie, zum Teil über den Artikel oder begleitende Adjektive, und relativ freier Wortstellung, sieht man von der Stellung des Verbs ab (s. unten 4.3.2.1) und das Englische mit völlig abgeschliffener, also fast nicht mehr vorhandener Flexionsmorphologie, auch im Artikel nur unflektiertes *the* und *a* sowie unflektiertes Adjektiv, und strikter S-P-O-Stellung (Subjekt-Prädikat-Objekt) und ebenfalls klaren Restriktionen in der Stellung der adverbiellen Bestimmungen z. B. (nicht zwischen S und P usw.).

4.3.1 Wortstellung und Satzgliedstellung

Der Satz wurde, in 4.1.4, als gestuftes Beziehungsgefüge vorgestellt: Wörter werden – qua Wortart – zu Syntagmen (Satzgliedern, Satzteilen) zusammengefügt, welche wiederum in verschiedenen Funktionen – die ihrerseits eine Hierarchie notwendiger und ihnen zugeordneter freier Satzglieder enthält – zusammenwirken und den Satz bilden. Auf allen drei Stufen des Gefüges wird man die Stellung der Elemente zu beachten haben:
- Stellung der Wörter (als Wortart) im Satzglied
- Stellung von Satzgliedern 1. und 2. Ordnung zueinander
- Stellung der Satzglieder im Satz als Ganzem

Der traditionelle Begriff der Wortstellung trifft also eigentlich nur auf der ersten Stufe zu, auf den beiden anderen müßte man von einer Satzgliedstellung sprechen.

4.3.2 Lineare Ordnung und strukturelle Position

Von der linearen Anordnung her gesehen gibt es für die Stellung von zwei Elementen zueinander zwei mögliche Positionen: A steht vor B und das heißt, B steht hinter (nach) A. Hat man mehrere Elemente, so gibt es mehr Variationen: ABC, ACB, BAC, BCA, CAB, CBA. Die lineare Folge kann durch Kombinatorik ermittelt werden. Die Stellungsmöglichkeiten *vor* und *nach* werden erweitert durch *zwischen*. Von diesem dazwischenliegenden Element kann man auch sagen, es sei von den anderen eingeschlossen, oder es sei in sie eingebettet. Es ist nützlich, sich diese einfachen Verhältnisse linearer Ordnungen vor Augen zu führen, denn sie liegen allen Stellungstypen zugrunde.

Beispiele typischer Stellungstypen des Deutschen

Stellung und Verknüpfung der Elemente im Satz   141

1. Auf der Ebene der Wortgruppen (in Satzgliedern) und der Wortbildung:
   - Bestimmungswort vor Grundwort in Zusammensetzungen:
     Kopfsalat versus *Salatkopf*, *Bierflasche* versus *Flaschenbier*, *Topfblume* versus *Blumentopf*, ...   *Ausnahme Schrankwand*
   - Artikel vor Nomen:
     der Baum, ein Baum
   - Präposition, der Terminus weist schon auf die Stellung hin, normalerweise vor Artikel und Nomen:
     auf dem Baum, im Geäst; aber auch manchmal nachgestellt: *der Nase nach*.
2. Auf der Ebene der Satzglieder 1. und 2. Ordnung, am Beispiel von Attributen, die im nominalen Satzglied strukturell eingebettet sind:
   - flektiertes Adjektiv vor dem Nomen:
     sonniges Wetter
   - flektiertes Adjektiv zwischen Artikel bzw. Pronomen und Nomen:
     das sonnige Wetter, viel sonniges Wetter
   - nachgestelltes Genitivattribut, wenn ein Artikel beim Nomen steht:
     das Grün des Baumes
   - Wenn kein Artikel steht, kann das Genitivattribut vorangestellt werden:
     des Baumes Grün.
3. Auf der Ebene der Satzteile (Grundfunktionen):
   Die Stellung ist im Deutschen relativ frei mit Ausnahme des flektierten Verbes an zweiter Stelle (vgl. dazu unten 4.3.2.1), wenn durch die Flexion der Kasus und damit die Funktion angezeigt wird, sonst gilt die Stellung Subjekt-Prädikat (zumindest: finites Verb)-Objekt; vergleiche:

Die Studenten $\left\{ \begin{array}{c} ärgern \\ I \\ schätzen \end{array} \right\}$ *die Professoren.*

Die Professoren $\left\{ \begin{array}{c} ärgern \\ I \\ schätzen \end{array} \right\}$ *die Studenten.*

Voraussetzung ist, daß die Bedeutung eine jeweilige wechselseitige Subjekt-Objekt-Beziehung zuläßt, vergleiche:
Die Kühe fressen die Kräuter. und *Die Kräuter fressen die Kühe.* Hier sind jeweils aus inhaltlichen Gründen *die Kühe* Subjekt und *die Kräuter* Objekt.

Nimmt man die Hierarchie der Elemente hinzu, so kann man zwischen der rein linearen Stellung aneinandergereihter Elemente und der strukturellen Stellung unterscheiden, bei der funktional Zusammengehörendes – z. B. umschriebene Verbformen oder mehrteilige Konjunktionen wie *sowohl . . . als auch, entweder . . . oder* usw. linear auseinanderliegen und somit eine Klammer um Dazwischenliegendes bilden (sog. Klammerstellung). A1 – B – C – A 2

Schließlich kann man bei hierarchischen Beziehungen zwischen der linearen Ordnung und der abstrakteren strukturellen Zugehörigkeit unterscheiden. Bei struktureller Zugehörigkeit spricht man etwa von der Einbettung eines Gliedes 2. Ordnung in ein Glied 1. Ordnung; so sagt man von Attributen, sie seien in nominale Satzglieder eingebettet, gleichgültig, ob sie, der linearen Ordnung nach, vorangestellt sind, wie in *sonniges Wetter*, eingeschlossen sind, wie in *das sonnige Wetter*, oder nachgestellt sind wie in *Wetter, sonniges*, . . .

Bei den adverbiellen Bestimmungen besteht darüber hinaus ein Zusammenhang zwischen der linearen Position und der strukturellen Zugehörigkeit, vergleiche:

Die Jungen trainierten eifrig Eckbälle und Strafstöße. Das „Trainieren" war eifrig; strukturell: adverbielle Bestimmung hier Teil des Prädikats, dem Verb direkt zugeordnet.

Eckbälle trainierten die Jungen eifrig und Strafstöße weniger. Das „Trainieren der Eckbälle" war eifrig; strukturell: adverbielle Bestimmung als Teil des Prädikats, dem Verb und einem Objekt zugeordnet.

Eifrig trainierten die Jungen Eckbälle und Strafstöße. Strukturell: die adverbielle Bestimmung gilt für den ganzen Satz.

Auch bei der Negation z. B. besteht ein enger Zusammenhang zwischen der Stellung des Negativwortes *nicht* und der Reichweite der Verneinung, vergleiche:

Ich habe dich gestern abend nicht angerufen. – *nicht* steht vor dem 2. Teil der Verb-Klammer am Ende; die ganze Äußerung ist negiert.

Nicht ich habe dich gestern abend angerufen. – *nicht* bei *ich*, nur das Subjekt ist negiert.

Nicht dich habe ich gestern abend angerufen. – *nicht* bei *dich*, das Akkusativobjekt ist negiert.

Angerufen habe ich dich gestern abend nicht. und *Nicht angerufen habe ich dich gestern abend, sondern . . .* – *nicht* beim herausgehobenen Verb, nur dieses ist negiert. *Ich habe dich nicht gestern abend angerufen.* – *nicht* vor *gestern abend*, die adverbielle Bestimmung ist negiert.

Ich habe dich gestern nicht abends angerufen. – *nicht* vor *abends*, damit ist ein Teil der adverbiellen Bestimmung negiert.

Die Beispiele geben Hinweise auf die Leistung der Wortstellung. Vollständige Analysen der deutschen Verhältnisse muß man Grammatiken entnehmen.

4.3.2.1 Stellung des finiten Verbs im Deutschen: verbale Satzklammer und Satzarten

Im Deutschen hat die Stellung des Verbs besondere Bedeutung. Zum einen bildet das verbale Satzglied, wenn es aus mehr als nur einem finiten Verb besteht, eine Klammer, in der der Rest des Prädikates, so vorhanden (weiter Prädikatsbegriff), sowie zum Prädikat gehörende adverbielle Bestimmungen eingeschlossen sind. Man spricht hier von der verbalen Satzklammer.

Verb mit trennbarem Präfix: *Der Zug fährt morgen früh um 7.11 Uhr ab.*

Umschriebene Verbform: *Der Zug wird morgen früh um 7.11 Uhr abfahren.*

Konstruktion mit Modalverb: *Der Zug soll morgen früh um 7.11 Uhr abfahren.*

Man spricht in diesem Zusammenhang auch vom Vorfeld, dem Teil außerhalb der verbalen Klammer, und vom Nachfeld, dem Teil hinter dem finiten Verb, gegebenenfalls in der Satzklammer.

In Satzgefügen mit vorangestelltem Gliedsatz (Nebensatz) spricht man – fälschlicherweise – von der Inversionsstellung des Subjekts; man meint damit, Subjekt und finites Verb seien „vertauscht"; das stimmt eigentlich nicht, denn das Verb behält seine zweite Position, die erste wird eben nur durch einen Gliedsatz eingenommen (vgl. dazu auch 4.1.3 zum Matrixsatz).

Weiterhin gibt die Position des finiten Verbs im Deutschen einen Hinweis auf die Satzart, und zwar

– bei Zweitstellung handelt es sich um einen Aussagesatz (Mitteilungssatz, Feststellungssatz; die Bedeutung und kommunikative Funktion bleibt hier unerörtert, vgl. dazu 6.3) oder um einen Fragesatz mit Fragepronomen (Ergänzungsfrage).

Der Zug fährt morgen früh um 7.11 Uhr ab. Wann fährt der Zug ab?

– bei Spitzenstellung (Stirnstellung, Frontstellung) handelt es sich um einen Fragesatz (Entscheidungsfrage), um einen Aufforderungssatz (Befehlssatz) oder um einen Ausrufesatz; bei letzterem würde das Verb in mündlicher Rede besonders betont, das wird syntaktisch durch die Spitzenstellung angezeigt.

Fährst du mit dem Zug?
Fahr doch mit dem Zug!
Fahre ich da gestern im Zug und treffe ausgerechnet das blonde Mädchen.

Bei allen drei Satzarten können in der mündlichen Rede auch andere Stellungen verwendet werden; die Betonung signalisiert dann die Satzart; im geschriebenen Text wird das durch Satzschlußzeichen angezeigt, vgl.

Du kommst morgen. (Keine besondere Betonung, Aussagesatz)
Du kommst morgen? (Stimme am Ende gehoben, Fragesatz)
Du kommst morgen! (Betonungsakzent auf *kommst*, Stimme am Ende gesenkt, Aufforderungssatz)

– Bei Endstellung schließlich handelt es sich um einen Gliedsatz (Nebensatz).

Wann der Zug morgen früh abfährt, weiß ich nicht genau. Ich weiß nicht genau, wann der Zug morgen früh abfährt.

4.3.3 Stellung und kommunikative Funktion

Soweit die Möglichkeiten und Restriktionen der Wortstellung und Satzgliedstellung für die Kennzeichnung syntaktischer Funktionen, seien es Satzteilfunktionen oder Satzarten, von Bedeutung sind, sind sie nicht beliebig und sind sie somit grammatische Regularität. Soweit jedoch verschiedene Varianten gleiche syntaktische Funktion haben, hat die jeweilige Variante – möglicherweise – andere, über die Syntax hinausgehende Funktion. Schon immer ist die Ansicht vertreten worden, Auswahl aus systematischen Möglichkeiten sei ein konstitutives Merkmal für Stil. Bei der Wortstellung spricht man so z. B. von Nachtragstil, wenn nachgestellte Attribuierungen sich häufen, oder man weist der ersten Stelle im Satz einen besonderen Betonungscharakter zu (vgl. den Ausrufesatz in 4.3.2.1).

Einen Zusammenhang sieht man auch zwischen dem Neuigkeitswert von Teilen und der Wortstellung; man spricht hier von der **funktionalen Satzperspektive** und greift die Thema-Rhema-Unterscheidung auf (vgl. oben 4.2.3): Nach dieser Ansicht wird das Thema, das Bekannte, das einen neuen Satz mit vorher Gesagtem verknüpfen mag, zuerst gesagt; das Neue (Rhema), welches darüber gesagt wird, folgt. Bei stärkerer emotionaler Beteiligung hinsichtlich des Neuen, bei größerem Mitteilungsdrang hingegen wird zunächst das Neue (Rhema) gesagt und dann folgt die bekannte Bezugsgröße (Thema). Diese Ansicht ist umstritten und wohl kaum als durchgängige Regularität festzuhalten.

4.3.4 Anzeigen von Zusammengehörigkeiten: die Kongruenzen

Die Zusammengehörigkeit von Wörtern im Satz wird nicht nur durch die Stellung, sondern auch durch morphologische Kennzeichen angezeigt; man spricht hier von Kongruenzen. Wir unterscheiden:

Kasus-Numerus-Genus-Kongruenz der gleich deklinierten Nomen (bzw. Pronomen), Artikel nominaler Satzglieder und ihnen zugehöriger adjektivischer, pronominaler Attribute: *das Haus, des Hauses, die Häuser, ein großes Haus, viele große Häuser* (Schwierigkeiten gibt es, wenn das grammatische und das natürliche Geschlecht nicht übereinstimmen, vgl. 3.3.1).

Bei Appositionen besteht nur Kasus-Kongruenz: *das Haus, der große Altbau, ...*

Personen-Numerus-Kongruenz des Subjektnomens bzw. Subjektpronomens und des finiten Verbs: *ich rufe, du rufst, die Mutter ruft, die Kinder rufen ...*

Schwierigkeiten gibt es, wenn Fügungen wie *eine Reihe von Argumenten, eine Menge Fehler* usw. als Subjekt stehen. Syntaktisch müßte Singular stehen: *Eine Reihe von Argumenten wurde ausgetauscht. Eine Menge Fehler wurde gemacht.* – Semantisch empfindet man häufig den Plural als das zutreffendere: *Eine Reihe von Argumenten wurden ausgetauscht. Eine Menge Fehler wurden gemacht.*

Man findet in Äußerungen beide Formen.

Gewisse Übereinstimmung, die allerdings nicht zu den Kongruenzen gezählt wird, muß auch zwischen den Tempusformen von Haupt- und Gliedsätzen bestehen (consecutio temporum), wobei auch die einleitende Konjunktion des Gliedsatzes passen muß. Schließlich wird die Zeit selbst nicht nur durch Tempusformen des Verbs, sondern auch durch adverbielle Bestimmungen der Zeit angegeben, und auch hier müssen Übereinstimmungen beachtet werden. Vergleiche z. B.:

Gestern bin ich in die Stadt gefahren. (Perfekt)
Gestern fahre ich in die Stadt und treffe dort ... (Erzählstil, sog. historisches Präsens)
Aber nicht: ** Gestern werde ich in die Stadt fahren.* (Futur)

Man vergegenwärtige sich die nuancierte Zeitaussage, die in dem Buchtitel von Wolfdietrich Schnurre ausgedrückt ist „*Als Vaters Bart noch rot war ...*":

war deutet auf Vergangenes, und zwar abgeschlossen Vergangenes hin (Präteritum);

als zeigt an, daß diese Zeit vergegenwärtigt werden soll;
noch bringt etwas Wehmut hinzu, daß es nicht mehr so ist;
Vater bringt die biographische Zeitperspektive und zugleich eine genauere Einordnung in Zeitverhältnisse;
roter Bart weist auf Vaters beste Jahre hin, die eben vergangen sind; man denkt unwillkürlich daran, daß Vaters Bart inzwischen weiß geworden sein muß.

4.3.5 Exkurs 3: Darstellungstechniken

In neueren Darstellungen syntaktischer Strukturen findet man eine Reihe von Darstellungsweisen,[3a] bei denen graphische Mittel zur Veranschaulichung von Zusammenhängen verwendet werden. Sie werden hier kurz vorgestellt. Dabei werden die Beispielsätze bis zur Wortebene hin analysiert; d. h. die Wörter werden als Grundeinheiten angesetzt, die morphologischen Strukturen der Wörter bleiben unanalysiert.

Bei einer Satzanalyse wird ein Satz in mehreren Durchgängen in Segmente zerlegt, beim ersten Durchgang in größere Konstruktionen (Satzteile, hier Phrasen genannt), beim zweiten in kleinere Syntagmen usw. bis hin zu den Wörtern. Die Zergliederung kann durch Klammerung zusammengehöriger Elemente oder graphisch durch ein Kastenschema oder einen Baumgraphen (Stemma) dargestellt werden. Die verschiedenen Darstellungen sind logisch äquivalent.

1. Beispielsatz: *Ein fixer Ober brachte kühles Bier.*

Klammerung:
   [(*Ein*) (*fixer*) (*Ober*)]   [(*brachte*) ⟨(*kühles*) (*Bier*)⟩]

Jeweils zusammengehörige Elemente werden in eine Klammer eingeschlossen. Die Klammern und die darin eingeschlossenen Elemente werden zunächst nicht durch grammatische Termini gekennzeichnet. (unlabelled bracketing). Die verschiedenen Klammertypen dienen der Identifizierung der Analyseschritte.

Kastenschema: die Klammern werden auseinandergezogen in einzelne Kastenebenen

---

[3a] Vgl. auch Lepschy: Die strukturale Sprachwissenschaft, München (1969), S. 107f.

Stellung und Verknüpfung der Elemente im Satz   147

Ein	fixer	Ober	brachte	kühles	Bier
Ein	fixer	Ober	brachte	kühles	Bier
Ein	fixer	Ober	brachte	kühles	Bier
Ein	fixer	Ober	brachte	kühles	Bier

Baumgraph: von den Konstituenten gehen Linien aus, die für zusammengehörende Konstituenten in einen Knoten zusammenlaufen. Die Knoten sind zunächst noch nicht gekennzeichnet.

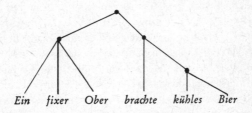

Die Klammern, Kästen und Knoten können durch Kategorialbezeichnungen oder Funktionsbezeichnungen usw. etikettiert werden (labelled bracketing, labelled knots usw.), wie für die Klammerung und den Baumgraphen gezeigt. Folgende Kategorialsymbole werden verwendet: S = Satz, NP = Nominalphrase, N = Nomen, A = Adjektiv, Art = Artikel, VP = Verbalphrase, V = Verb.

Bei der Klammerung kennzeichnet man den eingeschlossenen Konstituenten entweder durch ein Symbol vor der linken oder ein Indexsymbol hinter der rechten Klammer:

S{NP [Art (*Ein*) A (*fixer*) N (*Ober*)] VP [V (*brachte*) NP ⟨A (kühles) N (*Bier*)⟩]}

{[(*Ein*) Art (*fixer*) A(*Ober*)] N] NP [(*brachte*) V ⟨(*kühles*) A (*Bier*) N⟩ NP] VP} S

Etikettierter Baumgraph:

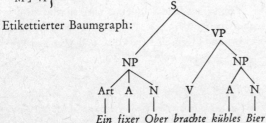

Im folgenden wird meistens die Baumgraphdarstellung gewählt, weil sich an ihr die Satzstrukturen gut ablesen lassen. In der generativen Grammatik werden die Kanten als Ableitwege interpretiert (s. u. 4.6).

4.4 Verschiedene Ansätze (Grammatikmodelle)

Hält man sich vor Augen, daß Sätze gestufte Beziehungsgefüge morphologisch variierter Elemente in linearer Anordnung sind, deren Leistung u. a. darin besteht, den Rahmen abzugeben, in dem aus einzelnen Wörtern mit ihren Bedeutungen eine komplexe Sinneinheit entsteht, dann ist es nicht verwunderlich, daß im Laufe der Zeiten mehrere zum Teil recht unterschiedliche Beschreibungsansätze, Begrifflichkeiten (Begriffsinhalte und Terminologien), Darstellungsweisen und somit Grammatikmodelle entwickelt worden sind. Einige, insbesondere modernere, Ansätze legen dabei besonderen Wert auf eine geschlossene, einheitliche Darstellungsweise, andere sind stark methodengeleitet, andere wiederum eher offen, mehr an intuitiven Einsichten über den Gegenstand orientiert. Im folgenden werden die heute am häufigsten diskutierten Ansätze kurz – wirklich nur kurz – charakterisiert. Diese kurze Charakterisierung soll dazu anregen, die Ansätze genauer zu studieren; sie soll gleichzeitig die je einzelnen Ansätze relativieren.

4.4.1 *Traditionelle (Latein-)Grammatik*

Unter der traditionellen Grammatik versteht man eine normative Regelgrammatik, mit einer der lateinischen Grammatik entlehnten Nomenklatur und, so der Vorwurf, mit einer Systematik, die ebenfalls von der lateinischen Grammatik auf andere Sprachen übertragen worden ist. Die Termini entsprechen den oben gebrauchten, also Subjekt, Prädikat, Objekt usw. für die Satzteile bzw. Satzglieder; Substantiv, Verb, Adjektiv usw. für die Wortarten; die grammatischen Flexionskategorien wie Kasus, Genus, Person, Numerus, Modus, Tempos usw.; in Schulgrammatiken sind die Termini zum Teil eingedeutscht worden, etwa als Satzgegenstand und als Satzaussage, als Hauptwort und Eigenschaftswort, als Fall, grammatisches Geschlecht usw.[4]

---

[4] Vgl. zur eingedeutschten Terminologie z. B. das Regelwerk des Rechtschreibedudens, Der große Duden Bd. I, 17. neubearbeitete und erweiterte Auflage Mannheim 1973, S. 17ff.

Die Grundstruktur des Satzes war zweigliedrig, Subjekt und Prädikat; die anderen Satzteile des einfachen Satzes kamen hinzu. Komplexe Sätze wurden als Gefüge aus Haupt- und Nebensätzen verstanden.

Die Wirksamkeit und das Durchsetzungs- und Beharrungsvermögen dieser traditionellen normativen Grammatik sind bemerkenswert und eine Niederlage der Sprachwissenschaft der zweiten Hälfte des 19. und der ersten des 20. Jahrhunderts. Diese lateinische Schulgrammatik geht zurück auf einen Schulmann, auf Karl Ferdinand Becker, der sein grundlegendes Werk „Organismus der Sprache" 1827 veröffentlichte.[5] Beckers sprachtheoretische Annahmen über den Organismus der Sprache, über das Zusammenwirken des Allgemeinen (z. B. die Satzteile) und des Besonderen (z. B. die verschiedenen Erscheinungsformen der Satzteile) sind vergessen. Aber sein, auch von französischen logisch-grammatischen Ansätzen beeinflußtes grammatisches System, insbesondere in der Satzlehre die Einteilung des Satzes in die fünf Satzteile Subjekt, Prädikat, Objekt, Attribut und Adverbial (auch adverbielle Bestimmung genannt) fand große Verbreitung. Beckers normative Grammatik wurde von den zeitgenössischen Sprachwissenschaftlern scharf kritisiert und abgelehnt; aber diese hatten viel mit historisch- vergleichender Sprachwissenschaft, mit dem Streit um Lautgesetze und später um sprachwissenschaftliche Methodologie (Junggrammatiker-Streit) sowie mit – sehr verdienstvollen und wichtigen – Detailbeschreibungen zu tun und lieferten nicht das, was die Schule offensichtlich brauchte und wollte: ein normatives Regelwerk der Gegenwartssprache, in dem stand, was richtiges Deutsch sei, und mit dessen Nomenklatur man zugleich auch das Lateinische – die wichtigste Fremdsprache humanistischer Bildung und der Gymnasien – bewältigen konnte. Beckers Grammatik bestimmte die Sprachlehren der Schulen und die von ihm durchgesetzte Terminologie wurde später auch in vielen wissenschaftlichen Grammatiken verwendet (vgl. dazu funktionale Grammatik, inhaltbezogene Grammatik, (generative Transformationsgrammatik).

Die Einsicht, daß die Grammatik der deutschen Sprache und damit die Begriffsinhalte der Termini von der lateinischen abweichen, setzt sich in den Schulen erst seit etwa zwei Jahrzehnten durch, seit neuere Ansätze wie die operationale, die inhaltbezogene und neuerdings auch die Dependenzgrammatik und eine transformationell ausgerichtete Grammatik in die Sprachbücher der Schulen Eingang finden.

[5] Karl Ferdinand Becker: Organismus der Sprache, Leipzig 1827; die 2. Auflage von 1841 wurde photomechanisch nachgedruckt: Hildesheim 1970.

4.4.2 Inhaltbezogene Grammatik

Ein spezifisch deutscher Ansatz der Sprachwissenschaft, die sog. inhaltbezogene Sprachbetrachtung, sieht sein Hauptanliegen darin, über die lautlich-gestaltliche Seite der Sprache hinaus insbesondere die Inhalte sprachlicher Formen sowie – nach der Forderung des wichtigsten Vertreters dieser Schule, Leo Weisgerbers – ihre Leistung für die Begriffsbildung einer ganzen Sprachgemeinschaft und ihre Wirkungen auf dem Weg über das Denken auf gesellschaftliche und kulturelle Verhältnisse zu untersuchen (s. auch 1.2 und 5.3).

In den 1950-er Jahren hat die inhaltbezogene Sprachbetrachtung auf die Sprachlehre der Schulen und insbesondere die – wie sie vom Herausgeber im Vorwort genannt wird – „Volksgrammatik" des Dudens beeinflußt.[6]

Für die Satzlehre bringt die Frage nach den Inhalten eine Sichtweise, die nicht von Satzformen ausgeht, sondern von, wie man postuliert und glaubt, Inhaltsmustern, wie sie in Satzmustern – den Satzbauplänen – angelegt sind. Der Satz ist eine gegliederte Sinneinheit. Die Satzarten – also Aussagesatz, Aufforderungssatz, Fragesatz usw. – werden rein semantisch und nicht nach der Form definiert; wie weiter unten im Zusammenhang mit Sprechakten (6.4.2 und 6.4.3) gezeigt, stimmt diese in den Begriffsnamen ausgedrückte kommunikativ-semantische Funktion nicht notwendig mit den kommunikativen Verwendungen der Satztypen überein. Die Grundformen der Sätze werden nach inhaltlichen Kriterien klassifiziert als Zustands-, Vorgangs-, Tätigkeits- und Handlungssätze. Immer geht es um

---

6 Duden, Grammatik Bd. 4, Vorwort, hrsgg. von Paul Grebe, 2. Auflage, Mannheim 1966.

Als Vertreter der inhaltbezogenen Grammatik neben Leo Weisgerber sind zu nennen Jost Trier, der den Anstoß zur Erforschung sprachlicher Felder in der Wortschatzforschung gab, ferner Henning Brinkmann, der inhaltbezogene Betrachtungsweisen in seine Arbeiten einbrachte (Die deutsche Sprache – Gestalt und Leistung, Düsseldorf 1962), Helmut Gipper (Bausteine zur Sprachinhaltsforschung, Düsseldorf 1962) und auch zum Teil Hans Glinz, der allerdings mehr noch operationale Verfahren in die deutsche Sprachwissenschaft und insbesondere die Sprachlehre der Schulen eingebracht hat (als wichtiges Werk im Rahmen dieses Abschnittes sei genannt: Die innere Form des Deutschen, Bern 1952 und weitere Auflagen, vgl. auch Abschnitt 4.4.4).

Der idealistische, von Humboldts Idee der „inneren Form einer Sprache" ausgehende Ansatz der inhaltbezogenen Sprachbetrachtung kann hier nicht umfassend dargestellt werden; zur Grundlegung und methodischen Postulaten vgl. die genannten Werke und insbesondere Arbeiten von Leo Weisgerber z. B.: Grundzüge der inhaltbezogenen Grammatik, Düsseldorf 1962 und: Die vier Stufen in der Erforschung der Sprachen, Düsseldorf 1963.

Formen, die einen „sprachlichen Zugriff auf die Wirklichkeit" darstellen, durch den, so die Theorie, die Wirklichkeit für den Sprachteilhaber zugleich gedanklich bewältigt und gegliedert wird. Das wird in den Termini ausgedrückt, und das zeigt sich auch bei der Kennzeichnung der Satzglieder, bei denen immer wieder die Frage nach der inhaltlichen Leistung gestellt wird. Das Subjekt ist demnach Geschehnisträger, Täter, Handelnder; das Prädikat ist der Aussagekern; Objekte sind Sinnergänzungen; freie Satzglieder sind, ich zitiere die Überschriften aus dem Duden (S. 510/11) „I Die am Verhalten eines Subjektes nur teilnehmenden Wesen oder Dinge" (gemeint ist der freie, syntaktisch nicht notwendige Dativ) und „II Die das Verhalten eines Subjekts begleitenden Umstände" (gemeint sind freie, adverbielle Bestimmungen).

Diese Hinweise mögen genügen, die inhaltbezogene Grammatik zu charakterisieren. Ihr Problem liegt in der Methode, bei der die Intuition des einzelnen – und des Grammatikers! – über inhaltliche Leistungen zum wichtigsten Kriterium des systematischen Ordnens herangezogen wird. Nachprüfbar und verläßlich sind solche Kriterien nicht. In der Duden-Grammatik werden deshalb auch zusätzlich andere Methoden, z. B. die Proben (s. unten 4.4.4), herangezogen, und auch Weisgerber fordert als erste Stufe die „gestaltbezogene" Betrachtung, d. h. das Ausgehen von den sprachlichen Formen.

Auf welches Ziel inhaltbezogene Analysen letztlich hinzielen, wurde in einer Arbeit Weisgerbers über Leistung und Wirkung des Akkusativs deutlich, die viel diskutiert wurde und gleichermaßen Zustimmung wie Ablehnung fand.[7]

Sätze mit Akkusativobjekten, so die Grundannahme, drücken aus, daß die im Verb ausgedrückte Handlung den oder das im Akkusativ stehende zum direkt betroffenen, „behandelten" Objekt machen. Der Befund, daß im Laufe des letzten Jahrhunderts viele solcher Texte erscheinen, daß auch viele Verben durch Hinzufügen eines Präfixes *be-* ein Satzmuster mit Akkusativ fordern statt eines früheren Musters mit Dativobjekt, wurde nun dahingehend interpretiert, daß der Mensch in der verwalteten Welt zum reinen Objekt degradiert worden sei. Das sprachliche Verfahren der Akkusativierung präge eine Denkweise der Inhumanisierung Menschen gegen-

---

[7] Leo Weisgerber: Der Mensch im Akkusativ in: Wirkendes Wort, Sammelband 1, Düsseldorf 1962, 264–276;
im selben Zusammenhang auch „Verschiebungen in der sprachlichen Einschätzung von Menschen und Sachen", Köln/Opladen 1959.

über sowie der Gebrauchsverfügbarkeit von Sachen. Man *handelt* nicht einem Menschen gegenüber, sondern man *behandelt* ihn. Man *tritt* nicht in einen Raum, sondern man *betritt* ihn usw.

Die inhaltbezogene Sprachbetrachtung hat über Deutschland hinaus wenig Anhänger gefunden. Ihre im sprachtheoretischen Sinn idealistischen Positionen, wie sie insbesondere Weisgerber mit seiner Forderung nach einer geistigen und sprachlichen Zwischenwelt erhebt, wurden wenig verstanden. Ähnliche Ansätze, die ebenfalls den Zusammenhang zwischen Denken und Sprechen so einschätzen, daß durch die Sprache eines Volkes dessen Denkweisen geprägt würden, findet man auch in den Überlegungen des Amerikaners Benjamin Lee Whorf, häufig als Sapir-Whorf-Hypothese zitiert, und in der ebenfalls amerikanischen Schule der General Semantics (vgl. auch 1.2.2.2)[8].

4.4.3 Funktionale Grammatik

Ein funktionaler Ansatz linguistischer Analysen wurde mit der Prager Schule im Bereich der Phonologie sowie im Morphologiekapitel bereits vorgestellt. Dort lauteten die Definitionskriterien für das Phonem seine bedeutungsunterscheidende Funktion und für das Morphem seine bedeutungstragende Funktion (vgl. 2.2.2 und 3.1). Die Frage nach der Funktion – Wozu dient etwas? Was leistet es im Zusammenhang mit anderem? Welche Aufgaben erfüllt es? – als Ausgangspunkt für Untersuchungen sind neben den strukturell-taxonomischen Fragen – Was ist es? Welche Eigenschaften hat es? Wie ist es einzuordnen neben anderem? – grundlegende Fragen der Wissenschaft. Funktionale Ansätze sind in der Linguistik auch und gerade im Bereich der Syntax mehrfach vertreten worden. Unterscheiden muß man dabei allerdings den Rahmen, in welchem die Fragen nach der Funktion gestellt werden.

In der Prager Schule war die Frage nach der Bedeutungsleistung der Formen dieser Rahmen.[9] In der Syntax entwickelten die Prager, genannt sei hier vor allem Beneš, das Konzept der funktionalen Satzperspektive, also

---

[8] B. L. Whorf: Language, Thought and Reality; New York 1956; dt.: Sprache, Denken, Wirklichkeit; Hamburg 1963.
Sapir, E.: Language; New York 1921; dt.: Die Sprache, München 1961.
Hayakawa, S. I. (Hrsg.), übers. und ausgew. v. Schwarz, G.: Wort und Wirklichkeit. Beiträge zur Allgemeinen Semantik. Darmstadt o. J. (Nachwort von 1968).

[9] Auch Karl Bühlers Ausführungen über die Appellfunktion, Ausdrucksfunktion und Darstellungsfunktion sind in diesem Zusammenhang zu sehen, vergl. oben 1.2.2.10.

einer kommunikativen Funktion: Wichtiges, so die Annahme, steht am Anfang des Satzes. Das läßt sich als Regel kaum halten[10], aber ein Zusammenhang zwischen emotionaler Beteiligung und damit der Einschätzung, was wichtig sei, und der Reihenfolge, in der es geäußert wird, besteht sicherlich, insbesondere in mündlicher Rede.

In Amerika entwickelte Charles C. Fries eine „functional grammar". Fries ging von praktischen Problemen aus – er sollte im und nach dem 2. Weltkrieg ein Programm entwerfen, in dem amerikanischen Soldaten und Besatzungsverwaltern möglichst schnell fremde Sprachen beizubringen waren – und entwickelte einen Funktionsbegriff, der nach der Funktion von Wörtern in Sätzen fragte unter dem Kriterium: Ist es ein korrekter Satz der jeweiligen Sprache? Fries hat hier eigentlich eine Konstituentenstrukturgrammatik vorweggenommen (vgl. unten 4.4.6), allerdings unter funktionaler Fragestellung. Er nennt seine Grammatik auch manchmal ‚structural grammar'. Die Sprache wurde für die Lehrprogramme in Funktionseinheiten zerlegt, die – nach Drillverfahren – lehrbar waren. Der Friessche Ansatz hat die anglo-amerikanische Schulgrammatik und die Fremdsprachendidaktik nicht unwesentlich beeinflußt. Zusammenfassend kann gesagt werden, daß der Friessche Funktionsbegriff ein „syntaktisch-struktureller" ist.[11]

Ein weiterer, diesmal englischer Ansatz funktionaler Sprachbetrachtung wurde und wird von M. A. K. Halliday vertreten und initiiert. Er hat sowohl die englische Sprachdidaktik als auch die englische Soziolinguistik stark beeinflußt; letztere wiederum hat mit Basil Bernsteins Konzept vom elaborierten und restringierten Code die deutsche Soziolinguistik und sprachdidaktische Programmatik stark beeinflußt, während Hallidays Grammatikmodell außerhalb der Anglistik kaum bekannt geworden ist.[12]

Halliday setzt zwei Funktionsbegriffe an, einen Begriff allgemeiner ‚Sprachfunktion', etwa im Sinne Karl Bühlers; diesem Funktionsbegriff

---

10 Vgl. Ulrich Engel: Regeln zur Wortstellung, in: Forschungsberichte des IDS 5, Mannheim 1970.
11 Helbig, Gerhard, Geschichte der Sprachwissenschaft, 191.
12 Auf Deutsch liegt vor M. A. K. Halliday: Beiträge zur funktionalen Sprachbetrachtung, Schroedel Auswahlreihe B, Hannover 1975 mit einem Nachwort, in dem Hallidays Ansatz einer funktionalen Sprachbetrachtung dargestellt ist. Ansonsten vergleiche man insbesondere den Aufsatz „Categories of the theory of Grammar" in: Word 17, 1961, 241–292.
Ferner M.A.K. Halliday, A. McIntosh u. P. Strevens: Linguistik, Phonetik und Sprachunterricht; Übers. v. H. D. Steffens, Heidelberg 1972 (Engl. 1964).

liegt die Frage zugrunde, wozu der Mensch die Sprache braucht, welche Rolle sie in seinem Leben und in Situationen spielt. Ein zweiter ‚grammatischer' oder ‚syntaktischer' Funktionsbegriff bezieht sich auf Elemente sprachlicher Strukturen, für die Halliday einen dreifachen Funktionsrahmen ansetzt:

1. Die von ihm so genannte ideationale Funktion, die dem Sprecher dazu dient, einen Gehalt (eine Idee) auszudrücken; hier interpretiert Halliday das Ausdrucksschema des Satzes nach funktionalen Kategorien, wie Handlungsträger (Aktant) für das Subjekt, Prozeß (Handlung, Geschehen), Lokativ (adverbielle Bestimmung des Raumes oder Raumergänzung) usw., er interpretiert also nach inhaltlichen Kategorien, die denen der inhaltbezogenen Grammatik nicht unähnlich sind. Solche semantischen Kategorien sind auch für die Kasusgrammatik[13] von zentraler Bedeutung, sie finden sich auch in anderen funktionalen Ansätzen wieder.
2. Die interpersonale Funktion, die dem Sprecher dazu dient, interpersonale Beziehungen herzustellen und aufrechtzuerhalten; in der Sprache, und auf die bezieht Halliday die Funktionen immer, werden hier – ähnlich wie in Sprechaktanalysen – modale Kategorien, Satzarten usw. relevant.
3. Die textuale Funktion, die dem Sprecher dazu dient, Sätze zu verketten und in Situationen einzubetten; hier greift Halliday z. B. auf die Thema-Rhema-Gliederung (Bekanntes – Neues) zurück.

Eine Grammatik habe, so Hallidays Intention, alle diese Funktionen zu berücksichtigen, die in den sprachlichen Elementen und Strukturen im Laufe der historischen Sprachentwicklung verfestigt wurden zur Sprache und die einem Menschen als ein ‚Register' zur Verfügung stehen, wobei verschiedene soziale und situative Kontexte verschiedene Register hervorgebracht haben und verlangen. Der Zusammenhang mit dem situativen und sozialen Kontext ist für diesen Ansatz grundlegend. Man spricht deshalb auch von Kontextualismus.[14] Die Hinweise auf ähnliche Ansätze in der inhaltbezogenen Grammatik, in der kommunikativ orientierten Sprachtheorie Bühlers und in der Sprechakttheorie weisen darauf hin, daß Halliday die Sprache, ihre Formen, Strukturen und deren Funktionen sowie die Sprachfunktion insgesamt in einem umfassenden Ansatz beschreiben und

---

13 Zur Kasusgrammatik vgl. Abraham, Werner (Hrsg.): Kasustheorie, Frankfurt 1971.
14 Vgl. John Rupert Firth: Studies in Linguistic Analysis; Oxford 1957.

verstehen will. Seine Modelle mögen teilweise eigenwillige Vorschläge enthalten und seine Methode mag viele intuitive Momente enthalten, er hat sich der Komplexität menschlichen Sprachverhaltens gestellt, mit vielen Einsichten in Details und Zusammenhänge; man sollte vielleicht auch in Deutschland etwas mehr Halliday lesen.

In Deutschland – besser gesagt im Zusammenhang mit Grammatiken der deutschen Sprache – verlief die Entwicklung funktionaler Ansätze etwas kompliziert. Die Anstöße kamen einerseits aus dem Bereich der Sprachdidaktik, in der Bundesrepublik etwa von Hamann, von Henf–Kausch; in der DDR von Wilhelm Schmidt von der Potsdamer Pädagogischen Hochschule; andererseits nahm auch die Sprachwissenschaft funktionale Perspektiven auf, etwa durch die Verbindung traditioneller und damit an Formen orientierter grammatischer Begriffe und inhaltbezogener Kategorien wie bei Henning Brinkmann. Ferner vertritt Johannes Erben in seinem „Abriß der deutschen Grammatik"[15] funktionale Prinzipien, arbeitet allerdings im Bereich der Syntax mit einem Dependenzmodell (s. unten). Eine funktional zu nennende Grammatik hat schließlich der Russe Wladimir Admoni vorgelegt mit seinem Buch „Der deutsche Sprachbau".[16]

In diesem Ansatz werden – mit dem Ziel einer systematischen Bestandsaufnahme – Formen und Strukturen unter dem Gesichtspunkt ihrer Funktionen geordnet, auch hier werden inhaltliche Gesichtspunkte an formalen Gegebenheiten festgemacht. Das Grundgerüst des Ansatzes: Er enthält die Kategorien der Wortarten, die nach semantischen Leistungen unterschieden werden (also Gegenstandswort, Tätigkeitswort, Eigenschaftswort usw.), der grammatischen Kategorien (Genus, Numerus, Kasus, Tempus, Modus usw.) sowie der funktionalen Kategorien, also Subjekt, Prädikat, Objekt usw. Zwischen den Elementen des Satzes bestehen syntaktische Grundbeziehungen: erstens die grundlegende prädikative Beziehung zwischen Subjekt und Prädikat, zum Teil etwas komplexer im Prädikat bei *ist*-Prädikationen, weiter die attributive Beziehung zwischen Substantiv und Attributen, die Objektbeziehung zwischen Verb und den Objekten, die adverbiale Beziehung, die als Beziehung zwischen dem Verb und adverbiellen Satzgliedern verstanden wird. Aus den Kategorien und Grundbeziehungen werden Bauformen von Satzteilen entwickelt, die zu Satzbauplänen führen, die Admoni „logisch-grammatische Satztypen" nennt. Er

---

15 Joh. Erben: Deutsche Grammatik. Ein Abriß; 11., völlig neu bearbeitete Auflage; München 1972; inzwischen weitere Auflagen.
16 Deutsch 3. Auflage, München 1970; inzwischen 4. Auflage München 1978.

führt insgesamt 12 solcher Satztypen auf [17]. Vier Beispiele für Admonische Satztypen:

Typ 1 *Arbeiter arbeiten.* Interpretation: Beziehung eines Gegenstandes zu einem Vorgang, der von diesem Gegenstand ausgeht.

Typ 2 *Arbeiter fällen Bäume.* Interpretation: die Verbindung Erzeuger der Handlung + Handlung + Gegenstand der Handlung.

Typ 4 *Die Rose ist schön.* Interpretation: Beschaffenheit eines Gegenstandes.

Typ 10 *Es schneit.* Interpretation: unpersönliche Sätze mit einem Scheinsubjekt *es.*

Alle diese Sätze können jeweils als Aussagesätze, Fragesätze oder Befehlssätze erscheinen. Schließlich treten sie in unterschiedlicher Satzfüllung auf, jeweils abhängig von der „Fügepotenz" der obligatorischen Satzglieder. Kennzeichnend für den funktionalen Ansatz und seine Verbindung von formal-strukturellen und inhaltlichen Gesichtspunkten ist Admonis Liste der Nebensatzarten, die im folgenden mit dem von ihm gegebenen Beispiel zitiert sei.[18]

Satztypen nach Wladimir Admoni

Satztyp   Beispiel
A. Subjektsatz (*Wer diese Notiz verfaßt hat, ist mir unbekannt.*)
B. Prädikativsatz (*Du bist, wie du warst.*)
C. Objektsatz (*Ich weiß, daß sie kommt.*)
D. Adverbialsätze
   1. Lokalsätze (*Ich wohne, wo du früher gewohnt hast.*)
   2. Temporalsätze (*Als es hell geworden war, schlug er die Augen auf.*)
   3. Adverbialsätze der Art und Weise (*Er lüftete seinen Hut, wobei er die Dame aufmerksam ansah.*)
   4. Kausalsätze (*Er kommt, weil man ihn gerufen hat.*)
   5. Konditionalsätze (*Ich bleibe, wenn du bleibst.*)
   6. Konzessivsätze (*Ich komme, obgleich ich krank bin.*)
   7. Restriktivsätze (*Wir ruderten, so gut es ging.*)
   8. Finalsätze (*Komm näher, damit ich dich sehe.*)
   9. Konsekutivsätze (*Er stotterte, so daß man nichts verstehen konnte.*)

---

17 zum Vergleich: In der Duden-Grammatik gibt es 17 Typen jeweils mit Untertypen, bei Glinz 1957 gibt es 9 Typen, bei Brinkmann 4 Satzmodelle, bei Wilhelm Schmidt ebenfalls 4 Satzmodelle.
18 Admoni, a. a. O., S. 270.

10. Komparativsätze
   a) reale Komparativsätze (*Er benimmt sich besser, als wir erwartet haben.*)
   b) irreale Komparativsätze (*Er tut, als ob er nichts höre.*)
E. Attributsätze (*Da steht ein Mann, den in kenne.*)
F. Weiterführende Nebensätze (*Sie gab ihm das Buch, worauf er zu lesen begann.*)

Schließlich werden noch die Funktionen der Wort- und Satzgliedstellung behandelt, wobei zwischen der auf Satzarten zielenden syntaktischen Funktion sowie zwischen einer psychologisch-kommunikativen Funktion unterschieden wird.

Zusammenfassend wäre zu sagen, daß diesen verschiedenen funktionalen Ansätzen im Bereich der deutschen Grammatik gemeinsam ist, daß sie kein geschlossenes Grammatikmodell anbieten, daß sie versuchen, die Formen und die Leistungen der Formen auf den Ebenen der Leistung für den Satzbau (syntaktische Funktion), der Leistung für Bedeutungsmuster (semantische Funktion) sowie, zumindest in Andeutung, der Leistung für den Text, die Rede und seine Einbettung in die Situation (kommunikative Funktion) gerecht zu werden. Im Bereich funktionaler Ansätze liegen schließlich umfassende Arbeiten in dem Sinn vor, daß die vielfältigen Erscheinungsformen des Sprachsystems in den Grammatiken erfaßt werden. Wir werden unten bei den grammatiktheoretisch rigoroseren Ansätzen sehen, daß hier zwar die Form einer Grammatik in den vorgeschlagenen Modellen sehr viel präziser durchdacht ist, daß es für diese Modelle aber kaum durchgängige Beschreibungen der gesamten Grammatik und Syntax einer Sprache oder der deutschen Sprache gibt.

4.4.5 *Operationale Syntax*

Unter der operationalen Syntax wird ein Ansatz verstanden, bei dem durch verschiedene Experimente mit dem Sprachmaterial Bauelemente und Regelmäßigkeiten des Satzbaues ermittelt werden können. Wegen des Experimentcharakters spricht man auch von empiristischer Syntax.

Der klassische amerikanische distributionalistische Ansatz der Sprachbeschreibung ist ein operationaler. Die dort für die Phonologie und Morphologie entwickelten Prozeduren (vgl. Kapitel 2.2.1 und 3.1) wurden auch für syntaktische Untersuchungen verwendet; darauf wird im Abschnitt über die Konstituentenstrukturgrammatiken eingegangen werden (s. unten 4.4.6). Unabhängig vom amerikanischen Strukturalismus hat im deutschen

Sprachraum und für die deutsche Grammatik der Schweizer Sprachwissenschaftler und Sprachdidaktiker Hans Glinz operationale Verfahren entwikkelt. Er nennt sie Proben. Für die Proben, die sogleich kurz charakterisiert werden, gilt das gleiche wie für die Prozeduren: Die Reaktion von natürlichen Sprechern ist entscheidende Instanz, und das bedeutet, daß die Entscheidungskriterien nicht genau bestimmbar sind, z. B. wenn der Informant entscheiden soll, ob ein durch eine Probe verändertes Textstück grammatisch ist, oder ob es sich in seiner Bedeutung verändert hat; bei den einzelnen Proben wird darauf hingewiesen werden. Die Grenzbereiche zwischen syntaktischer Wohlgeformtheit und einer Verstehenssteuerung über inhaltliche, semantische Kriterien sind fließend, zumal kommunikative Gegebenheiten hinzukommen können.

Trotzdem, die Proben haben – wenn sie nicht rigoros im Sinne distributionalistischer Prozeduren angewendet werden – systematischen und heuristischen Wert: Sie sind eine anschauliche Kontrolle der sonst häufig allzu freischwebenden Intuition. Entsprechend haben auch einige der Proben Eingang gefunden in eine Reihe von Grammatiken.[19]

Folgende Proben wurden von Glinz definiert.

1. Klangprobe

Mit Hilfe der Klangproben werden Abgrenzungen in Texten ermittelt. Material sind – wie bei allen weiteren Proben – geschriebene Texte. Grundannahme ist, daß Sätze Redeeinheiten (Leseeinheiten) sind, daß jedenfalls an Satzgrenzen Pausen möglich sind und daß die Stimme in eine gewisse Ruhelage zurückkehrt. – Diese Probe ist sicherlich die merkwürdigste und bedenklichste: Sie wendet ein Verfahren der mündlichen Rede über die Gliederung schriftlicher Texte an, bestätigt also eigentlich nur, daß jemand richtig vorgelesen hat. Sicherlich ist etwas daran, daß es typische Intonationsmuster von Sätzen gibt, daß Satzgrenzen – wie übrigens auch Wortgrenzen – häufig durch Pausen gekennzeichnet sind; aber die Untersuchungen von Satzkonturen müssen wohl exakter ausfallen als eine nur für das Ohr des Informanten bestimmte Hörprobe, die zudem an systematisch eigentlich falschem, weil geschriebenem Material ansetzt. Diese Klangprobe findet keine Entsprechung im Distributionalismus.

2. Verschiebeprobe, Umstellprobe, Kommutationsprozedur

Die Reihenfolge von Wörtern oder Wortgruppen wird geändert. Mit Hilfe der Verschiebeprobe kann man Satzglieder ermitteln und definie-

19 Z. B. im schon erwähnten Grammatik-Duden, Duden-Band 4 und in: Eichler/Bünting, Grammatik der deutschen Gegenwartssprache, Kronberg 1976.

ren und Satzarten charakterisieren. Vergleiche:
Ein fixer Ober zerbricht einen Pokal.
Einen Pokal zerbricht ein fixer Ober.
Zerbricht ein fixer Ober einen Pokal?
Zerbrich einen Pokal, fixer Ober!
*Ober fixer Pokal einen zerbricht.
Usw.
Die Verschiebeprobe wird dann problematisch, wenn die syntaktische Funktion der jeweils verschobenen Wortgruppen (Satzglieder) sich durch das Verschieben ändert, wie im folgenden Beispiel das Satzglied *mit einem Tablett*:
Ein fixer Ober zerbricht einem blonden Mädchen mit einem Tablett einen hübschen Pokal. (entweder Attribut oder adverbielle Bestimmung, von der Stellung her nicht festzustellen)
Mit einem Tablett zerbricht ein fixer Ober einem blonden Mädchen einen Pokal (eindeutig adverbielle Bestimmung). *Einem blonden Mädchen mit einem Tablett zerbricht ein fixer Ober einen Pokal.* (eindeutig Attribut).

3. Ersatzprobe, Austauschprobe, Substitutionsprozedur

Satzglieder, die z. B. mit Hilfe der Verschiebeprobe gewonnen wurden, werden durch andere Wörter oder Wortgruppen ersetzt. Man gewinnt Klassen von austauschbaren Wörtern (Ebene der Wortartzugehörigkeit: vgl. *der Ober, ein Ober*: bestimmter und unbestimmter Artikel) oder Satzgliedern (Besetzung eines nominalen Satzgliedes z. B. durch *ein Ober*: unbestimmter Artikel + Nomen; *er* – Personalpronomen, *ein fixer Ober*: Artikel + Adjektiv + Nomen; *ein sehr flinker Ober*: Artikel + Adverb + Adjektiv + Nomen usw.).

4. Weglaßprobe, Abstrichprobe (vgl. auch Tilgungstransformation 4.6.2.3)

Man läßt Elemente (Wörter, Satzglieder) in einem Satz fort und ermittelt so das Grundmuster der notwendigen Satzglieder und die freien weglaßbaren Satzglieder. Auch hier kann es Probleme geben, wenn die Kriterien für die Weglaßbarkeit nicht eindeutig sind, vgl.: *Der Ober zerbricht den Pokal.* Ist *den Pokal*, also das Akkusativobjekt, hier weglaßbar, mit anderen Worden, ist *Der Ober zerbricht.* ein vollständiger Satz? Wenn nein, wie steht es mit *Der Pokal zerbricht.*? Hat *zerbricht* mit Akkusativobjekt, also als transitives Verb, eine andere Bedeutung als ohne Objekt, also als absolutes Verb? (vgl. dazu auch die Ausführungen zur Valenz bzw. Wertigkeit der Verben in Dependenzgrammatiken, Abschnitt 4.4.5)

5. Schließlich nennt Glinz noch die allgemeine Umformungsprobe, in der die Proben 2–4 gemeinsam vorkommen können und ganze Sätze in andere umgeformt werden, unter dem Kriterium, sie müßten gleiche Bedeutung haben. Eine solche Probe entspricht der Form nach den Paraphrasen der generativen Grammatik (vgl. unten 4.5.2). Streng kann sie nicht gehandhabt werden, weil die Kriterien für „gleiche Bedeutung" kaum anzugeben sind: lexikalische Synonyme (z. b. *Kellner* für *Ober*, *zerteppert* für *zerbricht*) oder nur syntaktische Varianten (also *blondes Mädchen – Mädchen, das blond ist – Mädchen mit blonden Haaren*)?

Die Beispiele zeigen, was oben gesagt wurde: Die relative Beliebigkeit und Vagheit der Entscheidungskriterien (gleiche Bedeutung, vollständiger Satz, wohlgeformter Satz usw.) läßt strenge Anwendungen nicht zu, aber das „Operieren" mit sprachlichen Elementen und Strukturen fördert Einsichten in Strukturiertheiten und Klassifikationsprinzipien.

4.4.6 Abhängigkeitsgrammatik (Dependenzgrammatik) und die Valenz der Verben

Ein Grammatikmodell, das heute sowohl in wissenschaftlichen Grammatiken als auch in Sprachbüchern der Schulen weite Verbreitung gefunden hat, ist die Dependenzgrammatik (Abhängigkeitsgrammatik). Die Dependenzgrammatik geht davon aus, daß als grundlegende Beziehung im syntaktischen Gefüge eine Abhängigkeitsbeziehung besteht, das heißt, daß Elemente des Satzes von anderen Elementen abhängen. In den konkreten Analysen geht man dabei davon aus, daß die zentralen, obersten Elemente im Satz die Verben sind, von denen aus das Abhängigkeitsgefüge zu entwickeln ist:

(Dp 1)   der Ober   zerbricht   den Pokal

Ein Abhängigkeitsmodell wurde von Lucien Tesnière entwickelt, mit französischen und deutschen Analysebeispielen. Hans-Jürgen Heringer hat das Dependenzmodell weiterentwickelt, präzisiert und weitgehend formalisiert. Mit einem Dependenzmodell arbeiten ebenfalls Ulrich Engel und, zumindest im syntaktischen Grundmodell, Johannes Erben. Im Zusammenhang mit dem Dependenzmodell ist schließlich noch auf die Arbeiten über die Valenz bzw. Wertigkeit von Verben (vgl. unten) und die Valenzwörterbücher hinzuweisen.[20]

Im Rahmen dieser Einführung werden die von Tesnière entwickelten Grundbegriffe und das Prinzip Erbenscher Satzpläne erläutert.

Die grundlegende Abhängigkeitsbeziehung zwischen den Wörtern eines Satzes ist die Konnexion. An die Spitze als hierarchisch oberstes Glied wird das Verb gestellt; die anderen hängen von ihm ab. Dependenzstrukturen lassen sich besonders gut mit Stemmata darstellen.

(Dp 2)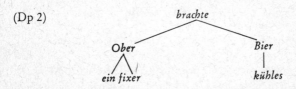

Der schon oft als Beispiel benutzte Satz *Ein fixer Ober zerbrach einem blonden Mädchen mit einem Tablett einen hübschen Pokal* (Dp 3a) hat folgendes Stemma:

(Dp 3a)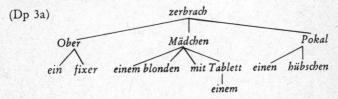

---

20 Einige Literaturhinweise:
L. Tesnière, Eléments des syntaxes structurales, Paris 2. Aufl. 1965.
H.-J. Heringer, Theorie der deutschen Syntax, München 1970, 2. Aufl. 1973; ders.: Deutsche Syntax, Berlin 1970.
J. Erben, Abriß der deutschen Grammatik, Berlin 1958, 11. überarb., München 1970.
ders. Deutsche Grammatik. Ein Leitfaden. Frankfurt/Main 1958.
U. Engel, Syntax der deutschen Gegenwartssprache, Berlin 1977.
G. Helbig, W. Schenkel, Wörterbuch zur Valenz und Distribution deutscher Verben, Leipzig 2. Aufl. 1970.
U. Engel, W. Schumacher, Kleines Valenzlexikon deutscher Verben, Tübingen 1976.
Zur Argumentation s. auch K. Baumgärtner, Konstituenz und Dependenz. Zur Integration der beiden grammatischen Prinzipien. In: Vorschläge für eine strukturale Grammatik des Deutschen, hrsg. von H. Steger, Darmstadt 1970, 52–77.

In Stemma (Dp 3a) wird *mit einem Tablett* als abhängig von *Mädchen* dargestellt, d. h. der Satz kann paraphrasiert werden zu *einem blonden Mädchen mit einem Tablett zerbrach ein fixer Ober einen hübschen Pokal*. Der Satz ist jedoch syntaktisch mehrdeutig, er könnte auch paraphrasiert werden zu *mit einem Tablett zerbrach ein fixer Ober einem blonden Mädchen einen hübschen Pokal*. Der ursprüngliche Satz erhielte dann folgendes Stemma (Dp 3b):

(Dp 3b)

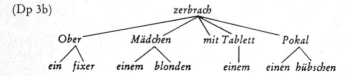

Die Beziehung zwischen Elementen (im Stemma: Knoten), die auf der hierarchisch gleichen Stufe stehen, wird Junktion genannt. Diese Junktionen werden durch sog. Junktivwörter angezeigt, es handelt sich um die koordinierenden Junktionen traditioneller Grammatiken. An einem Beispielsatz *Ein Ober und ein Mädchen zerbrachen ein Tablett und einen Pokal*.:

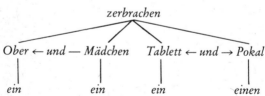

Heringer stellt das etwas anders dar:

(Dp 4)

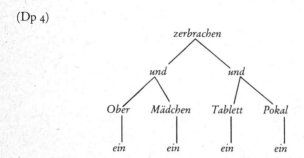

Schließlich gibt es noch eine Klasse von Wörtern die sog. Translative, welche Translationen ermöglichen, das heißt das Auftreten von Wörtern oder ganzen Satzteilen in verschiedenen syntaktischen Positionen. Es handelt sich hier um die Einbindung nominaler Gruppen durch Präpositionen und von Glied- bzw. Nebensätzen von Konjunktionen.

(Dp 5)

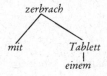

Die Translative und Junktive werden als semantisch leere Wörter und ihre Knoten im Strukturschema als semantisch leere Knoten angesetzt; ein Knoten, der auch semantische Funktion hat, wird Nukleus genannt.

Unter rein formalen Gesichtspunkten könnten Abhängigkeitsstrukturen auch anders als vom Verb her entwickelt werden. So argumentiert man zum Teil auch, daß Adjektive Valenzen haben können, insofern sie Ergänzungen im bestimmten Kasus fordern, wie z. B. *etwas wert sein* (Akkusativ), *jemandem ähnlich sein* (Dativ), *einer Sache überdrüssig sein* (Genitiv) usw. In den syntaktischen Analysen geht man jedoch davon aus, daß das Verb das hierarchisch oberste Element ist, das heißt also, im Stemma den obersten, nicht von anderen abhängigen Knoten einnimmt. Tesnière spricht hier von der Valenz der Verben, andere, z. B. Heringer oder Erben, von der Wertigkeit der Verben. In traditioneller Sicht sprach man schon immer von einer Rektion und meinte damit, wenn auch weniger formalisiert, etwas ähnliches; Admoni (a. a. O.) spricht in diesem Zusammenhang von einer Fügungspotenz. Das Verb eröffnet Leerstellen für Ergänzungen, in Tesnièrescher Terminologie: Aktanten. Die nicht notwendigen Ergänzungen (in traditioneller Sicht also Attribute und adverbielle Bestimmungen) werden freie Angaben genannt.

Wie schon gesagt, arbeitet auch Johann Erben mit Abhängigkeitsstrukturen. Wenn Erben z. B.[21] als Grundschema für Aussagesätze mit zweiwertigen (transitiven) Verben angibt (Dp 5a):

---

21 Erben, Joh.: Deutsche Grammatik, Fischer Bücher 904, Frankfurt/M. 1968, S. 101.

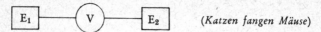

(*Katzen fangen Mäuse*)

bzw. mit Kasusangaben bei den Substantiven und der Rektionsangabe beim Verb S^n- V_a- S^a, so kann das mit folgenden Stemmata wiedergegeben werden.

(Dp 5b)

Für die konkrete praktische Arbeit der syntaktischen Analyse einer Sprache steht und fällt also das Konzept einer Dependenzgrammatik mit den Entscheidungen über die Valenz bzw. Wertigkeit der Verben. Wieviele Leerstellen eröffnet ein Verb? Wie die Valenzwörterbücher zeigen, haben die meisten Verben mehrere Wertigkeiten; man vergleiche *Der Ober zerbricht einen Pokal.* (*zerbrechen* hier zweiwertig) und *Der Pokal zerbricht.* (*zerbrechen* hier einwertig). Entscheidungen über Wertigkeiten streifen sehr oft die Grenze zwischen der Syntax und der Semantik, weil die Entscheidung über die Notwendigkeit oder Nichtnotwendigkeit einer Ergänzung und damit über die Wertigkeit und Fügungspotenz eines Verbs sehr oft nur intuitiv getroffen werden kann. Man vergleiche *Der Pokal zerbricht.* und *Ein Mensch zerbricht (an seinem Stolze).* Ist *an seinem Stolze* notwendig, ist also hier eine andere Wertigkeit im Spiel? Hängt das ab davon, daß im zweiten Fall das semantische Merkmal ‚menschlich' bei der ersten Ergänzung vorhanden ist? Diese Schwierigkeiten können hier nur angedeutet werden. Eine weitere Schwierigkeit der Dependenzgrammatik ist es, daß die abstrakten Strukturdarstellungen zwar eine hierarchische Anordnung des Satzes geben, daß diese jedoch nicht direkt in die tatsächliche lineare Wortkette des Satzes überführt werden kann (man spricht hier von der „Projektion"). Die Schwierigkeiten der Überführung durch „Transformationen" zeigt Heringer (a. a. O. 1970 a). Das gleiche Problem der Beziehung zwischen den abstrakten hierarchischen Strukturen und der linearen Wortkette greift auch die generative Transformationsgrammatik auf und macht es zu ihrem zentralen Anliegen (vgl. dazu unten 4.5 und 4.6).

Die Dependenzgrammatik stellt, das dürfte deutlich geworden sein, ein von traditionellem Vorgehen stark abweichendes Struktursystem auf: Das traditionelle Modell der Satzstruktur mit Funktionen des Verbs im Prädikat und der nominalen Satzglieder in Subjekt und Objekten ist hier aufgegeben; ebenfalls aufgegeben ist der Grundtyp des mindestens zweigliederigen Satzes aus Subjekt und Prädikat. An seine Stelle tritt das Strukturprinzip der Abhängigkeit aller Elemente vom Verb bzw. von jeweils nachgeordneten Unterknoten. Ob dieses Strukturprinzip ausreicht, die Komplexität der Syntax angemessen und zugleich übersichtlich aufzuschlüsseln, ist nicht unumstritten.

4.4.7 Konstituentenstrukturgrammatik

Ein weiteres Grammatikmodell, das ähnlich dem Dependenzmodell auf einer Grundbeziehung zwischen Elementen aufbaut, ist die Konstituentenstrukturgrammatik. Die Beziehung der Konstituenz besagt, daß etwas etwas anderes bildet oder umgekehrt, daß etwas von etwas anderem gebildet ist. Konstituenten sind somit Bestandteile. Am Beispiel des Syntagmas *der Ober*: *der* und *Ober* sind Bestandteile eines nominalen Satzgliedes; in der hierarchischen Struktur des Satzes ist das nominale Satzglied wiederum Bestandteil, also Konstituente, der nächst höheren Einheit, hier der Einheit Satz. Im folgenden Kastenschema wird die Aufgliederung des Beispielsatzes nach dem Konstituentenstrukturmuster gezeigt.

Das kann man auch im Baumgraphen darstellen, wobei hier die Konstituenten zugleich nach ihrer Kategorie genannt werden (etikettierter Baumgraph, vgl. 4.3.5). Die Symbole bedeuten: S = Satz, NP = Nominalphrase (im englischen gewöhnlich Noun Phrase, oder Nominal Phrase, daher hat man sich die Abkürzung angewöhnt), VP = Verbalphrase, Art = Artikel, Adj = Adjektiv, N = Nomen, V = Verb, Präp = Präposition.

[(*Ein*)$_{Art}$ (*fixer*)$_{Adj}$ (*Ober*)$_N$]$_{NP}$ [(*zerbrach*)$_V$ ⟨(*einem*)$_{Art}$ (*blonden*)$_{Adj}$ (*Mädchen*)$_N$⟩$_{NP}$ ⟨(*mit*)$_{Präp}$ (*einem*)$_A$ (*Tablett*)$_N$⟩$_{NP}$ (*einen*)$_A$ (*hübschen*)$_{Adj}$ (*Pokal.*)$_N$⟩$_{NP}$]$_{VP}$ S

Schließlich läßt sich diese Konstituentenstruktur auch im Baumgraph darstellen, der hier wie die Klammern etikettiert ist, wobei die NPs noch Kasusangaben erhalten.

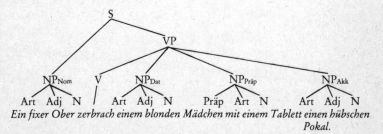
Ein fixer Ober zerbrach einem blonden Mädchen mit einem Tablett einen hübschen Pokal.

Ein	fixer	Ober	zerbrach	einem blonden	Mädchen	mit	einem	Tablett	einen	hübschen	Pokal
Ein	fixer	Ober	zerbrach	einem blonden	Mädchen	mit	einem	Tablett	einen	hübschen	Pokal
Ein	fixer	Ober	zerbrach	einem blonden	Mädchen	mit	einem	Tablett	einen	hübschen	Pokal
Ein	fixer	Ober	zerbrach	einem blonden	Mädchen	mit	einem	Tablett	einen	hübschen	Pokal
Ein	fixer	Ober	zerbrach	einem blonden	Mädchen	mit	einem	Tablett	einen	hübschen	Pokal

Abb. 19: Konstituentenstrukturanalyse (Kastenschema)

Verschiedene Ansätze

Zerlegungen wie im Beispiel am Wortmaterial selbst gehören in die Tradition distributionalistischer Prozeduren, wie sie für die Phonologie (2.2.1) und Morphologie (3.1) vorgeführt wurden. Sie entsprechen in der Sache den Glinzschen Proben (vgl. 4.4.4)

Die Korrektheit der Zerlegung wäre auf jeder Stufe operationell durch Substitutionstests zu erproben. Substituierbare Konstituenten jeder Ebene gehören jeweils einer Klasse an. Auf der ersten Stufe könnten z. B., *ein, einem, einen* durch die flexionsmäßig entsprechenden *der, dem, den* ersetzt werden, *zerbrach* durch *brachte* usw., wodurch nach distributionellen Kriterien Wortklassen definiert würden. Auf der zweiten Ebene wäre etwa *ein fixer Ober* durch *er* substituierbar, wodurch Phrasenklassen (hier: Nominalphrase) definiert würden usw.

Um syntaktische Strukturen von Sätzen nach der Verteilung von Konstituenten zu entdecken, werden zwei weitere Tests angewendet: der Kommutationstest und der Eliminierungstest. Im Kommutationstest werden auf jeder Ebene Segmente gegeneinander verschoben. Zulässige Positionen ergeben geltende Satzmuster. Im Eliminierungstest werden Elemente fortgelassen, wodurch Grundmuster und erweiterte Muster „entdeckt" werden.

Ein solches Analyseschema kann man nun von unten nach oben oder von oben nach unten vornehmen und auch lesen. Dabei haben sich folgende Sprechweisen, hier am Beispiel des präpositionalen Satzgliedes *mit einem Tablett* vorgeführt, eingebürgert: von oben nach unten gelesen sagt man das präpositionale Satzglied **besteht aus** einer Präposition + einem Artikel + einem Nomen; umgekehrt gelesen sagt man eine Präposition, ein Artikel und ein Nomen sind in dem präpositionalen Satzglied **enthalten**. Die Konstituenzrelation kann also auch verstanden werden als eine Relation des Enthaltenseins in bzw. des Bestehens aus.

Da bei jedem Analysedurchgang nur die jeweils unmittelbar benachbarten Konstituenten (immideate constituens) erfaßt werden, spricht man auch von einer IC-Grammatik.

Solche nur an unmittelbaren Nachbarn orientierten Analysen können der komplexen hierarchischen Struktur von Sätzen allerdings nicht gerecht werden. Das zeigt schon das Kastenschema, wo die engere Zusammengehörigkeit von *ein* und *Ober*, von *einem* und *Mädchen* sowie von *einen* und *Pokal* nicht aufgezeigt wird, weil jeweils ein attributives Adjektiv dazwischengeschoben („eingebettet") ist. Das entsprechende Problem taucht ebenfalls auf, wenn z. B. umschriebene Verbformen vom Typ *hat ... zerbrochen, kann ... zerbrechen, bricht ... ab* erscheinen. Man spricht hier von diskontinuierlichen Konstituenten. Harris selbst, der für die Phonologie und Morphologie die strikten Distributionsanalysen vorschreibt, entwickelte für die Syntaxbeschreibung das Mittel der Transformationen, um dieser Sackgasse zu entgehen. Transformationen kennzeichnen jedoch den im Rahmen der generativen Grammatik entwickelten Grammatiktyp; sie werden bei der Darstellung der syntaktischen Komponente einer transformationellen Grammatik besprochen[22]. In diesem Zusammenhang wird auch auf IC-Strukturen zurückzukommen sein, die in Transformationsgrammatiken in der Basiskomponente als Tiefenstrukturen von Sätzen erzeugt werden. Vorab wird in einem Exkurs die sprach- und grammatiktheoretische Konzeption Chomskys und seiner Mitarbeiter umrissen.

4.5 Exkurs 4: Allgemeines zur generativen transformationellen Grammatik

Die von dem Harris-Schüler Chomsky mit der Veröffentlichung von 'Syntactic Structures' (1957) begründete Schule der generativen transformationellen Grammatik hat die strukturalistische Linguistik der 1960er Jahre nicht nur in Amerika sehr beeinflußt. In generativen Grammatiken sind Elemente traditioneller und strukturalistischer Sprachbetrachtung in einer rigoros formalisierten Darstellungsweise enthalten. Wer unvorbereitet mit einer Transformationsgrammatik konfrontiert wird, der mag glauben, ein mathematisches Werk und nicht eine Grammatik in der Hand zu haben. Die Formeldarstellung der Regeln soll gewährleisten, daß bei der Beschreibung sprachlicher Mechanismen nicht an die Intuition und ein heuristisches Verstehen von Lesern appelliert wird, sondern daß durch die Beschreibung sprachliche Vorgänge explizit gemacht sind; je komplexer sprachliche Vorgänge sind, desto komplexer sind die Formeln. Die Formulierungstechnik läßt sich in relativ kurzer Zeit lernen, da sie nur aus wenigen Elementen aufgebaut ist. Für eine w i s s e n s c h a f t l i c h e — und das heißt eben kontrollierte und explizite — Darstellung zumindest der Syntax wurde bisher keine überzeugendere als die generative Grammatik vorgelegt, die häufig Transformationsgrammatik (TG) genannt

---

[22] Der Terminus ‚Transformation' wird außerdem von dem russischen mathematischen Linguisten Šaumjan verwendet; die Begriffe von Harris, Chomsky und Šaumjan decken sich nur auf sehr abstrakter Ebene. In dieser Einführung wird der für die heutige Linguistik wichtigste Chomskysche Begriff erläutert.

wird. Ob sie für pädagogische Zwecke geeignet ist, erscheint fraglich, weil in der Sprachdidaktik ja gerade die explizite Darstellung der Wissenschaft in eine heuristische, das Verstehende evozierende umzuwandeln ist.

Die Konzeption der TG ist erst anderthalb Jahrzehnte alt[23]; sie hat sich in dieser Zeit gewandelt und sie ist in sehr reichhaltiger Literatur belegt[24]. Einige der wichtigsten Arbeiten liegen inzwischen auch auf Deutsch vor; deshalb wird hier der Stand nach dem grundlegenden Werk ‚Syntactic Structures' und nach den übersetzten ‚Aspekte der Syntax-Theorie' (Chomsky) und ‚Philosophie der Sprache' (Katz) angesetzt. In jedem Fall ist gerade bei der generativen Grammatik eine Ergänzungslektüre besonders zu empfehlen, denn im Rahmen einer allgemeinen Einführung in die Linguistik können nur Grundbegriffe und Beschreibungstechniken erläutert werden.

4.5.1 Sprach- und Grammatiktheoretisches

Eine Grammatik ist eine Beschreibung einer Sprache. Grammatiken unterscheiden sich nach dem zugrundegelegten Sprachbegriff und nach der Art der Beschreibung. Im klassischen Strukturalismus wurde der Sprachbegriff durch das Begriffspaar Langue-Parole bestimmt. Eine Liste von Sprachelementen und deren Kombinationstypen, die auf explizite mechanistische Weise an Texten der Parole entdeckt werden sollten, war als Summe der Strukturbeschreibungen die Grammatik des Sprachsystems. Chomsky[25] hält das statische Langue-Parole Modell für inadäquat: Sprache beruht für ihn auf einem von den Sprechern beherrschten Regelsystem, in dem von endlichen Mitteln unendlicher Gebrauch gemacht wird. Dieser kreative Aspekt der Sprache läßt sich adäquat in einer Grammatik beschreiben, die als Regelsystem konzipiert

---

23 Das war 1969/70, als die Einführung geschrieben wurde.
24 In Deutschland wurden generative Arbeiten bis vor kurzem fast ausschließlich von Mitarbeitern der Arbeitsstelle für Strukturelle Grammatik der Akademie der Wissenschaften in der DDR, z. B. von Bierwisch und Motsch, publiziert; dort wurde auch Chomskys Buch ‚Aspects' übersetzt. Inzwischen liegen eine Reihe von Dissertationen, Aufsätzen und Büchern auch in der BRD vor (Wunderlich, Brekle, Rohrer). Für Literatur zur GG vgl. die Bibliographie v. Krenn-Müllner.
25 Der Name steht von jetzt an für Chomsky, seine Mitarbeiter und andere ‚generative Grammatiker'. Zu Chomskys Hinweisen auf Humboldt und zur Kritik an den psychologisch interpretierten Begriffen Kompetenz und Performanz vgl. 1.2.2.9.

ist. Im Prinzip ist jede Grammatik, die Regeln zum Erzeugen sprachlicher Äußerungen angibt, generativ [26]. Chomsky gibt jedoch eine Reihe weiterer inhaltlicher und formaler Bedingungen für eine generative Grammatik an. Die der Sprache zugrundeliegenden Generierungsmechanismen werden als Fähigkeit eines natürlichen Sprechers, Sprache zu erzeugen, definiert.[27] Diese Kompetenz genannte Fähigkeit eines idealen Sprecher/Hörers einer homogenen Sprachgemeinschaft, die durch Faktoren wie begrenztes Gedächtnis, Zerstreutheit, zufällige oder typische individuelle Fehler usw. nicht beeinflußt wird.

Eine GG beschreibt also die immanente Sprachkompetenz eines idealen Sprecher/Hörers. Eine GG muß außerdem explizit sein, d. h. sie darf nicht auf die Intuition und das Verständnis eines Lesers zurückgreifen, der von den in der Grammatik analysierten Beispielen aus Schlüsse zieht, sondern sie muß alle Regularitäten und Irregularitäten explizieren. Dabei ist zwischen solchen Regularitäten, die allen Sprachen gemeinsam sind, und solchen, die nur in Einzelsprachen auftreten, zu unterscheiden. Allgemeine Regularitäten wären in einer universellen Grammatik als linguistische Universalien zu behandeln. Bei den — umstrittenen — Universalien, die in den Einzelsprachen nur in Auswahl realisiert werden, unterscheidet Chomsky formale und substantielle Universalien. Substantielle Universalien betreffen die Sprache, formale betreffen die Grammatik als Theorie über die Sprache. Als substantielle Universalien werden z. B. die distinktiven phonetischen Merkmale der Laute oder grammatische Kategorien angeführt; formale Universalien betreffen den Charakter von Regeln, die in allen Grammatiken erscheinen müssen, z. B. Phrasenstrukturregeln und Transformationsregeln (vgl. u. 4.6). Wenn eine Grammatik u. a. diese beiden Regeltypen enthält, ist sie eine Transformationsgrammatik (TG). Demnach ist eine Grammatik generativ, wenn sie aus Regeln zur Generierung von Sätzen besteht, und sie ist transformationell, wenn sie Regeln eines bestimmten Typs enthält. Sie stellt in Form eines Regelsystems ein Modell der Sprachkompetenz eines idealen

---

26 Chomsky übersetzt Humboldts Terminus „erzeugen" durch „generate"; in dieser Form ist er heute international gebräuchlich. In deutschen Publikationen findet man manchmal statt GG auch Erzeugungsgrammatik.

27 Chomsky beruft sich im Zusammenhang mit der Kompetenz und den Universalien auf die kartesianischen Grammatiker (vgl. sein Buch „Cartesian Linguistics", jetzt auch auf Deutsch).

Sprecher/Hörers dar; das Modell, das ein Leistungsmodell und kein Funktionsmodell ist (vgl. 1. 2. 1. 4), wird in einem Formalismus expliziert, mit dem Sätze einer Sprache generiert werden können; dabei ist es theoretisch gleichgültig, ob die Sätze tatsächlich produziert werden, und die Regeln Modell für die Leistung eines Sprechers sind, oder ob die Grammatik, der Leistung eines Hörers entsprechend, Sätze analysiert, ihnen eine Strukturbeschreibung zuordnet und entscheidet, ob die Sätze grammatisch sind. Aus dem Gesagten geht hervor, daß die Begriffe S a t z und G r a m m a t i k a l i t ä t zur G r a m m a t i k , d. h. zur Beschreibung der idealen Kompetenz gehören. Eine TG, die den genannten i n t e r n e n Bedingungen entspricht, ist dann eine a d ä q u a t e Beschreibung einer Sprache, wenn sie der externen Bedingung genügt, daß die von ihr generierten Sätze von natürlichen Sprechern als a k z e p t a b l e Ä u ß e r u n g e n beurteilt werden. Die Begriffe Ä u ß e r u n g und A k z e p t a b i l i t ä t gehören dem empirischen Bereich der Erprobung einer Grammatik und der Performanz an; sie sollten nicht mit S a t z und G r a m m a t i k a l i t ä t verwechselt werden. Man vergleiche folgende Sätze:

(1a) *Der Spieler, der seinem Kameraden, der den Ball in das Tor geschossen hatte, um den Hals fiel, war der Mannschaftskapitän.*

(1b) *Der Spieler, der seinem Kameraden, der den Ball, der von dem Gegner, der unachtsam gewesen war, gekommen war, in das Tor geschossen hatte, um den Hals fiel, war der Mannschaftskapitän.*

Satz (1a) ist sicherlich akzeptabler als der fast unverständliche Satz (1b), obwohl beide nach denselben syntaktischen Regeln erzeugt sind. Akzeptabilität und Grammatikalität sind also nicht das gleiche, obwohl die beiden Bewertungen zusammenfallen können. Für die Akzeptabilität spielen jedoch Performanzfaktoren eine Rolle, die bei der Grammatikalität entfallen.

4.5.2 *Die Komponenten einer TG.*

Aus dem Gesagten geht hervor, daß in einer TG derselbe Bereich sprachlicher Fakten beschrieben wird wie in den traditionellen Grammatiken: die Sprachkompetenz eines Sprachbenutzers zeigt sich schließlich darin, daß er Gedanken als Lautfolgen in sprachlichen Texten äußert; nur sollen die Texte nicht nach einer statischen Struktur befragt, sondern als Ergebnis der Anwendung von Regeln beschrieben werden. Die Regeln haben dabei den phonetisch-phonologischen, morphologischen, syntaktischen und semantischen Bereich zu erfassen. In den meisten TG wird die Morphologie z. T. in der Syntax, z. T. im Lexikon und z. T. in der Phonologie (Morphonologie) behandelt; eine TG besteht demnach aus einer syntaktischen, einer phonetisch-phonologischen und einer semantischen Komponente und einem Lexikon. Ziel der Grammatik ist es, Sätze zu generieren; die Erzeugung beginnt bei einer Generierung der syntaktischen Struktur des Satzes.

Die s y n t a k t i s c h e Komponente gliedert sich in einen B a s i s - T e i l und einen T r a n s f o r m a t i o n s t e i l. Im Basis-Teil werden die elementaren syntaktischen Relationen syntaktischer Einheiten, die T i e f e n s t r u k t u r e n der Sätze, erzeugt. Im Transformationsteil werden die lineare Verkettung der kleinsten grammatischen Einheiten (F o r m a t i v e genannt), die O b e r f l ä c h e n s t r u k - t u r e n der Sätze, erzeugt. Bei der Unterscheidung von Oberflächen- und Tiefenstrukturen von Sätzen geht man von der empirischen Tatsache aus, daß oberflächlich verschiedene Sätze das gleiche bedeuten können und umgekehrt (eine Art Satzhomonymie bzw. Satzalloformen). Gleiche Bedeutung haben etwa

(2a) *Heute ist es sehr warm.*
(2b) *Es ist heute sehr warm.*
(2c) *Sehr warm ist es heute.*

und wohl auch bei gleichem situativem Kontext

(2d) *Heute ist sehr warmes Wetter.*

Man sagt dann gewöhnlich, die Sätze p a r a p h r a s i e r t e n einander.

Ebenso werden (3a) und (3b) als Paraphrasen angesehen:

(3a) *Der Mittelstürmer schoß den Ball ins Tor.*
(3b) *Der Ball wurde vom Mittelstürmer ins Tor geschossen.*

Andererseits gibt es mehrdeutige Sätze wie z. B. (4a):

(4a) *Ein Ober zerbrach einem Mädchen mit einem Tablett einen Pokal.*

Der Satz kann paraphrasiert werden zu (4b) und mit anderer Bedeutung zu (4c):

(4b) *Mit einem Tablett zerbrach ein Ober einem Mädchen einen Pokal.*
(4c) *Einem Mädchen mit einem Tablett wurde von einem Ober ein Pokal zerbrochen.*

Die Präpositionalphrase *mit einem Tablett* ist im Fall (4b) direkt vom Verb dominiert, im Fall (4c) dagegen von der Normalphrase *einem Mädchen* (vgl. Stemmata zu (Dp 3) im Abschnitt über Dependenzgrammatik 4.4.5).

Die von der syntaktischen Komponente erzeugte Oberflächenstrukturbeschreibung eines Satzes wird von der phonologischen Komponente interpretiert und die Tiefenstrukturbeschreibung von der semantischen Komponente; die Ergebnisse der Interpretationen werden schließlich zusammengefaßt und stellen die vollständige grammatische Beschreibung des Satzes dar, die durch Hinzuziehen des Lexikons, was häufig schon in der syntakt. Komponente geschieht, in den ‚Wortlaut' des Satzes überführt wird.

Im Lexikon sind die kleinsten lexikalischen Einheiten als ‚Stichwörter' enthalten; sie werden lexikalische Formative genannt, entsprechen aber den traditionellen Lexem-Morphe-

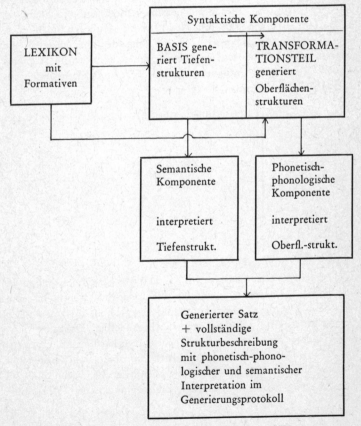

Abb. 20: Blockdiagramm zur Organisation einer TG

men. Sie sind notiert in Gestalt einer phonologischen Matrix distinktiver Merkmale mit weiteren Angaben über die ihnen zugeordneten syntaktischen Kategorien. Das Lexikon wird gewöhnlich bei der Erzeugung der Endterme in der Tiefenstruktur oder bei Transformationen in die Oberflächenstruktur aufgerufen. In Abb. 20 ist eine TG als Blockdiagramm dargestellt.

Bei der Generierung eines Satzes erzeugt die syntaktische Komponente zwei Satzstrukturbeschreibungen: die Beschreibung der Tiefenstruktur und der Oberflächenstruktur. Diese Beschreibungen bestehen aus Ketten kleinster syntaktisch selbständig funktionierender Einheiten (Formative), die entweder grammatische Formative mit Angaben über grammatische Kategorien wie Numerus, Tempus, Kasus usw. oder lexikalische Formative sind. Teil einer solchen Kette wäre z. B. die folgende Eintragung für ein Formativ, das das Wort *Hund* kennzeichnen könnte (die Phoneme werden zur leichteren Identifizierung hinzugefügt, im Lexikon genügen die Angaben der Matrix; Abb. 21)[28].

$$\left\{\begin{array}{l} \ \ \text{h}\ \ \text{u}\ \ \text{n}\ \ \text{d} \\ \text{vok.}\ \ -+--\\ \cdot \\ \cdot \\ \text{kons.}\ +-++ \\ \text{nas.}\ \ --+- \\ \text{dent.}\ ---+ \\ \cdot \\ \cdot \end{array}\right\} [+N, +\text{zählb.}, +\text{belebt}, -\text{menschl.}, -\text{abstrakt}\ldots]$$

Abb. 21: Formativmatrix

In der phonetisch-phonologischen Komponente werden die Formative anhand der phonologischen Regeln interpretiert; den Formativen werden Ausspracheregeln, d. h. Anweisungen zur Artikulation und Intonation usw. hinzugefügt. Dabei operieren solche Regularitäten wie z. B. die Auslautverhärtung im Deutschen über der Merkmalmatrix. Auch Regeln über morphologischen Lautwandel (Pluralumlaute usw.) sind hier zu berücksichtigen. Als Ergebnis der phonologischen Interpretation steht der Satz in phonetischer Transkription

---

28 Vgl. Komponentenanalyse 5.4 und 4.6.1.6 für eine Erklärung der Merkmale.

oder einer anderen Repräsentation konkreter Sprechereignisse, z. B. in normaler Orthographie, da [29].

Die semantische Komponente wird im nächsten Kapitel behandelt.

Die Ergebnisse der phonetisch-phonologischen und semantischen Interpretationen werden zusammengefaßt. In der Unterscheidung von phonologischer und semantischer Interpretation syntaktischer Strukturen ist die Teilung der Sprachzeichen in Sprachkörper und Inhalt auch in die TG eingegangen.

Der notwendigerweise sehr skizzenhafte Exkurs über einige allgemeine Eigenschaften generativer Grammatiken ist hiermit abgeschlossen. Die zentrale syntaktische Komponente wird im folgenden als Teil des Syntaxkapitels genauer dargestellt.

4.6 Die syntaktische Komponente einer generativen Grammatik

In der syntaktischen Komponente einer GG werden syntaktische Strukturen von Sätzen durch Anwendung einer Reihe von Regeln generiert. Als Protokoll der Generierung entstehen Strukturbeschreibungen. Die Generierung ist, zumindest der theoretischen Forderung nach, neutral in Bezug auf das konkrete Produzieren von Satzstrukturen oder Analysieren vorgelegter Sätze. In der Praxis hat man gewöhnlich Grammatiken entwickelt, die Sätze hervorbringen konnten, aber nicht ohne weiteres reversibel waren. Die syntaktische Komponente ist in zwei Unterkomponenten geteilt, die sich durch Aufgabenstellung und auftretende Regeltypen unterscheiden: in der B a s i s k o m p o n e n t e werden die T i e f e n s t r u k t u r e n mit E r s e t z u n g s r e g e l n und Rekurs auf ein F o r m a t i v l e x i k o n erzeugt, in der T r a n s f o r m a t i o n s k o m p o n e n t e wird die O b e r f l ä c h e n s t r u k t u r, d. h. die Stellung der Formative, ihre lineare Folge im Satz, generiert, wobei durch T r a n s f o r m a t i o n e n Elemente ersetzt, getilgt, umgestellt oder hinzugefügt werden können. Im folgenden werden zur Demonstration der verschiedenen Regeltypen eine Reihe von Sätzen generiert [30].

29 Für Einzelheiten zur phonolog. Komponente wird auf die Fachliteratur verwiesen, vgl. Chomsky-Halle (1968).

30 Bei den Beispielen werden fertige Sätze im Wortlaut generiert, obwohl streng genommen in der Basiskomponente nur abstrakte Strukturbeschreibungen er-

4.6.1 Die Basis (der Formationsteil)
4.6.1.1 Kontextfreie Ersetzungsregeln; Kategorialsymbole, lexikalische Formative und Formelzeichen

Für den Anfang werden 4 Symboltypen benötigt:
1. Ein Anfangssymbol S für Satz, mit dem die Generierung eines Satzes beginnt.
2. Kategorialsymbole, die von den Wortartkategorien hergeleitet sind und zur Kennzeichnung der Phrasenstruktur (= Konstituentenstruktur) dienen:

NP für Nominalphrase
VP für Verbalphrase
N für Nomen
V für Verb
Adj für Adjektiv
Art für Artikel

Wie man sieht, werden die traditionellen Wortartbegriffe benutzt. Im Regelsystem einer TG haben die Namen rein mnemotechnische Funktion; die Kategorien sind bestimmt durch ihre Stellung im Regelsystem, die an den Baumgraphen leicht abzulesen ist. Diejenigen Kategorialsymbole, die durch lexikalische Formative ersetzt werden, nennt man t e r m i n a l e Kategorialsymbole. Es ist an dieser Stelle nachdrücklich darauf hinzuweisen, daß in den Regeln k e i n e Funktionssymbole erscheinen. Funktionen lassen sich ablesen aus den Beziehungen zwischen den Kategorialsymbolen und dem Satzsymbol, wie weiter unten an Hand eines Erzeugungsbaumes erläutert wird.

3. Lexikalische Formative, welche die Lexeme repräsentieren; sie werden hier in Kleinbuchstaben geschrieben. In einer etwas abstrakteren Darstellung würden die Formative, zusammengefaßt zu Formativklassen, im Lexikon erscheinen. Hier werden als lexikal. Formative fertig flektierte Wörter eingesetzt. Bei einer vollständigen TG müßten durch phonetische Regeln interpretierbare phonologische Matrizen erscheinen.

4. Als Formelzeichen werden zunächst das Konkatenationszeichen ⌒ und das Ersetzungssymbol → benötigt. In der Basiskomponente deutet das Konkatenationszeichen an, daß die Konstituenten

zeugt werden sollten. Für eine Erläuterung der Technik scheint es aus heuristischen Gründen angebracht, konkrete Sätze zu generieren, damit der Leser die Formeln auch vom Satz her erschließen und kontrollieren kann.

miteinander im Satz vorkommen; über die im Transformationsteil erzeugte Stellung in der linearen Kette der Oberflächenstruktur ist nichts gesagt, wenn das auch in den hier erzeugten einfachen Beispielen so erscheinen mag.

Als R e g e l n erscheinen in der Basiskomponente sogenannte Ersetzungsregeln verschiedener Art, bei denen e i n Symbol durch e i n oder m e h r e r e andere Symbole ersetzt wird. Diese Beschränkung wird mit grammatiktheoretischen Überlegungen gerechtfertigt: man will mit möglichst wenig Regeltypen auskommen, um bei aller Explizitheit die Grammatik möglichst einfach zu gestalten. Als erste Regel wird die k o n t e x t f r e i e E r s e t z u n g s r e g e l (c o n t e x t - f r e e r e w r i t e - r u l e) eingeführt; in Regeln dieses Typs wird ein Symbol unabhängig vom Kontext durch ein oder mehrere andere Symbole ersetzt: x → y z. Regeln dieses Typs sind solange anzuwenden, bis der Satz generiert ist, d. h. bis alle Kategorialsymbole durch Formative ersetzt sind. In der ersten Regel jeder Grammatik wird das Anfangssymbol S durch Kategorialsymbole ersetzt (man sagt auch manchmal, Symbole werden e x p a n d i e r t). Der Satz *Ein Ober zerbrach einen Pokal* wird durch folgende Regeln erzeugt (A):

A (i) S → NP⌢VP
  (ii) NP → Art⌢N
  (iii) Art → *ein, einen*
  (iv) N → *Ober, Pokal*
  (v) VP → V⌢NP
  (vi) V → *zerbrach*

Die Regeln erscheinen als ungeordnete Folge, d. h. sie können in jeder Reihenfolge angewendet werden. Mit den Regeln A können Sätze wie *Ein Pokal zerbrach einen Ober* oder* *Einen Ober zerbrach einen Pokal* usw. erzeugt werden (vgl. dazu später Selektionsregeln). Die Erzeugung kann in einem Protokoll festgehalten werden, bei dem die jeweilige Anwendung einer Regel und das daraus resultierende Generierungsstadium zu notieren ist (die Schritte werden numeriert):

A 1. (o) S
  2. (i) NP⌢VP
  3. (ii) Art⌢N⌢VP
  4. (iii) *ein*⌢N⌢VP

5. (iv)　*ein⌒Ober⌒VP*
6. (v)　*ein⌒Ober⌒V⌒NP*
7. (vi)　*ein⌒Ober⌒zerbrach⌒NP*
8. (ii)　*ein⌒Ober⌒zerbrach⌒Art⌒N*
9. (iii)　*ein⌒Ober⌒zerbrach⌒einen⌒N*
10. (iv)　*ein⌒Ober⌒zerbach⌒einen⌒Pokal*

Die Erzeugung des Satzes läßt sich auch in einem Baumgraphen und in etikettierter Klammerung notieren:

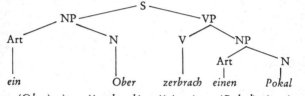

(((ein) Art ($Ober$) N) NP (($zerbrach$) V (($einen$) Art ($Pokal$) N) NP) VP) S

Die Baumgraphen bzw. die etikettierten Klammerdarstellungen, die eine Strukturbeschreibung eines Satzes darstellen, werden P - M a r k e r (P h r a s e n m a r k e r) oder F o r m a t i o n s m a r - k e r genannt. Sie enthalten nur Kategorialsymbole und Formative, außerdem das Anfangssymbol. Die s y n t a k t i s c h e n F u n k - t i o n e n der Kategorien lassen sich am P-Marker ablesen: eine NP, die von einem S-Knoten dominiert bzw. von einer S-Klammer eingeschlossen ist und rechts neben sich einen VP-Knoten bzw. eine VP-Klammer hat, ist Subjekt des Satzes; eine NP, die von einem VP-Knoten dominiert ist, ist Objekt des Satzes usw. Auf syntaktische Funktionen wird im folgenden nicht mehr eingegangen; außerdem werden im weiteren keine Generierungsprotokolle und keine Klammerdarstellungen verwendet.

Zum Regeltyp ist noch zu sagen, daß die Ersetzungsregeln nur das Expandieren von Konstituenten in benachbarte Konstituenten gestatten; erzeugte Formationsmarker sind deshalb formal äquivalent zu Strukturbeschreibungen von IC-Analysen; nur sind die IC-Analysen statische Klassifizierungen, während Formationsmarker durch Regeln erzeut werden, die wiederholt anwendbar sind und einen dynamischen Mechanismus darstellen.

4.6.1.2 Rekursive Regeln

Der Unterschied zwischen statischer Klassifizierung und dynamischer Regelgenerierung wird noch deutlicher, wenn das Regelsystem r e k u r s i v e R e g e l n enthält, in denen ein Symbol durch das gleiche Symbol ersetzt werden kann. Zur Erzeugung des Satzes (B) *ein kleiner fixer blonder Ober brachte Bier und Bouletten* werden folgende Regeln benötigt[31]:

(iv)   S → NP⌢VP
(II)   NP → Art⌢AdjP⌢N
B (i) NP → NP⌢K⌢NP
(IIA) NP → N
(III) AdjP → AdjP⌢Adj
(IX)   AdjP → Adj
(XII) VP → V⌢NP

(viii) Art → *ein*
(x)   Adj → *kleiner, fixer, blonder*
(ix)   N → *Ober, Bier, Bouletten*
(v)   K → *und*
(vi)   V → *brachte*

Der P-Marker für die Generierung des Satzes B, der neben anderen durch das Regelsystem erzeugt werden kann, lautet:

B   P-Marker

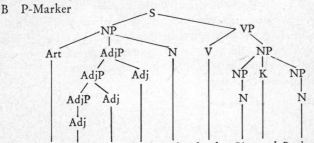

Die Regeln (iii) und (v) sind r e k u r s i v ; rechts vom Ersetzungspfeil erscheint das gleiche Symbol wie links vom Pfeil; mit der Verwendung rekursiver Regeln wird erreicht, daß mit einem endlichen Regelsystem unendliche Ketten erzeugt werden können.

---

31 Als neue Symbole erscheinen: AdjP für Adjektivphrase, Adj für Adjektiv, K für Konjunktion.

4.6.1.3 *Abkürzungen bei mehrfacher Erweiterung eines Symbols*

In den Regeln B (ii), (iii), (iv) wird das gleiche Symbol links vom Pfeil jeweils durch unterschiedliche Symbole rechts ersetzt. Bisher wurden bereits die verschiedenen, für ein terminales Kategorialsymbol einsetzbaren lexikalischen Formative (hier: flektierte Wortformen) aneinandergereiht. Bei der Notierung alternativer Symbolketten werden die Varianten im Kategorienteil zu einer Regel zusammengefaßt und in geschweifte Klammern gesetzt, für das Beispiel also statt

B (ii) NP → Art⌢AdjP⌢N
 (iii) NP → NP⌢K⌢NP
 (iv) NP → N

nun

B (ii*) NP → { Art⌢AdjP⌢N ; NP⌢K⌢NP ; N }

4.6.1.4 *Fakultative und obligatorische Ersetzungen*

In den Regeln B (v) und (vi) wird ebenfalls ein Symbol unterschiedlich ersetzt, aber es handelt sich dabei nicht um unterschiedliche Konstruktionen, sondern um mögliche Wiederholungen (Rekursion). In einer weiteren Notierungsvereinfachung, die zugleich eine Verallgemeinerung der Regeln darstellt, werden Regeln mit f a k u l t a t i v e n Erweiterungen und solche mit o b l i g a t o r i s c h e n zusammengefaßt, wobei die optional eingeführten Kategorialsymbole in Klammern gesetzt werden, also statt

B (v) AdjP → AdjP⌢Adj
 (vi) AdjP → Adj

nun

B (v*) AdjP → (AdjP)⌢Adj

Ein weiteres Beispiel (C); die Sätze

(C 1) *Ein hübsches blondes Mädchen brachte einen vollen Pokal und frisches Brot*
(C 2) *Ein blondes Mädchen brachte Brot und einen Pokal*
(C 3) *Ein Mädchen brachte Brot*

u. a. m. werden durch folgende Regeln generiert:

C (i)   S → NP⌢VP
  (ii) NP → { (Art)⌢(AdjP)⌢N ; NP⌢K⌢NP }
  (iii) AdjP → (AdjP)⌢Adj
  (iv) Art → *ein, einen*
  (v)   VP → V⌢NP

  (vi) Adj → *blondes, vollen, frisches, hübsches*
  (vii) N → Mädchen, Pokal, Brot
  (viii) V → *brachte*

Die P-Marker zeigen, welche der optionalen Symbole und welche der fakultativen Varianten für die Generierung eines bestimmten Satzes gewählt wurden:

C 1 P-Marker

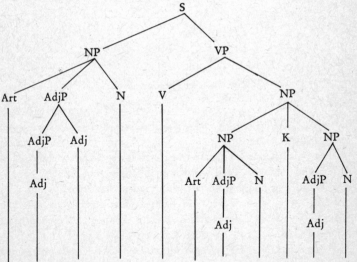

C 2 P-Marker

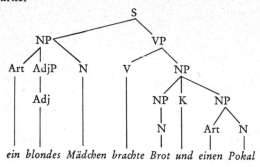

C 3 P-Marker

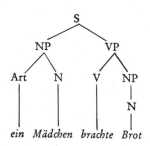

4.6.1.5 Kontextsensitive Regeln und grammatische Formative

Bisher wurden nur kontextfreie Ersetzungsregeln verwendet, d. h. die Symbole links vom Pfeil wurden unabhängig vom Kontext expandiert. Wenn der Kontext berücksichtigt wird, hat man Regeln vom Typ axb → ayb, d. h. x wird im Kontext a_b durch y ersetzt. Die bisher verwendeten kontextfreien Regeln können als Sonderform k o n t e x t a b h ä n g i g e r oder k o n t e x t s e n s i t i v e r (context sensitive CS gegen context free CF) Regeln angesehen werden, bei denen der Kontext gleich null ist. In vereinfachter Schreibweise notiert man in kontextabhängigen Regeln den Kontext hinter einem Schrägstrich; also statt axb → ayzb schreibt man x → yz/a_b.

Bei den bisher angeführten Beispielen wurden noch keine g r a m m a t i s c h e n F o r m a t i v e verwendet. Die lexikalischen Formative erschienen in flektierter Form ohne nähere Kennzeichnung nach Kategorien wie Numerus, Kasus, Tempus usw. Solche grammatischen

Kategorien, die in einzelnen Sprachen z. T. durch Flexionspartikel, z. T. durch Hilfsverben usw. realisiert werden (vgl. oben 3.3), erscheinen in den Regeln in Großbuchstaben, z. B. PLURAL oder PRÄSENS. Bei den grammatischen und besonders den deiktischen Kategorien wäre ausführlich zu diskutieren, bei welchem Generierungsschritt sie einzuführen sind, d. h. welchem Kategorialsymbol und somit den davon dominierten Symbolen sie zugeordnet werden, z. B. ob sie einen ganzen Satz nur einzelne Satzteile (Phrasen) oder einzelne Lexeme modifizieren[32]. Solche Einzelheiten können hier leider nicht behandelt werden; es dürfte aber einsichtig sein, daß z. B. an den P-Markern die jeweilige Zuordnung und damit die Satzstruktur wegen der Explizitheit schnell und eindeutig ablesbar ist.

Zur Demonstration kontextsensitiver Regeln werden unter Verwendung grammatischer Formative die Regeln zur Generierung folgender Sätze (und anderer mehr) geschrieben[33]:

D 1 *Der Ober bringt guten Wein*
D 2 *Der gute Ober brachte guten Wein*
D 3 *Der Ober geht*
D 4 *Der gute Ober ging*

D   (i)   S → NP⌢NOMINATIV⌢VP / #__#
     (ii) NP → Art⌢(Adj)⌢N / O__O
     (iii) Art → $\begin{Bmatrix} der/O\_\_N⌢NOMINATIV \\ den/O\_\_N⌢AKKUSATIV \end{Bmatrix}$

---

[32] Im Ansatz der sogenannten Kasusgrammatik (Case Grammar) wird argumentiert, man müsse die Kasus in die Tiefenstruktur einfügen; den Kasus werden semantische Leistungen zuerkannt wie Geschehnis- und Handlungsträger, Handlungsziel usw., ähnlich wie in der inhaltbezogenen Grammatik (4.4.2) und im Aktantenmodell der Dependenzgrammatik (4.4.5). Für die Kasusgrammatik ist besonders Charles J. Fillmore zu nennen, dessen grundlegender Aufsatz ‚A Case for Case' übersetzt aufgenommen ist in: W. Abraham (Hrsg.), Kasustheorie, Frankfurt, 1971.

[33] Neue Symbole:
\# = Satzbegrenzung
Vitr = intransitives Verb
Vtr = transitives Verb
$\left.\begin{matrix} \text{NOMINATIV} \\ \text{AKKUSATIV} \\ \text{PRÄSENS} \\ \text{PRÄTERITUM} \end{matrix}\right\}$ = entspr. grammat. Kategorien
O = Kontext gleichgültig
O__O = Regel für diese Kontextstelle eine CF-Regel.

(iv) Adj → $\begin{cases} gute\ /\text{O\_\_N}\frown\text{NOMINATIV} \\ guten\ \text{O}/\text{\_\_N}\frown\text{AKKUSATIV} \end{cases}$

(v) N → N → *Ober, Wein*

(vi) VP → $\begin{cases} \text{V} & \frown\text{PRÄSENS} \\ \text{V NP AKKUSATIV} & \frown\text{PRÄTERITUM} \end{cases} /\text{O\_\_O}$

(vii) V → $\begin{cases} \text{Vitr}\ /\text{O\_\_\#} \\ \text{Vtr}\ /\text{O\_\_NP}\frown\text{AKKUSATIV} \end{cases}$

(viii) Vitr → $\begin{cases} geht\ /\text{O\_\_O}\frown\text{PRÄSENS} \\ ging\ /\text{O\_\_O}\frown\text{PRÄTERITUM} \end{cases}$

(ix) Vtr → $\begin{cases} bringt\ /\text{O\_\_O}\frown\text{PRÄSENS} \\ brachte\ /\text{O\_\_O}\frown\text{PRÄTERITUM} \end{cases}$

Es erscheint nicht notwendig, wiederum P-Marker für die einzelnen Sätze hinzuzufügen. Der Leser möge zur Kontrolle seines Verständnisses selbst P-Marker anfertigen.

4.6.1.6 *Subkategorisierung und Selektion*

In den Regeln des Beispiels D ist mit (vii) eine Regel enthalten, in der ein Symbol weder durch ein Formativ noch durch eine Kette von Symbolen ersetzt wird, sondern in der eine genauere Bestimmung, eine S u b k a t e g o r i s i e r u n g vorgenommen wird; es handelt sich im Beispiel um die Unterscheidung zwischen transitivem und intransitivem Verb. Transitive und intransitive Verben unterscheiden sich u. a. darin, daß sie in Sätzen mit bestimmten Kontexten erscheinen, wie oben notiert. Die Subkategorisierung ist hier strikt an den syntaktischen Kontext gebunden, und man spricht in diesem Zusammenhang deshalb auch von S e l e k t i o n , von gegenseitiger kontextbedingter Auswahl. Eine andere Art der Subkategorisierung erfolgt, wenn zwischen Nomina wie *Ober* und *Mädchen* einerseits und *Wein, Brot, Tablett, Pokal* andererseits zu unterscheiden ist. In den generativen Grammatiken werden als Unterscheidungsmerkmale gewöhnlich Eigenschaften benutzt wie „zählbar, belebt, menschlich, abstrakt, konkret" usw. Wie in der Phonologie die Phoneme durch Bündel distinktiver Lautmerkmale näher bestimmt werden, ordnet man auch hier den terminalen Kategorialsymbolen Merkmale zu, die durch + und — als vorhanden bzw. nicht vorhanden gekennzeichnet sind. Inwieweit solche Merkmale semantischer Art sind oder zur Syntax gehören, ist nicht nur in der TG umstritten[34].

Die Subkategorisierungssymbole werden in eckigen Klammern notiert und mit + oder − versehen. Der Einfachheit halber werden kontextfreie Subkategorisierungen vom Typ [+ belebt, + menschlich] und selektierende, kontextsensitive von Typ [+ transitiv] auf gleiche Weise notiert[35].

Die gleichen Kennzeichnungen, die in den terminalen Kategorialsymbolen der Formationsregeln erscheinen, kennzeichnen im Lexikon die entsprechenden einsetzbaren Formative. Bisher waren in den Beispielen die lexikalischen Formative (Wörter) direkt in den Formationsregeln erzeugt worden; in den nächsten Beispielen werden die Formationsregeln und das Lexikon getrennt aufgeführt. Das entspricht durchaus den Gepflogenheiten traditioneller Sprachbeschreibung: Grammatik und Wörterbuch werden getrennt geführt; im Wörterbuch sind die Worteintragungen mit grammatischen Eigenschaften wie ‚Substantiv, intransitives Verb' usw. und mit Hinweisen zur Aussprache (phonet. Transkription, Hervorheben der betonten Silbe usw.) gekennzeichnet.

Im nächsten Beispiel werden drei Sätze zunächst getrennt und dann mit einem Regelsystem generiert; es werden nur wenige Subkategorisierungs- und Selektionsmerkmale angegeben; die Flexion bleibt unberücksichtigt[36].

E 1 *Ein Hund bellt*

(i)   S → NP⌢VP

(ii) NP → Art⌢N

(iii) Art → [+ Art, − best]

(iv) N → [+N, + zählb, + bel, − menschl]

(v)   VP → V /O__#

(vi) V → [+ V, − tr, − refl] /O__#

34 Vgl. Porzigs „wesenhafte Bedeutungsbeziehungen" (Das Wunder der Sprache) und Grebes „semantisch-syntaktische Höfe" (in Moser, hrsg.: Satz und Wort im heutigen Deutsch), s. o. 5.3.

35 In der Fachliteratur werden zur Notierung von Selektionsregeln andere Notierungskonventionen mit sog. komplexen Symbolen eingeführt. Im Rahmen der Einführung wird auf diese Konventionen verzichtet; man orientiere sich z. B. bei Chomsky (1965).

36 Neue Symbole: RefPr = Reflexivpronomen, zählb = zählbar, bel = belebt, mensch = menschlich, refl = reflexiv; Kontexte werden nur für CS-Regeln notiert. Den P-Marker zu E 3 sollte der Leser selbst notieren.

E 1 P-Marker

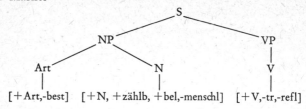

Lexikon: *ein* [+ Art, — best]

Hund [+ N, + zählb, + bel, — menschl]

bellt [+ V, — tr, — refl]

E 2 *Ein Ober bringt Wein*
 (i) S → NP⌒VP
 (ii) NP → $\begin{Bmatrix} \text{Art⌒N} \\ \text{N /V\_\_O} \end{Bmatrix}$
 (iii) Art → [+ Art, — best]
 (iv) N → $\begin{Bmatrix} [+ \text{N}, + \text{zählb}, + \text{bel}, + \text{menschl}] \\ [+ \text{N}, - \text{zählb}, - \text{bel}, - \text{menschl}] \end{Bmatrix}$
 (v) VP → V⌒NP
 (vi) V → [+ V, + tr, — refl] /O__NP

E 2 P-Marker

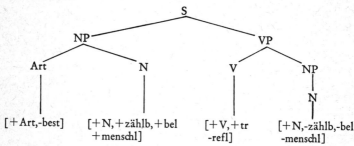

Lexikon: *ein* [+ Art, — best]

Ober [+ N, + zählb, + bel, + menschl]

Wein [+ N, — zählb, — bel, — menschl]

bringt [+ V, + tr, — refl]

E 3 *Der Student freut sich*
- (i)   S → NP⌒VP
- (ii)   NP → Art⌒N
- (iii) N → [+ N, + zählb, + bel, + menschl]
- (iv) Art → [+ Art, + best]
- (v)   VP → V⌒RefPr
- (vi) V → [+ V, − tr, + refl] /O__RefPr
- (vii) RefPr → [+ RefPr, . . .]

Lexikon: *der* [+ Art, + best]
        Student [+ N, + zählb, + bel, + menschl]
        freut [+ V, − tr, + refl][37]
        sich [+ RefPr, . . .]

Eine Zusammenfassung der Regeln und Lexika ergibt:
E'
- (i)   S → NP⌒VP
- (ii)   NP → $\begin{Bmatrix} \text{Art⌒N} \\ \text{N /V__O} \end{Bmatrix}$
- (iii) Art → $\begin{Bmatrix} [+ \text{Art}, + \text{best}] \\ [+ \text{Art}, - \text{best}] \end{Bmatrix}$
- (iv) N → $\begin{Bmatrix} [+ \text{N}, + \text{zählb}, + \text{bel}, - \text{menschl}] \\ [+ \text{N}, + \text{zählb}, + \text{bel}, + \text{menschl}] \\ [+ \text{N}, - \text{zählb}, - \text{bel}, - \text{menschl}] \end{Bmatrix}$
- (v)   VP → $\begin{Bmatrix} \text{V /O__\#} \\ \text{V⌒NP} \\ \text{V⌒RefPr} \end{Bmatrix}$
- (vi) V → $\begin{Bmatrix} [+ \text{V}, - \text{tr}, - \text{refl}] /\_\_\# \\ [+ \text{V}, + \text{tr}, - \text{refl}] /\_\_\text{NP} \\ [+ \text{V}, - \text{tr}, + \text{refl}] /\_\_\text{RefPr} \end{Bmatrix}$
- (vii) RefPr → [+ RefPr, . . .]

Lexikon
der [+ Art, + best]
ein [+ Art, − best]
Hund [+ N, + zählb, + bel, − menschl]

---

[37] Das Verb *freuen* ist eigentlich sowohl reflexiv als auch transitiv, müßte also in einem nicht nur auf das Beispiel zugeschnittenen Lexikon [+ tr, + refl] markiert sein.

Ober [+ N, + zählb, + bel, + menschl]
Student [+ N, + zählb, + bel, + menschl]
Wein [+ N, — zählb, — bel, — menschl]
bellt [+ V, — tr, — refl]
bringt [+ V, + tr, — refl]
freut [+ V, — tr, + refl]
sich [+ RefPr, ...]

Mit dem Regelsystem E' könnten außer den Sätzen E1—E3 auch weitere Sätze erzeugt werden wie *Ein Ober freut sich, Der Student bringt Wein* usw.; es könnten aber auch Un-Sätze erzeugt werden wie **Der Wein bellt, *Ein Wein bringt Hund, *Ein Student bringt Hund* usw.

Um solche Fälle auszuschließen, müßten weitere verschiedenartige Subkategorisierungen und Selektionsbeschränkungen eingeführt werden. Der Leser mag zur Übung die Regeln erweitern; wenn er die einzelnen Beschränkungen in Regeln faßt, wird er die Vorteile einer formalen Notierung feststellen können, die dazu zwingt, wirklich alle relevanten Faktoren zu explizieren.

Hiermit sind die Regeltypen, die in der Basiskomponente einer Transformationsgrammatik erscheinen, eingeführt. Formal sind sie alle Ersetzungsregeln, bei denen ein Symbol durch ein oder mehrere andere ersetzt wird. Vom syntaktischen Gehalt gesehen wurden bislang nur einfache Sätze generiert. Ehe die Transformationsregeln behandelt werden, ist noch einiges zur Erzeugung von S a t z g e f ü g e n zu sagen.

4.6.1.7 Satzgefüge in der Basiskomponente

Satzgefüge aus Haupt- und Nebensätzen werden in der Basiskomponente als Verkettungen und Verschachtelungen von einfachen Sätzen behandelt. N e b e n s ä t z e , die in Satzkonstruktionen an der Stelle von obligatorischen oder optionalen Satzgliedern stehen oder solche ergänzen, und die deshalb häufig auch G l i e d s ä t z e genannt werden, werden als normale einfache Sätze erzeugt; erst im Transformationsteil werden sie verkettet und verschachtelt, wobei dann die Fügepartikel (Relativpronomen, Konjunktionen usw.) generiert werden. Für einen Satz mit eingebettetem Relativsatz wie F1 *Ein Ober, der ein Tablett trug, zerbrach einen Pokal* werden in der Basis zwei Sätze erzeugt:

F2 *Ein Ober zerbrach einen Pokal*
F3 *Ein Ober trug ein Tablett*

Dabei wird F3 als eingebettet in F2, abhängig von der Nominalphrase in Subjektstellung, behandelt[38]. Der Formationsmarker sähe folgendermaßen aus:

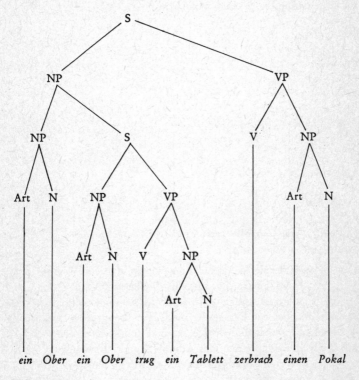

Im dazugehörigen Regelsystem, das hier nicht mehr insgesamt notiert werden soll, ist eine rekursive Regel NP → NP⌢S enthalten, durch die der neue Satz eingefügt wird.

---

38 Die Einbettung des Relativsatzes wird hier bereits im Formationsteil der Basis generiert; man könnte die beiden Sätze auch unabhängig voneinander generieren und die gesamte Einbettung im Transformationsteil vornehmen, wie weiter unten demonstriert wird.

Als weiteres Beispiel möge der Adverbialsatz G1 *Ein Glaspokal zerbrach, als er hinfiel* (in einer seiner Bedeutungen) dienen, der als Schachtelung der Sätze G2 *Ein Glaspokal zerbrach* und G3 *Ein Glaspokal fiel hin* mit einer Angabe über die Verknüpfungsrelation der Sätze und die entsprechende Konjunktion *als* generiert, wie der folgende Formationsmarker zeigt (die Verknüpfung könnte wiederum im Transformationsteil erzeugt werden):

P-Marker G

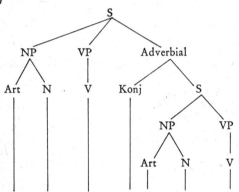

ein Glaspokal zerbrach als ein Glaspokal hinfiel

Bei diesem Beispiel sei darauf hingewiesen, daß eine Tempusangabe PRÄTERITUM hier nicht nur für die beiden Verben und deren Flexion, sondern auch für die Auswahl der Konjunktionspartikel relevant ist und bei der Erzeugung die Tempuskongruenz zwischen der VP des Hauptsatzes und dem Adverbial gesichert werden muß. Aus diesem Grunde könnte man das Adverbial auch abhängig von der VP des übergeordneten Satzes generieren. Diese Fragen können hier nicht im einzelnen verfolgt werden [39].

Wenn eine koordinierte Satzreihe erzeugt werden soll wie H1 *Der Ober kam und wir zahlten* wird im Regelsystem eine Regel S → S͡ Konj S͡ enthalten sein müssen. Das gleiche gilt für einen Satz wie I 1 *Der Ober kam und brachte Bier*, der in der Basis in die Sätze I 2 *Der Ober kam* und I 3 *Der Ober brachte Bier* zerlegt wird. Sein Formationsmarker (P-Marker) könnte folgendermaßen aussehen:

---

39 Zur Deixis vgl. 3.1 und 3.3; zur Tempusfrage vgl. Wunderlich (1970).

P-Marker I

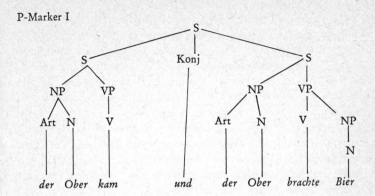

Mit diesen Hinweisen auf die Erzeugung der Phrasenstruktur von Satzgefügen sind die Erläuterungen zur Basiskomponente einer generativen transformationellen Grammatik abgeschlossen. Im folgenden wird der Transformationsteil behandelt.

4.6.2 Transformationen

Im Transformationsteil einer TG werden die Tiefenstrukturen, die im Basisteil generiert wurden, in Oberflächenstrukturen umgewandelt, welche dann von der phonologisch-phonetischen Komponente interpretiert und in eine Lautfolge bzw. eine entsprechende Transkription mit Ausspracheangaben umgesetzt werden. Im Transformationsteil werden die einzelnen Formative des Satzes zu grammatisch korrekten Wörtern zusammengefaßt (Morphologie)[40], und die Wörter werden in linearen Ketten zu grammatisch korrekten Syntagmen, Phrasen und Sätzen angeordnet.

Analog zum P-Marker (Formationsmarker) der Basis, der die Generierung der Tiefenstruktur beschreibt, notiert man im Transformationsteil einen T-Marker (Transformationsmarker), der die Generierung der Oberflächenstruktur eines Satzes festhält. Rein formal unterscheiden sich die Transformationen von den Phrasenstrukturregeln in zwei Punkten:

---

40 Die Morphologie wird im folgenden nicht behandelt. Wie schon mehrfach gesagt, werden in den meisten Abhandlungen zur TG morphologische Fragen nur exemplarisch und am Rande behandelt.

1. Die Verknüpfung der Elemente zeigt in der Basis syntaktische Relationen zwischen Kategorien und Formativen an, z. B. Abhängigkeit von übergeordneten Kategorien in übergeordneten Knoten. In der Transformationskomponente weist die Verknüpfung auf die Reihenfolge der Elemente im Sprachkörper des Satzes hin. Als Verknüpfungszeichen wird in T-Regeln gewöhnlich ein Bindestrich verwendet.
2. In den Ersetzungsregeln der Basiskomponente wird jeweils nur ein Symbol ersetzt, in den Transformationsregeln wird eine ganze Kette von Symbolen in eine andere Kette überführt. Insofern Transformationsregeln über einer ganzen Kette von Symbolen operieren können, leisten sie im Analysefall mehr als die IC-Analyse, die ja nur Nachbarelemente erfassen konnte und darum vor diskontinuierlichen Konstituenten kapitulieren mußte. Als Ersetzungszeichen in T-Regeln wird gewöhnlich ein Pfeil mit doppeltem Schaft verwendet: $\Longrightarrow$

Transformationen sind unter zwei Aspekten zu behandeln: nach den formalen Eigenschaften der Transformationsoperationen und nach dem syntaktischen Gehalt der Operationen. Letzterer ist jeweils von den Gegebenheiten der einzelnen Sprachen bedingt; man benennt Transformationen nach den erzeugten syntaktischen Konstruktionen, im Deutschen z. B. Relativsatztransformation T_R, Einbettungstransformation T_E, Passivtransformation T_P, Inversionstransformation T_I usw. Auf den syntaktischen Gehalt der Transformationen wird im folgenden bei einigen Beispielen exemplarisch hingewiesen. Auch hier, wie schon bei der Benennung der syntaktischen Kategorien in der Basis, haben die Namen eigentlich nur mnemotechnische Funktion; der Geltungsbereich einer Transformation ist durch das jeweilige Regelsystem bestimmt. Außerdem liegt noch keine umfassende Transformationsgrammatik des Deutschen vor, so daß auch aus diesem Grunde hier vornehmlich die Techniken und die formalen Aspekte darzustellen sind, deren Beherrschen es dem Leser gestattet, einzelne Abhandlungen durchzuarbeiten.

Nach formalen Kriterien sind vier Transformationsoperationen zu unterscheiden: Ersetzen eines Elementes durch ein anderes (S u b s t i t u t i o n), Umstellung der Elemente (P e r m u t a t i o n), Tilgung von Elementen (D e l e t i o n) und Hinzufügen von Elementen (A d d i t i o n). Diese vier Typen werden im folgenden an Beispielen erläutert. Der Einfachheit halber werden die Symbole der Tiefenstrukturen, welche vorausgegeben werden, einfach durchnumeriert; zu transformierende Ketten und Transformate stehen in eckigen Klammern.

4.6.2.1 Substitutionstransformation (T_s)

Als Beispiel[41] dient der Satz G, seine Tiefenstruktur lautet in Wörtern notiert:

ein-Glaspokal-zerbrach-als-ein-Glaspokal-hinfiel
[1 -   2   - 3   -4 - 5 -   6   - 7]
$\Longrightarrow$ [1 - 2 - 3 - 4 - er - 7]

Resultat: *ein Glaspokal zerbrach als er hinfiel.*

Gewöhnlich fügt man bei der Substitution von Personalpronomen für Nominalphrasen noch die Referenz hinzu, also
wenn Referenz von [1—2] gleich Referenz von [5—6];
abgekürzt: wenn Ref. [2] = Ref. [6]

4.6.2.2 Permutationstransformation (T_p)

Als Beispiel dient Satz F *Ein Ober der ein Tablett trug zerbrach einen Pokal;* der Permutation geht eine Substitution voraus; zunächst die Tiefenstruktur:

ein-Ober-ein-Ober-trug-ein-Tablett-zerbrach-einen-Pokal
[1 - 2 - 3 - 4 - 5 - 6 -   7   -   8   - 9 - 10]
$\Longrightarrow$ [1 - 2 - der - 5 - 6 - 7 - 8 - 9 - 10]
wenn Ref. [2] = Ref. [4]
$\Longrightarrow$ [1 - 2 der - 6 - 7 - 5 - 8 - 9 - 10]

Resultat: *ein Ober der ein Tablett trug zerbrach einen Pokal*

Da hier zwei Transformationen ausgeführt wurden, kann ein T-Marker (Transformationsmarker) als Protokoll erstellt werden (hier mit Angaben über die Transformationstypen:
T-Marker: T_s—T_p

---

41 Zeichensetzung bleibt in allen Beispielen unberücksichtigt; sie würde nach der phonet.-phonolog. Interpretation bei der Transkription des Satzsprachkörpers eingefügt werden.

4.6.2.3 Tilgungstransformation T_t

Beispielsatz ist I1 *Der Ober kam und brachte Bier* (vgl. 4. 5. 1. 7) mit der Tiefenstruktur

der-Ober-kam-und-der-Ober-brachte-Bier
[1 - 2 - 3 - 4 - 5 - 6 - 7 - 8]
$\Longrightarrow$ [1 - 2 - 3 - 4 - 7 - 8]

Resultat: *der Ober kam und brachte Bier*

4.6.2.4 Additionstransformation T_a

Hinzugefügt werden neue Elemente, z. B. bei Passivtransformationen; dabei geht man davon aus, daß die Passivformen von Sätzen Paraphrasen zugrundeliegender Aktivsätze sind. Die Tiefenstrukturen generieren deshalb Aktivsätze. Bei den Passivtransformationen sind dann ein Hilfsverb *werden* (in entsprechender finiter Form) und eine Agenspräposition *von* einzufügen. Ferner müssen die Kasusendungen der Nominalphrasen und die Flexionsform des Verbums geändert werden (Substitution)[42]; außerdem ist umzustellen. Als Beispiel werden folgende Sätze generiert:[43]

J1 *Tante Elise bringt Bouletten mit* (Aktiv)
J2 *Bouletten werden von Tante Elise mitgebracht* (Passiv)

Zunächst ist die gemeinsame Tiefenstruktur zu erzeugen:

P-Marker

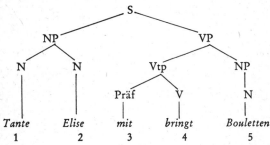

---
42 Die morpholog. Änderungen werden hier direkt an Wörtern vorgenommen; bei ausführlicher Satzgenerierung wären sie als eigene Flexionstransformationen zu behandeln.
43 Das Symbol Vtp steht für Verb mit trennbarem Präfix.

Erzeugen von J1 (Aktiv):
T_s [1 - 2 - 3 - 4 - 5] $\Longrightarrow$ [1 - 2 - 4 - 5 - 3]
Resultat: *Tante Elise bringt Bouletten mit*
T-Marker: T_s
Erzeugen von J2 (Passiv):
T_a [1 - 2 - 3 - 4 - 5] $\Longrightarrow$ [Agenspräp -1-2-Hilvsv-3-4-5]
  bzw. $\Longrightarrow$ [von - 1 - 2 - werden-3-4-5]
$T_s \Longrightarrow$ [von - 1 - 2 - werden - 3 - gebracht - 5]
$T_p \Longrightarrow$ [5 - werden - von - 1 - 2 - 3 - gebracht]
Resultat: *Bouletten werden von Tante Elise mitgebracht*
T-Marker: $T_a-T_s-T_p$

4.6.2.5 T-Marker und syntaktischer Gehalt

Damit sind die Transformationstypen unter formalem Aspekt dargestellt. Die bisher generierten T-Marker sind sehr einfach. Es ist aber wohl einzusehen, daß ein Satz wie K1
Bouletten werden von Tante Elise mitgebracht und Bier von Onkel Theobald, der in einer Brauerei arbeitet einen komplizierteren T-Marker erhält. Der P-Marker würde drei S-Knoten zu den Ketten K2, K3 und K4 enthalten:
K2 *Tante Elise mit bringt Bouletten*
K3 *Onkel Theobald mit bringt Bier*
K4 *Onkel Theobald arbeitet in einer Brauerei.*

Zu den einzelnen Teilketten sind zunächst eine Reihe von Transformationen vorzunehmen, ehe sie durch weitere Transformationen zusammengefügt werden können, wie im folgenden T-Marker angedeutet:

K 1) $T_a — T_s — T_p$
K 2) $T_a — T_s — T_p — T_t = T_p = T_t — T_p$
K 3)

Nach dem syntaktischen Gehalt sind vier Schritte zu notieren:

K 1) $T_{Passiv} \longrightarrow T_{Koordinierung} \longrightarrow T_{Relativsatz}$
K 2) T_{Passiv}
K 3)

Mit diesen Hinweisen auf kompliziertere T-Marker wird der Abschnitt über die syntaktische Komponente einer Transformationsgrammatik abgeschlossen. In einer Zusammenfassung des Syntaxkapitels wird zur generativen transformationellen Grammatik insgesamt wertend Stellung genommen.

4.7 Zusammenfassung

In dieser 7. Auflage wurde der erste Teil des Syntax-Kapitels neugefaßt. Zunächst wurden die Grundbegriffe der Syntax eingeführt, also der Satz in seiner Doppeleinbindung als Gegenstand grammatischer Definition und Beschreibung und somit des – postulierten – Sprachsystems sowie als Teil von – meist schriftlichen – Texten und somit Element des sprachlichen Vollzugs, also eigentlich der Parole. Es folgten die Satzbegriffe (Satzgefüge, Teilsatz, der leidige Hauptsatz, Gliedsatz, Matrixsatz), die Satzgliedbegriffe (Satzglied, Satzteil, Syntagma, Konstituente) und die Einbindung des Wortes über die Wortart in den Satz. Grundlegend unterschieden wurde ferner zwischen den Kategorien (Wortarten und grammatische Kategorien) der im Satz verknüpften und eingebundenen Elemente und ihren syntaktischen und zum Teil semantischen (Subjekt, Prädikat, Objekt, adverbielle Bestimmungen, Attribute sowie Ergänzungen und Angaben der Dependenzgrammatik) und kommunikativen (Satzarten und Sprechakte, Thema und Rhema) Funktionen. Ferner wurden im Überblicksteil die Wortstellung, die Stellung der Satzglieder und die abstraktere Strukturposition behandelt. Dabei wurde insbesondere auf die für das Deutsche charakteristische verbale Satzklammer hingewiesen.

In einem weiteren Teil wurden verschiedene syntaktische Ansätze vorgestellt, mit Hinweisen auf Gemeinsamkeiten und Unterschiede (Traditionelle Latein-Grammatik, Inhaltbezogene Grammatik, Funktionale Grammatik in mehreren Ansätzen, Operationale Syntax, Dependenzgrammatik sowie Konstituentenstrukturgrammatik). Schließlich wurde die umfassendere Darstellung des Ansatzes der generativen Transformationsgrammatik (im sog. Standardmodell der Version von Chomskys „Aspects...", 1965) aus dem ursprünglichen Syntaxkapitel dieser Einführung beibehalten, weil hier exemplarisch eine formalere Durcharbeitung und Darstellung der Syntax und ihre Einbettung in eine umfassendere grammatische Konzeption vorliegt. Hier wurde in einem Exkurs die sprach- und grammatiktheoretische Konzeption der generativen Grammatik behandelt, ferner die übergeordneten Begriffe bzw. Begriffspaare: Kompetenz und Performanz des idealen Sprachbenutzers; grammatischer Satz und akzeptable Äußerung; Grammatik als Generierungssystem mit syntaktischer, semantischer und phonologischer Komponente und einem Lexikon; Tiefenstruktur und Oberflächenstruktur von Sätzen; Basis-Komponente mit Ersetzungsregeln und P-Marker; Transformationskomponente mit Transformationsregeln und T-Marker. – Um möglicher Kritik an der Komplexität und Unübersichtlichkeit der Formeln in Transformationsgrammatiken zu begegnen, sei nochmals darauf hingewiesen, daß Transformationsgrammatiken keine pädagogischen Grammatiken sind, sondern wissenschaftliche, theorieabhängige, explizite Deskriptionen. Inwieweit die Konzeptionen der generativen Schule und ihre Analyse und Darstellungstechniken in pädagogisch verwertbare Grammatiken einzubeziehen sind, ist umstritten; dasselbe gilt für Dependenzgrammatiken. Neuere Schulbücher lehnen sich an beide an, ohne die wissenschaftlichen Grammatiken jedoch direkt und vollständig zu übernehmen.

Die Neugestaltung des Syntaxkapitels enthält selbstverständlich eine Wertung. Die rigoros formalisierten Strukturgrammatiken wurden relativiert durch die Darstellung anderer, zum Teil traditioneller Ansätze, auf denen sie ja häufig selbst aufbauen.[44] Die – heute mancherorts bevorzugte – Dependenzgrammatik wurde dargestellt, aber gegenüber der funktionalen Grammatik einerseits und insbesondere der generativen Transformationsgrammatik andererseits etwas zurückgestellt; die Entscheidungskriterien für die allen Abhängigkeiten zugrundeliegenden Valenzen sind doch recht vage, und die Differenzierung der Ergänzungen scheint im funktionalen Ansatz und dem in diesem Punkte identischen, generativen Ansatz mit den verschiedenen Objekten, den Adverbialen und den Attributen besser gelöst, insbesondere wenn man an die komplexe Syntax denkt, wo Gliedsätze für Satzglieder wiederum diese differenzierten syntaktischen Funktionen wahrnehmen können. Nicht, nach wie vor nicht zufriedenstellend beschrieben scheint mir das Phänomen der Wortstellung und Satzgliedstellung; die TG hat sich – auch und gerade in der Fortführung in die Generative Semantik – viel um die Tiefenstrukturen und zu wenig um die Oberflächenstrukturen gekümmert. Das gleiche gilt für den dependentiellen Ansatz, bei dem die Frage der Projektion abstrakter Strukturen auf Oberflächenstrukturen noch schlechter gelöst scheint. Bliebe als Fazit, insbesonde-

---

44 Die noch formalere Montague-Grammatik selbst scheint für eine Einführung zu formalisiert und deshalb nicht geeignet. Vgl. dazu Sebastian Löbner, Einführung in die Montague-Grammatik, Scripter, Kronberg/Ts 1976.

re wenn man die heutigen Bemühungen um die dem inhaltbezogenen Ansatz sehr ähnliche Kasusgrammatik einerseits und um kommunikative Grammatiken andererseits feststellt, daß auch die Syntax durchaus ein interessantes Arbeitsfeld bleiben wird.

5. Semantik: die Bedeutungen von Wörtern und Sätzen

5.1 Allgemeines

Die Semantik, die Lehre von den Inhalten und Bedeutungen der Wörter und Sätze, ist ein weites Feld. Die Inhaltsseite der Sprachzeichen ist direkter Beobachtung nicht zugänglich; man kann nur das Verhalten von Sprechenden beobachten und sie nach ihrer Intuition, nach ihrem Sprachgefühl befragen; häufig sind die Linguisten als Sprachbenutzer ihre eigenen Informanten. Aussagen, Hypothesen und Theorien im Bereich der Semantik sind deshalb nicht im strengen Sinne sondern nur approximativ verifizierbar, d. h. sie sind meistens mehr oder weniger plausibel und einsehbar.

Schon seit jeher haben die Grammatiker, Philosophen und in neuerer Zeit auch Psychologen vieler Kulturkreise über die Bedeutung der Wörter und über die Wechselbeziehung zwischen Sprache, Sprecher und angesprochener Umwelt empirisch und theoretisch gearbeitet, wie die Vielzahl der Wörterbücher einerseits und andererseits beispielsweise der in der Einleitung erwähnte Kratylos-Dialog Sokrates-Platos, die Disputationen zwischen Realisten und Nominalisten im Universalienstreit der Scholastik oder Konfuzius' Spruch von der Richtigkeit der Namen[1] belegen. Die verschiedenen Aussagen lassen sich als Fragestellungen aus drei Bereichen kennzeichnen: als linguistische, philosophische und psychologische Beiträge zu einer Problemstellung, die aus der Sache selbst, vom Phänomen her, übergreifende Überlegungen erfordert, welche dann auch in die Sprachtheorien eingehen. Im folgenden sollen die nichtlinguistischen Aspekte kurz charakterisiert werden, ehe die spezifisch linguistische Semantik ausführlicher dargestellt wird.

Im einleitenden Kapitel wurde in Abb. 3 das semiotische Dreieck als Grundmodell der semoitischen Relationen von Sprachzeichen dargestellt. Die Sprachzeichen, bestehend aus Bezeichnendem und Bezeichnetem, aus Sprachkörper und Bedeutung, verweisen auf Umweltreferenten, auf Gegenstände und Sachverhalte, auf Gedanken und Phantasien. Über die Art des Verweisens, über die Relation zwischen Wort und Wirklichkeit, haben Philosophen, Psychologen und Sprach-

---

1 „Sind die Begriffe nicht genau, ist die Sprache nicht im Einklang mit der Wahrheit der Dinge. Ist die Sprache nicht im Einklang mit der Wahrheit der Dinge, können die Dinge nicht zum Erfolg geführt werden. Können die Dinge nicht zum Erfolg geführt werden, dann werden die Sitten und die Musik nicht blühen."

theoretiker seit jeher reflektiert. Zur Demonstration der Problemstellung mag die Frage nach der Bedeutung des Wortes *Pferd* dienen. Obwohl man sagen kann *Hans-im-Glück tauschte sein Pferd gegen eine Kuh*, bedeutet das Wort *Pferd* sicherlich nicht nur ein einzelnes Tier; man würde das Wort für verschiedene Arten von Tieren — Ponys, Araber, Kaltblüter —, bei denen jedes Tier zudem noch individuell verschieden ist, benutzen, auch wenn man die einzelnen Tiere noch nie gesehen hat. Man kann mit *Pferd* aber auch etwas Abstrakteres meinen wie in dem Satz[2] *Die Spanier haben das Pferd in Amerika eingeführt*. Die Logiker würden hier sagen, das Wort *Pferd* sei kein Eigenname, sondern ein Gemeinname, ein Prädikator, ein Klassenname oder Begriffsname. Dieser Sachverhalt ist — mit Rückgriff auf die Widerspiegelungstheorie — folgendermaßen zu analysieren: Mit dem Wort *Pferd* wird auf etwas Objektiv-Reales, in der Wirklichkeit materiell Vorhandenes, eben ein Pferd, verwiesen (s i g m a t i s c h e r Aspekt des Sprachzeichens, R e f e r e n z b e r e i c h der Semantik). Die sprachliche B e d e u t u n g des Wortes *Pferd* schließt ein, daß damit nicht nur auf ein Individuum verwiesen werden kann, sondern auf eine ganze Klasse von Individuen (s e m a n t i s c h e r Aspekt des Sprachzeichens, B e d e u t u n g s b e r e i c h der Semantik[3]). Beim Wort *Pferd* verweist die sprachliche Abstraktion, d. h. der Bedeutungsbereich, auf einen Referenzbereich, der mit einer nicht-sprachlichen, d. h. hier vom Zoologen begründeten, Einteilung (Taxonomie) der Natur (Umwelt, Wirklichkeit) übereinstimmt. Bedeutungsbereich und Referenzbereich sind so weitgehend aufeinander abgestimmt, daß die in der Sprache widergespiegelte Wirklichkeit und die anderweitig wahrgenommene Wirklichkeit nicht in Konflikt geraten. Die Sprache interpretiert die Welt so, wie sie sowohl dem Augenschein als auch der Naturwissenschaft nach geordnet ist.

Daß die Bedeutung von Wörtern im Referenzbereich der Wirklichkeit offensichtlich ihre Entsprechungen haben, wird bei vielen „natürlichen" Größen (Lebewesen, Pflanzen, geographischen Größen wie

---

2 Vgl. Porzig (1967), S. 120.
3 Semantik bzw. semantischer Aspekt werden hier in nicht immer eindeutig abgegrenzter Weise gebraucht. Unter „Semantik" wird gewöhnlich sowohl Bedeutungs- als auch Referenzsemantik verstanden; der „semantische Aspekt" zielt nur auf die Bedeutungssemantik, also die rein sprachliche Bedeutung. (Vgl. auch 1.2.2.2.).

Bergen, Tälern, Meeren usw.) der Fall sein. Ebenso wird es meistens bei vom Menschen gefertigten Gegenständen (Artefakten) sein, für die die Namen gewöhnlich mit den Sachen „gemacht", d. h. aus vorhandenem Sprachmaterial gebildet und konventionalisiert werden[4].

Wie differenziert die Umwelt nun allerdings in der Sprache widergespiegelt ist, ob man *Strom, Fluß, Bach* oder *Quelle* sagen kann oder nur *fließendes Gewässer* ohne Auswahl, das ist in der Semantik einer Sprache zu untersuchen. Daß man bei der Bestimmung der Bedeutungs- und Referenzbereiche von Wörtern wie *Schönheit, Klugheit, Freiheit*, die auf seelische, geistige oder gesellschaftliche Größen verweisen, Schwierigkeiten haben wird, dürfte evident sein. Der Referenzstatus solcher Größen — ob sie ein materielles Korrelat haben oder „reine Ideen" sind — ist nicht auf dieselbe Weise nachprüfbar und darum definierbar wie bei Lebewesen und Gegenständen, und entsprechend ist die Bedeutung solcher Wörter nicht eindeutig bestimmbar. Ob, um ein Beispiel zu geben, in den Bedeutungsbereich des Wortes *Demokratie* die Herrschaft des Volkes auch über wirtschaftliche Faktoren einbezogen ist oder nur über politische, hängt von der Gesellschaftstheorie ab, die den Referenzbereich definiert. Innerhalb einer solchen Theorie hat das Wort dann eigentlich den Status eines Terminus technicus, nicht den eines gemeinsprachlichen Wortes. Aber es wird auch außerhalb des Theorierahmens gebraucht, und dann ist es nicht ein exakt definierter Begriff, sondern ein Wort.

Den Wissenschaftler, der kontrollierbare und exakte Aussagen anstrebt, stellt die Semantik jedenfalls vor erhebliche methodische und theoretische Probleme. Der von der Verhaltensforschung ausgehende Behaviourismus z. B. versucht, die Bedeutung von Wörtern zu erklären als verbale Reaktion auf einen in einer Situation gegebenen Reiz, der seinerseits ein indirekter verbaler Reiz sein kann[5]. Dieser Ansatz läßt zwar streng kontrollierte Beobachtungen zu, er kann aber nicht befriedigen, weil nicht in Rechnung gestellt wird, daß das Sprachzeichen im Reiz-Reaktions-Schema als symbolische Größe funktioniert, deren Symbolhaftigkeit zu erklären wäre.

Bisher war nur von der Bedeutung einzelner Wörter die Rede:

---

[4] Daß auch bei Artefakten die Zuordnung von Bedeutung und Referenz nicht immer einfach ist, kann man erfahren, wenn man versucht, den Unterschied von Stuhl und Sessel zu definieren (Vgl. dazu Gipper (1959), S. 271—292).
[5] So z. B. Bloomfield.

hinzu kommt die Frage nach der Bedeutung von sprachlichen Äußerungen, wie sie in den angeführten Sätzen mit *Pferd* angedeutet ist. In diesem Bereich wird von den Philosophen neben dem ontologischen Problem der Wort-Wirklichkeitsrelation und dem logischen der Unterscheidung von Eigennamen und Gemeinnamen noch das logische Problem wahrer und falscher Aussagen in natürlichen Sprachen diskutiert, wobei z. B. scharfsinnige Unterscheidungen zwischen dem ‚Sinn‘ (= Referenz) und der ‚Bedeutung‘ von Sätzen getroffen werden und einem Satz wie „*Ein Hering trägt hölzerne Stulpenstiefel*" eine Bedeutung zuerkannt wird, wenn er auch ‚unsinnig‘ ist, d. h. keine Referenz in der Wirklichkeit hat.

Die Darlegungen und die einfachen Beispiele sollten zeigen, daß es über die Beziehung zwischen Sprache und Wirklichkeit und über die Methode der wissenschaftlichen Analyse dieser Beziehungen philosophische und psychologische Kontroversen gibt. Die unterschiedlichen grundsätzlichen Überlegungen beeinflussen verschiedene Sprachtheorien. Im Eingangskapitel wurde auf Saussures psychologistische Interpretation der Bedeutung als concept, als geistiger Begriff, hingewiesen. Humboldt — und in seiner Folge Weisgerber — nimmt mit der vielzitierten Konzeption von der „inneren Form" einer Sprache, die das Weltbild der Sprecher in den Kategorien, Wörtern und syntaktischen Mustern als „energeia", als „wirkende Kraft", prägt, eine abgewandelte nominalistische Position ein. Chomsky wiederum greift außerdem in seinen psychologisch-mentalistischen Hypothesen über die angeborenen, im Gehirn internalisierten Grundmuster sprachlichen Verhaltens auf rationalistische Auffassungen „kartesianischer Linguistik" zurück usw. In der Einführung können die philosophischen und psychologischen Kontroversen über die Sprache-Welt-Beziehungen und die Sprachtheorien nicht ausführlich behandelt werden. Als knappe Begriffsbestimmung bleibt: die Semantik handelt von den Bedeutungen der Sprachzeichen (Wörter und Sätze), und zwar sowohl unter innersprachlichem — semantischem — Aspekt als auch im Hinblick auf die Umweltreferenz (sigmatischer Aspekt). In der traditionellen Sprachwissenschaft und der Linguistik hat man die grundsätzliche Problematik der Wort-Wirklichkeits-Relation mehr der Sprachtheorie überlassen und sich auf die innersprachlichen, semantischen Fragen konzentriert. Diese Semantik wird im folgenden dargestellt. Dabei werden zunächst eine Reihe traditioneller Begriffe eingeführt und dann strukturalistische Überlegungen behandelt.

5.2 Traditionelle Begriffe

In traditioneller Betrachtungsweise wurde generell von der Bedeutung einzelner Wörter gehandelt, im Gegensatz zu strukturalistischen Ansätzen, bei denen die Strukturierung des Wortschatzes (paradigmatischer Aspekt) und die semantischen Beziehungen von Wörtern in Sätzen (syntagmatischer Aspekt) diskutiert wird.

Im vorigen Jahrhundert und z. T. in diesem war Sprachwissenschaft eine vorwiegend diachronische Disziplin. Dabei stand insbesondere die Etymologie im Vordergrund (gr. etymon = das Wahre, d. h. das Ursprüngliche), welche Grundformen und Grundbedeutungen der Wörter, ihre lautlichen und inhaltlichen Veränderungen und die Bedingungen des Laut- und Bedeutungswandels erforschte. Soweit nur die Bedeutungsveränderungen betroffen sind, spricht man auch von Semasiologie.

Grundbegriffe diachronischer und semasiologischer Sprachforschung sind Wortfamilie, Bedeutungserweiterung, Bedeutungsverengung, Bedeutungsverbesserung, Bedeutungsverschlechterung sowie Begriffe, welche die Interaktion von Sprachen und Kulturkreisen betreffen, wie Wortentlehnung und Bedeutungsübertragung.

5.2.1 Wortfamilie

Wortfamilie nennt man eine Menge von Wörtern, die im Laufe von Jahrhunderten aus einer etymologischen Wurzel hervorgegangen sind, oder die noch heute von einem Lexem hergeleitet werden können. Zu einer Wortfamilie gehören also z. B. *Glück, glücklich, glückhaft, glücklicherweise, Unglück, glücken, beglücken, verunglücken* usw. Bei diesen Beispielen kann die Zugehörigkeit der Wörter zu einer Wortfamilie ohne weiteres nachvollzogen werden. Da das Kriterium für die Zugehörigkeit eines Wortes zu einer Wortfamilie Teilhabe an der gleichen Wurzel ist, und Bedeutungs- sowie Lautveränderungen keine Rolle spielen, wird ein gewöhnlicher Sprecher Wortfamilienzugehörigkeit oft nicht erkennen; daß *fassen, Faß* und *Fessel* zu einer Wortfamilie gehören, mag man noch nachvollziehen, daß aber *lehren* und *List* oder *Barsch* (der Fisch), *barsch* (Adj.), *Bart, Borste, Bürste* alle etymologisch verwandt sind, kann man ohne diachronische Untersuchungen nicht erkennen.

5. 2. 2 *Bedeutungserweiterung, -verengung, -umfang, -verbesserung, -verschlechterung*

Während der Terminus ‚Wortfamilie' die Klassifizierung von Wortgruppen betrifft, weisen die folgenden Begriffe auf Erscheinungen bei einzelnen Wörtern hin.

Die Begriffe B e d e u t u n g s e r w e i t e r u n g und B e d e u t u n g s v e r e n g u n g meinen, daß Wörter eine umfassendere oder kleinere Umweltreferenz erhalten. Das Wort *Frau* z. B., das heute jede verheiratete Person weiblichen Geschlechts und auch unverheiratete nicht mehr sehr junge Damen bezeichnet, war im mhd. Sprachgebrauch auf adelige *frouwen* beschränkt. Umgekehrt war im mhd. Sprachgebrauch eine *hōchzīt* irgendein Fest, während heute eine *Hochzeit* nur eine Festlichkeit anläßlich einer Eheschließung bezeichnet. Die beiden diachronischen Begriffe Bedeutungserweiterung und -verengung haben in synchronischer Betrachtungsweise ihr oberbegriffliches Pendant im Begriff B e d e u t u n g s u m f a n g (E x t e n s i o n); je größer der Bedeutungsumfang eines Wortes ist, auf desto mehr Referenten ist es in Einzelfällen anwendbar. In denselben Bereich gehören die beiden Begriffe B e d e u t u n g s v e r b e s s e r u n g und - v e r s c h l e c h t e r u n g, die auf eine Wertung nach gesellschaftlichen oder moralischen Normen hinweisen: in mhd. Sprachgebrauch hatte *wīp (Weib)* die Bedeutung wie heute *Frau*, während *Weib* heute in die Gruppe möglicher Schimpfwörter gehört oder als archaisch und lutherisch eingestuft wird. Das heute nur in „gehobener Dichtersprache" gebräuchliche Wort *Haupt* hingegen war im Mhd. als *houb(e)t* die gewöhnliche Bezeichnung für den Kopf.

In den Beispielen, besonders in den Paaren *frouwe, wīp* und *Frau, Weib* ist angedeutet, daß eine strukturelle Betrachtungsweise, bei der die Relationen der genannten Wörter zueinander berücksichtigt wird, mehr leisten könnte als eine individuelle Beschreibung einzelner Wortgeschichten (vgl. u. Wortfeld, 5. 3. 1).

Die Begriffe W o r t e n t l e h n u n g und B e d e u t u n g s - ü b e r t r a g u n g beziehen sich auf Vorgänge, die bei der Berührung zweier Sprach- und Kulturkreise stattfinden. Wenn in einem Land neue Referenten, seien es Artefakten oder „geistige Größen", entwickelt werden, und dort in der Muttersprache benannt werden, bringen sie beim Erreichen anderer Kulturkreise teilweise ihre Namen als Wörter mit (Wortentlehnung), teilweise wird aber auch nur die Bedeutung entlehnt, d. h. z. B. die in der einen Sprache gebräuchliche Metapher wird in der anderen Sprache nachgeahmt (Bedeutungsentlehnung oder -übertragung). Beispiele für Wortentlehnungen gibt es sehr viele in jeder Sprachstufe; heute wird z. B. viel aus dem angelsächsisch-amerikanischen Kulturkreis und damit aus der englischen Sprache entlehnt: *Computer, Jazz, Pop, Designer, Manager* usw. Bedeutungsentlehnungen sind z. B. *Wolkenkratzer (skyscraper), Flughafen (airport)*.

Der bei Bedeutungsentlehnung wirkende Mechanismus einer metaphorischen oder metonymischen Bedeutungsübertragung wirkt auch ohne Vorbild einer anderen Sprache; man könnte bei solchen Bedeutungsübertragungen von verfestigten Metaphern (gedankl. Bedeutungsübertragung) oder Metonymien (Bedeutungsübertragung korreliert mit Erscheinungen im Referenzbereich) sprechen, z. B. bei *Fuchs* mit der Bedeutung *listiger Mensch* (Metapher) oder mit der Bedeutung *Pferd einer bestimmten Farbe* (Metonymie). Die gleiche enge Beziehung zu rhetorischen Kategorien ist übrigens auch bei der Bedeutungsverengung und der Bedeutungserweiterung gegeben, wo man von der Katachrese (Verfestigung) einer Synekdoche (Verschiebung) vom Weiteren (Verengung) oder vom Engeren (Erweiterung) spricht.

5.2.3 *Homonymie, Polysemie, Synonymie, Denotation, Konnotation, Hyponymie, Antonymie*

Der Begriff der Homonymie wurde bereits im Morphologiekapitel eingeführt und differenziert (Homophonie und Homographie). Homonymie liegt vor, wenn einem Sprachkörper mehrere Bedeutungen zugeordnet sind, wie bei *Reif* (*Ring* oder *gefrorener Tau*) oder *Tau* (*Schiffstau* oder *Reif in flüssigem Zustand*). Homonyme sind verschiedene Wörter mit demselben Sprachkörper. Nicht in allen Fällen von Mehrdeutigkeit spricht man jedoch von mehreren Wörtern; es gibt viele Fälle, bei denen man von mehreren Bedeutungen eines Wortes spricht wie beim oben angeführten Beispiel *Fuchs* mit den Bedeutungsreihen *Vulpes, Pferd, Schmetterling* und *Reineke, listiger Mensch*. In solchen Fällen spricht man von der Polysemie eines Wortes. Die Grenze zwischen Homonymie und Polysemie ist nicht klar gezogen, aber in der Lexikographie unterscheidet man schon immer zwischen beiden Typen: Homonyme sind in Wörterbüchern dadurch gekennzeichnet, daß mehrere Stichwörter erscheinen; bei

Polysemie werden unter einem Stichwort mehrere Bedeutungen angegeben. Durch einen Vergleich mehrerer Wörterbücher kann man leicht feststellen, wie die Unmöglichkeit exakter Abgrenzung sich in unterschiedlichen Entscheidungen der jeweiligen Lexikographen spiegelt, die in Zweifelsfällen z. B. etymologische Gesichtspunkte stärker oder weniger stark berücksichtigen. Als Beispiel mag das Wort *Schloß* dienen, das teilweise als Homonym geführt wird und teilweise als Polysem, wobei dann diachronische Information berücksichtigt wird; das Gebäude *Schloß* schloß einmal ein Tal ab.

Von S y n o n y m i e spricht man, wenn eine Bedeutung in mehreren Sprachkörpern erscheint, wie z. B. *Apfelsine — Orange, verstecken — verbergen* oder *Holzbein — Prothese*. Es ist ein alter Streit, ob es echte Synonyme gibt, oder ob sich nicht jedes Wort in Nuancen von anderen unterscheidet. So differenziert man z. B. zwischen der D e n o t a t i o n und der K o n n o t a t i o n von Wörtern; mit Denotation ist eine kognitive, intellektuelle Bedeutung eines Wortes gemeint und mit Konnotationen emotionale Nebenbedeutungen, die man teilweise auch als stilistische Varianten o. ä. bezeichnet. Bei einem Synonymenpaar wie *Frauenarzt — Gynäkologe* wäre gleiche Denotation, aber unterschiedliche Konnotation gegeben; ebenso bei *Vernunft — Verstand*, wenn sie nicht als definierte philosophische Begriffe, sondern als umgangssprachliche Wörter genommen werden. Die letzte Bemerkung deutet bereits darauf hin, daß Denotation und Konnotation wohl nur unter Berücksichtigung des sprachlichen und situativen Kontextes bestimmt werden können. Durch Substitution in verschiedenen Kontexten würde man auch Unterschiede in der Bedeutung synonymer Paare entdecken. Man kann z. B. *Ostereier verstecken,* aber nicht *verbergen,* aber man *hat etwas zu verbergen* und nicht *zu verstecken.*

Im Zusammenhang mit der Synonymie wird neuerdings der Begriff der H y p o n y m i e eingeführt. Hyponymie bezeichnet den Sachverhalt der Inklusion, des Einschließens von Bedeutungen. Die Bedeutung von *Pflanze* ist z. B. in den Bedeutungen von *Baum, Busch, Gras* usw. eingeschlossen, die Bedeutung von *Baum* ist wiederum in den Bedeutungen von *Birke, Buche, Fichte, Tanne, Erle* usw. enthalten. Synonymie wäre dann der Sonderfall wechselseitiger Hyponymie. Hyponymierelation sind auch für die Satzsemantik wichtig (Paraphrase).

Bei den Termini Hyponymie, Synonymie, Denotation und Konnotation und auch bei Homonymie und Polysemie handelt es sich nicht um exakt definierte und operational verifizierbare Begriffe, sondern um Idealisierungen. Erst im Rahmen einer Wortfeldanalyse und bei einer exakteren Strukturierung von Wortfeldern lassen sich Begriffe wie Hyponymie und Homonymie wahrscheinlich genauer fassen.

Für die Antonymie, die einen Gegensatz von Bedeutungen bezeichnen soll, trifft das nur bedingt zu, weil kaum generell zu definieren sein dürfte, von welchem gemeinsamen Bezugspunkt her man einen Gegensatz der Bedeutungen konstatiert. Gewöhnlich werden Paare wie *Liebe — Haß, schön — häßlich, klug — dumm, gut — böse* usw. als Antonyme bezeichnet. Der Bezugspunkt ist dabei offensichtlich eine Bewertung von Eigenschaften oder Verhaltensweisen nach einer gesellschaftlichen oder ästhetischen Norm. Solche antonymischen Paare sind für psychologische Untersuchungen und Erklärungen zum Sprachverhalten und zur Relation zwischen Bewertungshandlungen und ihrer Verbalisierung wichtig[6], das Aufgliedern des Wortschatzes nach Antonymien erscheint für eine linguistische Analyse jedoch wenig sinnvoll. — Antonymie bezeichnet übrigens nicht jeweilige Negation; dafür würden Expansionsableitungen wie *schön — unschön, klug — unklug* oder ein Syntagma wie *dumm — nicht dumm* verwendet.

5.3 Inhaltbezogene strukturalistische Ansätze

Im einleitenden Kapitel wurde betont, daß die Sprache nach strukturalistischer Auffassung ein System von Elementen sei und daß das einzelne Element nicht nur aus sich selbst heraus bestimmt sei, sondern daß es einen Stellenwert im Subsystem aller Elemente seiner Ebene habe. Im Bereich der Semantik wurde der strukturalistische Ansatz zuerst in Deutschland in der inhaltbezogenen Betrachtungsweise vertreten. Diese deutsche Variante strukturalistischer Sprachbetrachtung war eine Sonderentwicklung; die an naturwissenschaftlicher Anschauungsweise orientierte amerikanische, Prager und auch Genfer Linguistik klammerten die Semantik bei ihrem Streben nach methodischer Strenge zunächst aus den empirischen Untersuchungen folgerichtig aus[7], weil die Sprachinhalte nicht direkt beobachtet und explizit beschrieben werden

---

6 Vgl. die Untersuchung von Osgood, Suci, Tannenbaum zum ‚semantic differential': „The Measurement of Meaning" (1957).
7 Im amerikanischen Strukturalismus wurde die Semantik nicht nur vorläufig ausgeklammert, sondern strikt als nichtlinguistischer Bereich abgelehnt und erst über eine behaviouristische Sprachverhaltensforschung zugelassen, so von Bloomfield skizziert und von Pike aufgegriffen.

können. In Deutschland wendete man sich, soweit nicht weiterhin diachronische Sprachforschung oder Dialektologie betrieben wurde, den Sprachinhalten zu. Die Sprachtheorie wurde weitgehend von Leo Weisgerber entworfen[8], der an philosophische Ansätze Herders und besonder Humboldts anknüpft. Die für konkrete Sprachuntersuchungen wichtigen methodischen Ansätze wurden von Jost Trier und Walter Porzig erarbeitet: Triers von Weisgerber weiterentwickelte Konzeption vom ‚Sinnbezirk' bzw. ‚Wortfeld' als paradigmatischem Ordnungsprinzip des Wortschatzes auf inhaltlicher Basis und Porzigs Konzeption von den ‚wesenhaften Bedeutungsbeziehungen' als syntagmatisch wirkendem Ordnungsprinzip auf inhaltlicher Basis werden im folgenden erläutert. Weiter unten wird dann gezeigt, wie die beiden Ansätze heute von einer am Exaktheitsprinzip geschulten Linguistik präzisiert und aufeinander bezogen werden.

5.3.1 Wortfeld

Bei der Untersuchung von Wortschatzstrukturen geht man davon aus, daß bestimmte Referenzbereiche[9] wie z. B. ‚Familie und Verwandtschaft, Farben, militärische Ränge, Bewegungsvorgänge' usw. durch eine Reihe von Wörtern bezeichnet werden, deren Inhalte einander bedingen. Das sei am Beispiel der Farben erläutert: die Farben sind als Umwelterscheinungen ein Kontinuum; beim sprachlichen Verweis benutzt man jedoch mehrere Wörter, man löst das Kontinuum auf in sog. diskrete, d. h. gegeneinander abgetrennte Teile, z. B. *rot, orange, gelb, grün, blau* (beschränken wir uns auf diesen Teil des Spektrums). Jeder der Wortinhalte dieser Wörter ist in referentieller Hinsicht ungenau, aber in sprachlicher Hinsicht ist seine relative Stel-

---

8 Im Rahmen dieser Einführung wird auf eine Darstellung und Diskussion der inhalts-, leistungs- und wirkungsbezogenen Sprachbetrachtung verzichtet, weil sie dem deutschsprachigen Leser zugänglich ist, z. B. Weisgerber, „Vier Stufen".

9 In inhaltsbezogener Betrachtung spricht man auch von Sinnbezirken, um das „Geistige" und in seiner Folge Sprachliche der Einteilung und damit den „sprachlichen Zugriff" auf die Welt oder das „Worten der Welt" zu betonen. Bei Trier, der mit der Feldforschung begann, war eine diachronische Komponente enthalten; er untersuchte den historischen Wandel von Bedeutungen im Feld am ahd. und mhd. Wortschatz im Sinnbezirk des Verstandes. Mit Feld meinte Trier das Bild des Pferderennens, in dessen Feld die Positionen einzelner Tiere (Wörter) im Verlauf des Rennens (der Geschichte) sich ständig ändern können.

lung im lexikalischen Feld fixiert: *orange* liegt zwischen *rot* und *gelb*, *gelb* zwischen *orange* und *grün* usw. Diese Aufteilung des Spektrums ist eine rein sprachliche, die in anderen Sprachen z. T. anders vorgenommen wird: die russischen Wörter *sinij* und *goluboj* z. B. decken ungefähr denselben Bereich wie das deutsche Wort *blau*. Verschiedene Sprachen sind in ihren in sprachlichen Einheiten fixierten Inhalten nicht i s o m o r p h [10].

Die Bestimmung von Wortinhalten im Feld und Nicht-Isomorphie verschiedener Felder läßt sich auch am Feld der Schulnoten demonstrieren. Zu verschiedenen Zeiten und in verschiedenen Verwaltungsbezirken oder Bundesländern gab es, je nach den Erlassen der Kultusministerien, eine unterschiedliche Anzahl von Noten, wobei dann z. B. der Inhalt von *gut* unterschiedlichen Wert hat, wie folgende Abbildung zeigt[11]:

10 Die Relationen zwischen Wörtern und Umweltreferenten sind bei Farben komplexer als angedeutet. Physikalisch sind Farben aus drei Komponenten zusammengesetzt: Farbton (unterscheidet bunte von unbunten Farben), Helligkeit (unterscheidet solche unbunten Farben wie *schwarz, grau, weiß*) und Sättigung (Freiheit von *weiß*). Dieses dreidimensionale Kontinuum wird von den Farbwörtern aufgegliedert; *rosa* z. B. entspricht *rot* im Farbton, hat einen ziemlich hohen Helligkeitsgrad und einen ziemlich geringen Sättigungsgrad. Als Kind lernt ein Sprachbenutzer, die unterschiedlichen Sinneseindrücke mit den Farbnamen seiner Muttersprache zu benennen. Dabei sind offensichtlich nicht einmal alle Sprachen der Erde bei den Farbezeichnungen an den rein optischen Sinneseindrücken orientiert; in einer Arbeit über „Hanunóo color categories" schreibt Conklin, daß in dieser philippinischen Sprache die Farben nach den Kategorien Dunkelheit *(schwarz, violett* u. alle dunklen Farben des deutschen Wortfeldes), Helligkeit, Nässe (helles *grün, braun, gelb* wie bei frischen Pflanzen) und Trockenheit *(rotbraun, rot orange* usw.) bestimmt sind. (Vgl. auch die Hinweise von Lyons, „Introduction", S 429 ff.). Auch im Deutschen gibt es Farbwörter, die nicht am Spektrum allein orientiert sind; z. B. bezeichnet *blond* ausschließlich die Farbe menschlicher Haare, was dann auf die Menschen übertragen wird.

Empirische Befunde dieser Art stützen einen in Deutschland von Humboldt und Weisgerber und in Amerika von Sapir und Whorf vertretenen sprachtheoretischen Standpunkt, daß eine Sprache das Weltbild ihrer Sprecher prägt.

11 Vgl. auch Weisgerber, Grundzüge (1962), S. 99. Umstritten ist, ob das Spektrum in jeweils gleich große Abschnitte zu teilen ist, oder ob „ungenügend" im Vierer- und Fünferfeld identisch ist mit „mangelhaft" und „ungenügend" im Sechserfeld, weil damit jeweils das Nichterreichen des Klassenzieles dokumentiert wird.

sehr gut	gut	genügend	ungenügend		
sehr gut	gut	befriedigend	ausreichend	ungenügend	
sehr gut	gut	befriedigend	ausreichend	mangelhaft	ungenügend

Abb. 21: Vergleich von Schulnotenfeldern

Das Prinzip der Inhaltsbegrenzung durch Feldnachbarn ist im Schulnotenfeld einsehbar demonstriert. Allerdings handelt es sich hier eigentlich nicht um ein echtes Wortfeld der natürlichen Sprache, weil den Wörtern eine Zahlenskala zugrunde liegt (1—4, 1—5 oder 1—6), die zudem durch einen ministeriellen Erlaß, also durch einen willkürlichen Akt, festgelegt ist.

Beim Aufstellen echter Wortfelder und beim Bestimmen der Inhalte seiner Elemente gibt es in der Feldforschung theoretische und methodische Schwierigkeiten, von denen einige erwähnt seien: Das Ausgehen von Wörtern statt etwa von Lexemen bedingt von Anfang an eine Ungenauigkeit insbesondere im Hinblick auf Wortartzugehörigkeiten, weil es keinen exakten Wortbegriff gibt (vgl. Abschn. über Morphologie und Wortarten 3.1). Die Verbindung von Inhalten und sprachlich-geistigen Zugriffen auf die angesprochene Welt führt beim Aufstellen und Gliedern der Felder zu vielen auf der Intuition — scharfe Kritiker sagen: Spekulation — einzelner Forscher beruhenden Entscheidungen; es fehlt an spezifisch linguistischen, d. h. aus Sprachtexten gewonnenen Kriterien und an einer Explikation des Verfahrens, nach dem Felder aufgestellt und — wenn überhaupt — gegliedert werden[12]. Ein Vorschlag zur Explikation des Verfahrens und die Verwendung sprachlicher Kriterien für die Strukturierung von Feldern wird weiter unten im Zusammenhang mit der Komponentenanalyse besprochen.

5.3.2 Wesenhafte Bedeutungsbeziehungen

In Wortfeldern sind paradigmatische Relationen zwischen Elementen des Wortschatzes einer Sprache erfaßt. Beim Sprachgebrauch werden die Bedeutungen in Äußerungen zusammengekoppelt, wobei

---

[12] Vgl. die Kritik von Els Oskaar, die nach einer Studie zum Sinnbezirk der Schnelligkeit zu dem Schluß kommt, „daß für den Inhalt eines Wortes nicht die Feldnachbarn, sondern vor allem der linguistische Kontext und der Situationskontext bestimmend sind". (Oskaar, 1958).

sich neben den syntaktischen auch spezifisch semantische Regularitäten ergeben. Auf solche syntagmatischen Bedeutungsbeziehungen hat W. Porzig hingewiesen; er nannte sie **wesenhafte Bedeutungsbeziehungen**[13]. In neuerer Literatur findet man auch die Termini **Sinnkopplung** und — auf das syntagmatisch bestimmte Bedeutungsfeld einzelner Wörter bezogen — **semantisch-syntaktischer Hof** der Wörter[14], ferner **semantische Kongruenz**[15].

Worum handelt es sich: Porzig hatte darauf aufmerksam gemacht, daß eine Reihe von Wörtern in Sätzen nur mit bestimmten, z. T. wenigen anderen Wörtern vorkommen, z. B. *bellen* mit *Hund* als Agens: *der Hund bellt*; *röhren* mit *Hirsch* als Agens: *der Hirsch röhrt*; *blond* als Attribut von *Haar* usw. Wenn *blond* im Syntagma *blondes Mädchen* oder *röhren* im Satz *Die Betrunkenen röhrten ihre Lieder in die Nacht* erscheint, dann sind dies nach Porzig „uneigentliche" Beziehungen und man hat metaphorische Verwendung. Die meisten Wörter können in weitaus mehr Kontexten auftreten als *bellen* und *röhren*, sie können jedoch nicht mit jedem anderen Wort gekoppelt werden: neben dem paradigmatischen Stellenwert im Bedeutungssystem haben die Wörter auch einen syntagmatischen Stellenwert. In den größeren Wörterbüchern sind die beiden Bedeutungsbeziehungen implizit berücksichtigt: paradigmatische semantische Relationen der Stichwörter sind in den Synonymangaben enthalten, syntagmatische semantische Beziehungen sind in Beispielkontexten angedeutet, die teilweise zu idiomatischen Wendungen verfestigt sind. Die strukturalistische Betrachtungsweise expliziert diesen Sachverhalt, indem sie ihn begrifflich fixiert und die Begriffsrelationen systematisiert.

Das paradigmatische und das syntagmatische Bedeutungsfeld bedingen einander: Wörter, die im gleichen Rahmen austauschbar sind, bilden eine Klasse, wie z. B. *gehen, fahren, laufen*, . . . die im Kontext *Die Besucher . . . nach Hause* erscheinen können. Wörter, die gemeinsam in Sätzen erscheinen können, bilden ihrerseits eine Klasse. Etwas abstrakter gesagt: ein paradigmatisches Wortfeld in bestimmter Satzposition bildet mit einem zweiten Wortfeld in anderer Satzposition ein syntagmatisches Bedeutungsfeld. Trier hatte gegen die Übertra-

---

[13] Porzig, Aufsatz unter diesem Titel in PBB 58, S. 70 ff. (1934).
[14] Grebe in Moser (Hrsg.) „Satz und Wort", (1967), S. 109—114.
[15] Leisi, Der Wortinhalt (1961).

gung des Feldbegriffes aus dem paradigmatischen in den syntagmatischen Bereich protestiert. Porzig hatte die gegenseitigen Beziehungen in der oben angegebenen Weise dargestellt, aber die methodischen Möglichkeiten nicht weiter ausgeschöpft, die darin liegen, daß die Bedeutungsfelder mit den spezifisch linguistischen Mitteln der Kontextanalyse erschlossen werden können. In der generativen Grammatik werden die Ansätze weiterentwickelt oder auch z. T. — in Unkenntnis der Literatur — neu entwickelt. Außerdem wird dort auf die Konzeption der Komponentenanalyse zurückgegriffen, bei der die semantischen Grundelemente präziser definiert werden; die Komponentenanalyse ist deshalb zunächst darzustellen.

5.4 Komponentenanalyse

Die Komponentenanalyse läßt sich am besten durch ein oft benutztes Beispiel erläutern[16]. Man betrachte folgende Gruppen von Wörtern:

Mann	Frau	Kind	Mensch
Hengst	Stute	Füllen, Fohlen	Pferd
Bulle	Kuh	Kalb	Rind
Hahn	Henne	Küken	Huhn

Nach intuitivem Verständnis läßt sich sagen, daß vom semantischen Standpunkt einerseits die in einer Reihe nebeneinanderstehenden Wörter und andererseits die in einer Kolumne untereinanderstehenden Wörter etwas gemeinsam haben. In anderen Worten: *Mann* verhält sich zu *Frau, Kind* und *Mensch* wie *Hengst* zu *Stute, Fohlen (Füllen)* und *Pferd* und wie *Hahn* zu *Henne, Küken* und *Huhn* usw.; außerdem verhält sich *Hengst* zu *Bulle, Hahn* und *Mann* wie *Stute* zu *Kuh, Henne* und *Frau* usw. Was diese verschiedenen Gruppen gemeinsam haben, nennt man ein semantisches Merkmal[17]; andere

---

16 Vgl. dazu auch Lyons, Introduction, S. 470 ff.
17 Der häufig benutzte Terminus ‚semantische Komponente', der der Komponentenanalyse den Namen gegeben hat, wird hier vermieden, weil er im Rahmen der generativen Grammatik einen anderen Begriff kennzeichnet, vgl. dazu 5. 5.

Termini lauten: Plerem, Semem, semantische Komponente, semantischer Marker, semantic feature u. a. m. Diese Merkmale sind keine Wörter oder Lexeme, d. h. sie werden nicht oder nur selten durch einen Wortsprachkörper bzw. Lexemsprachkörper repräsentiert, der nur diesem einen Merkmal zugeordnet ist; aber um über Merkmale sprechen zu können, muß man sie notieren. Dazu verbalisiert man die semantischen Merkmale möglichst treffend und knapp und schreibt sie konventionellerweise in runde Klammern zur Unterscheidung von normalen Wörtern, also z. B. (menschlich) (Pferd betreffend), (männlich), (weiblich) usw. Für die schon in Matrixform geschriebenen Beispiele läßt sich eine Matrix schreiben, in der Zeilen und Kolumnen durch semantische Merkmale gekennzeichnet sind (Abb. 22).

	(männlich)	(weiblich)	(Kindesalter)	(Gattung)
(menschlich)	*Mann*	*Frau*	*Kind*	*Mensch*
(Pferd betreffend)	*Hengst*	*Stute*	*Fohlen*	*Pferd*
(Rind betreffend)	*Bulle*	*Kuh*	*Kalb*	*Rind*
(Huhn betreffend)	*Hahn*	*Henne*	*Küken*	*Huhn*

Abb. 22: Matrix mit semantischen Merkmalen

Die in Abb. 22 angegebenen semantischen Merkmale reichen zwar genau aus, um alle Beispielwörter zu spezifizieren und zu differenzieren, sie sind jedoch nicht die einzigen Merkmale der Wörter, und sie sind auch unter systematischem Gesichtspunkt schlecht gewählt. Im Gegensatz zu dem Merkmal (Kindesalter) müßte eigentlich des Merkmal (erwachsen) erscheinen und im Gegensatz zu (männlich) und (weiblich) das Merkmal (geschlechtsneutral), so daß man folgende Kennzeichnungen haben würde:
Mann (menschlich, erwachsen, männlich)
Junge (menschlich, Kindesalter, männlich)
Frau (menschlich, erwachsen, weiblich)
Mädchen (menschlich, Kindesalter, weiblich)
Kind (menschlich, Kindesalter, geschlechtsneutral)
Mensch (menschlich, Gattung, geschlechtsneutral).

Auch diese Merkmale dürfen keineswegs als semantische Grundelemente verstanden werden; mit ihrer Hilfe ist der Ansatz der Komponentenanalyse zu illustrieren, der übrigens in der Sache eine lange Tradition hat. Bei der Darlegung der Polysemie des Wortes *Fuchs* wurde implizit auf semantische Merkmale zurückgegriffen: dem Wort *Fuchs* mit der Bedeutungsreihe *Vulpes, Pferd, Schmetterling* ist ein Merkmal (von rötlicher Farbe) gemeinsam und der Reihe *Reineke, listiger Mensch* ein Merkmal (schlau) oder (listig). Im folgenden ist nun zu klären, welchen theoretischen Status die semantischen Merkmale haben und welche methodischen Prinzipien für eine semantische Analyse und Sprachbeschreibung sich ergeben.

Ziehen wir eine Parallele zur Phonologie, wo ebenfalls mit Merkmalen operiert wird: In der Phonologie hat man ein möglicherweise universelles Inventar artikulatorischer Merkmale, die von der Phonetik definiert sind und aus denen man die linguistisch relevanten, für die Unterscheidung von Phonemrealisationen funktionablen und somit distinktiven Merkmale aussondert und einem Phonem als Bündel distinktiver Merkmale zuordnet (vgl. Kap. 2). Zweierlei ist grundlegend: erstens ist das von der Phonetik gelieferte, d. h. durch direkte Beobachtung sichtbarer Artikulationsvorgänge definierte und verifizierte, universelle Inventar von Merkmalen vorgegeben; zweitens ist die Intuition von Sprachbenutzern, mit deren Hilfe man das Inventar bedeutungsunterscheidender Phoneme und das Phonemsystem einer Sprache erstellt, ebenfalls vorausgesetzt. Überträgt man die Voraussetzungen in die Semantik, dann wäre zu fordern: erstens ein universelles Inventar semantischer Merkmale und zweitens ein Verfahren, wie — mit dem Sprachgefühl von Informanten als Verifikationsprinzip — den Wörtern (präziser: Lexemen) einer Sprache semantische Merkmale in solcher Weise zuzuordnen sind, daß eine adäquate Darstellung des semantischen Systems der Sprache erzielt wird.

Die Forderung, nach einem möglichst universellen Inventar semantischer Merkmale zu suchen, darf nicht ohne weiteres gleichgesetzt werden mit der alten Forderung nach einem c a t a l o g u s m u n d i, welcher in der Sprache enthalten sein sollte. Die semantischen Merkmale können nicht eine Welttaxonomie abbilden; sie sind sprachliche Elemente und müssen aus der Sprache gewonnen werden. Hier wird in der Semantik ein ähnlicher heuristischer Zirkel wirksam wie in der Phonetik: dort definiert man die Artikulationsmerkmale zwar nach physiologischen Kriterien, stützt sich beim

Definieren aber immer auf das intuitiv verifizierte Vorwissen, daß Sprachlaute und nicht irgendwelche Geräusche artikuliert werden. In der Semantik sucht man nach semantischen Merkmalen und stützt sich dabei auf das Vorwissen, daß sprachliche Äußerungen Bedeutungen haben, die mit den Bedeutungen anderer sprachlicher Äußerungen verglichen werden können. Wenn viele der Bedeutungsmerkmale, wie z. B. (männlich), (weiblich), (menschlich), auf die Taxonomie der Natur verweisen, dann ist damit nicht gesagt, daß die Merkmale prinzipiell so definiert sind, sondern nur die empirische Tatsache berücksichtigt, daß einige — möglicherweise sehr viele — semantische Merkmale mit Einheiten der Natur und Welt korrelieren.

Weil semantische Merkmale zur Sprache gehören, können sie nur empirisch gefunden werden; weil sie nur empirisch und d. h. zunächst in Einzelsprachen gefunden werden können, kann man sie nur nach umfangreichen Sprachvergleichen als Universalien etablieren. Wohl kann man Universalität theoretisch ansetzen, aber beim jetzigen Stand der empirischen Forschung ist die Universalität nicht zu verifizieren. Illustriert wird der Universalitätsanspruch übrigens gewöhnlich mit Beispielen, bei denen in der oben erwähnten Weise semantische Merkmale mit Umwelteinheiten korrelieren, und das führt dann häufig zu den genannten falschen Schlüssen. Man sollte also die Forderung nach Universalität zunächst ausklammern, um in kleineren Bereichen und bei einzelnen Sprachen die Adäquatheit des Ansatzes für eine Darstellung des semantischen Systems zu überprüfen.

Als programmatische Folgerung ergibt sich, daß man einerseits Muster systematischer semantischer Beschreibung entwickeln muß, wobei die semantischen Merkmale mehr oder weniger intuitiv vorzugeben sind, und daß man andererseits nach Verfahren suchen muß, semantische Merkmale zu gewinnen. Für beide Ansätze werden Vorschläge skizziert. Dabei ist das oben gegebene Versprechen einzulösen und zu zeigen, wie die Begriffe des Wortfeldes und der wesenhaften Bedeutungsbeziehungen präzisiert werden könnten.

Bei beiden Ansätzen setzt man mit der Frage ein, wo die Semantik wirksam wird, und kommt unter spezifisch linguistischem Aspekt zur sprachlichen Äußerung, zum Kontext und damit zum Satz. Dadurch ist die Verbindung zur generativen Grammatik hergestellt, deren Vorschläge zur Semantik als Bezugsrahmen und Modell für die weitere Diskussion gelten können und die deshalb darzustellen sind. Dabei wird nur auf die interpretative semantische Komponente eingegangen, die im Gesamtmodell einer generativen transformationellen Grammatik eingebaut ist. Neueste Entwicklungen zu einer syntaxunabhängigen generativen Semantik werden nicht mehr berücksichtigt, insbesondere weil die Konzeption noch nicht im Zusammenhang dargestellt ist, sondern in Arbeitspapieren diskutiert wird.

5.5 Komponentielle Semantik im Modell der generativen Grammatik

5.5.1 Syntagmatische Relationen: Satzbedeutung und Disambiguierung

In einem vielzitierten und vieldiskutierten Aufsatz haben Katz und Fodor einen Vorschlag für die semantische Komponente einer Transformationsgrammatik skizziert. Katz hat ihn später in seinem auch ins Deutsche übersetzten Buch ‚Philosophie der Sprache' aufgegriffen. Ich skizziere die Grundelemente der Katz-Fodorschen semantischen Komponente, verweise aber für umfassendere Informationen nachdrücklich auf die Literatur[18].

Katz und Fodor gehen vom — oben im Exkurs zur generativen Grammatik dargestellten — Grammatikmodell aus und fordern, daß die semantische Komponente die syntaktischen Tiefenstrukturen von Sätzen semantisch interpretiert, d. h. ihnen eine Lesart zuordnet, die die Sprachkompetenz von Sprachbenutzern adäquat wiedergibt. Eine semantische Theorie als Teil einer generativen Grammatiktheorie soll die hermeneutischen Fähigkeiten von Sprachbenutzern im Hinblick auf die Interpretation von Sätzen beschreiben, indem sie Anzahl und Inhalt der Lesarten des Satzes darstellt, semantische Anomalien aufdeckt und über Paraphrasenrelationen zwischen Sätzen entscheidet. Von diesen Forderungen an eine generative Semantik behandeln Katz und Fodor das Aufdecken semantischer Anomalien und insbesondere die Bestimmung der Anzahl von Satzbedeutungen.

Ihre semantische Komponente besteht aus zwei Teilen: einem **Wörterbuch** und einer Anzahl von **Projektionsregeln**. Das Wörterbuch bietet eine Bedeutungsrepräsentation jedes Lexems der Sprache; die Projektionsregeln liefern den kombinatorischen

---

18 J. J. Katz und J. J. Fodor (1963); J. J. Katz (1966), deutsch (1969). Vgl. auch die in der Bibliographie angegebene Literatur von Katz u. Postal, Chomsky (1965), Weinreich (1966) und (1970) auf Deutsch mit ausführlicherer Bibliographie; s. auch unten Baumgärtner (1967).

Mechanismus, mit dem die im Wörterbuch gegebenen semantischen Repräsentationen der Satzkonstituenten auf den jeweils nächsthöheren Knoten im Formationsmarker übertragen (projiziert) und dort verglichen und korrekt verbunden werden, bis der S-Knoten erreicht und die semantische Interpretation des Satzes gegeben ist. Wörterbuch, Projektionsregel und semantische Interpretation sind zu erläutern.

Im Wörterbuch, das sich in vieler Hinsicht von den gängigen Wörterbüchern unterscheidet, sind in den Lesarteintragungen zu den Stichwörtern die Bedeutungen der betreffenden Stichwörter expliziert. Katz und Fodor verstehen die einzelnen Wörterbucheintragungen als Ersetzungsregeln, in denen die Wörter bzw. Lexeme durch eine Reihe verschiedener Angaben zu ersetzen sind. Die Stichwörter müssen den von der syntaktischen Komponente erzeugten lexikalischen Formativen entsprechen; in den einzelnen Beispielen werden statt Lexemen stets Wörter verwendet. Die Informationen müssen vollständige Analysen der Wortbedeutungen darstellen und alle Teilinformationen enthalten, die zur Anwendung der Projektionsregeln erforderlich sind. Drei Arten von Informationen werden benötigt: syntaktische Merkmale, semantische Merkmale[19] und Selektionsbeschränkungen. Semantische Merkmale und Selektionsbeschränkungen werden zur Lexikonlesart zusammengefaßt; semantisch mehrdeutige Wörter haben mehrere Lesarten. Eine Wörterbucheintragung wird nach folgender Konvention geschrieben: Stichwort in orthographischer Repräsentation, Ersetzungspfeil, syntaktische Markierungen getrennt durch Kommata, Lexikonlesarten numeriert durch römische Ziffern in Klammern, semantische Merkmale in runden Klammern und Liste von Selektionsbeschränkungen — gewöhnlich ⟨SR⟩ abgekürzt für ‚selectional restriction‘ — in spitzen Klammern. Als Beispiel bringen Katz und Fodor und auch Katz (1965) eine Eintragung zum englischen Wort *bachelor*, das vier Lesarten hat und entsprechend im Deutschen vier Übersetzungen: *Junggeselle, Knappe, Bakkalaureus, männl. Seehund ohne Weibchen zur Brunstzeit.* Ich zitiere nach Katz (1969), S. 141/2:

bachelor   N, N_1, ..., N_k; (I)   (Physisches Objekt), (lebend), (menschlich), (männlich), (erwachsen), (nie verheiratet); ⟨SR⟩

---

[19] Bei Katz ‚semantic markers‘ und ‚syntactic markers‘, was auch mit ‚semantische‘ oder ‚syntaktische‘ Marker übersetzt werden kann.

(II) (Physisches Objekt), (lebend),
(menschlich), (jung),
(Schildknappe), (unter der Fahne
eines anderen dienend);
⟨SR⟩

(III) (Physisches Objekt), (lebend),
(menschlich), (im Besitz des akademischen Grades nach den ersten
vier Jahren College);
⟨SR⟩

(IV) (Physisches Objekt), (lebend),
(Tier), (männlich), (Seehund),
(ohne Partnerin zur Brunstzeit);
⟨SR⟩.

Der theoretische Status der syntaktischen Merkmale ist nicht generell geklärt; im generativen Modell entsprechen sie den terminalen Kategorialsymbolen. Die semantischen Merkmale sind Merkmale im oben dargestellten Sinn (vgl. 5.4); d. h. sie sind „Begriffselemente, in die eine Lesart einen Sinn aufgliedert" (Katz, 1969, 142), keine Wörter der natürlichen Sprache, sondern theoretische Konstrukte einer Sprachtheorie, die für die Erzeugung von Satzbedeutungen aus Einzellexembedeutungen benötigt werden[20]. In den von Katz gegebenen Beispielen sind die semantischen Merkmale offensichtlich intuitiv und ad hoc vorgegebene Elemente, welche die Beispiele und das Modell illustrieren sollen.

Die Selektionsbeschränkungen enthalten Angaben darüber, mit welchem Kontext die betreffende Lesart einer Eintragung kompatibel ist oder, bei negativer Kennzeichnung, mit welchem Kontext sie nicht verträglich ist. In den Kontextmerkmalen, welche

---

20 Bei den semantischen Merkmalen wird manchmal, so bei Katz und Fodor (1963), zwischen ‚semantic markers' und ‚semantic distinguishers' unterschieden. ‚Distinguishers', Unterscheider, sind zu einem Wort gehörende idiosynkratische Merkmale, die diesem Wort allein zukommen, und die es von anderen unterscheiden. ‚Markers' **stellen** die Beziehung zu anderen Wörtern her und erscheinen in den Selektionsbeschränkungen zusammen mit syntaktischen Merkmalen (s. u.). Diese Unterscheidung ist umstritten und wird nicht durchgehalten, vgl. Weinreich (1966), 405 f.

die semantische Kompatibilität von Lexemen (Wörtern in den Beispielen) anhand von semantischen Merkmalen angeben, können die wesenhaften Bedeutungsbeziehungen (vgl. 5.3.2) in Sätzen expliziert werden; dabei ist der Rahmen wesentlich weiter gezogen als bei Porzig, weil im generativen Modell alle in einer Basiskomponente erzeugten Tiefenstrukturen dem Mechanismus der Kontextselektion zu unterwerfen sind. Dieser Mechanismus wird durch P r o j e k t i o n s r e g e l n gesteuert, welche die Satzbedeutung(en) ableiten. Die Projektionsregeln „amalgamieren" die Lexikonlesarten, indem sie bei Kompatibilität die Lesarten zusammenfügen zu einer abgeleiteten Lesart eines Knotens bis hin zur Satzlesart. Bei Nichtkompatibilität wird eine neue Lesart der lexikalischen Formative berücksichtigt; ist keine mehr vorhanden, dann wird der Satz als semantisch anomal klassifiziert. Für jede syntaktische Relation soll es eigene Projektionsregeln geben, also für Subjekt-Prädikat, Hauptverb-Objekt usw. Wenn mehrere Lexikonlesarten kompatibel sind, dann werden mehrere Knotenlesarten und schließlich Satzlesarten abgeleitet und der betreffende Satz als semantisch mehrdeutig klassifiziert. Häufig werden aber durch die Selektionsbeschränkungen Lexikonlesarten ausgeschieden und somit Mehrdeutigkeiten von Wörtern in Sätzen eliminiert. Man spricht dann von semantischer D i s a m b i g u i e r u n g .

Der gesamte Interpretationsprozeß — das Zuordnen von Lesarten aus dem Lexikon zu den Terminalformativen der syntaktischen Struktur, die Anwendung der Projektionsregeln, das Notieren abgeleiteter Lesarten usw. — ist komplex und langwierig und kann hier nicht explizit vorgeführt werden. Zur Illustration des Verfahrens werden an einigen Beispielsätzen mit wenigen semantischen Merkmalen Kompatibilität oder Nichtkompatibilität und semantische Disambiguierung erläutert. Das Wort *Schulklasse*, z. B., ist semantisch mehrdeutig; in Lesart (I) muß es beispielsweise u. a. die Merkmale (unbelebt), (räumlich) enthalten und in Lesart (II) die Merkmale (belebt), (Gruppe von Menschen). Der Satz *Die Schulklasse brannte ab* ist nicht mehrdeutig; eine Lexikonlesart von *abbrennen* muß z. B. als Selektionsbeschränkung ein Merkmal ⟨Subjekt (unbelebt)⟩ enthalten. Damit wäre nicht nur die semantische Disambiguierung generiert, sondern für eine semantische Interpretation des Satzes wäre sichergestellt, daß die Lesart (I) von *Schulklasse* in die Satzbedeutung eingeht. Der Satz *Die Schulklasse brannte durch* ist ebenfalls eindeutig. Hier müßte für *durchbrennen* eine Lesart (I) als Selektionsbeschränkung ⟨Subjekt (belebt)⟩ enthalten. Für *durchbrennen* müßte es außerdem eine Lesart (II) mit dem Merkmal ⟨Subjekt (unbelebt)⟩ geben, die aber erweitert werden müßte zu ⟨Subjekt (unbelebt), (nicht räumlich), (Elektrotechnik)⟩ um Sätze wie *Die Sicherung brannte durch* und *Die Leitung brannte durch* richtig zu interpretieren und dabei *Leitung* als elektrische Leitung und nicht als *Wasserleitung* zu kennzeichnen. Der Satz *Die Leitung brannte durch* ist allerdings für sich genommen semantisch mehrdeutig, denn die Leitung kann auch die Leitung eines in Konkurs gehenden Unternehmens sein, die mit dem letzten Geld durchbrennt, und eine Lesart (II) von *Leitung* wird demnach das Merkmal (belebt) enthalten. In kommunikativen Situationen und in längeren Texten werden solche Mehrdeutigkeiten eliminiert, aber dies zu erfassen ist nicht Ziel und Aufgabe einer die Kompetenz beschreibenden Satzsemantik, sondern einer Pragmatik der Sprachverwendung, einer Performanzbeschreibung, bei welcher der situative und sprachliche Kontext eine zentrale Stellung einnehmen würde.

In den Beispielen wurden Selektionsbeschränkungen nur beim als Prädikat fungierenden Verb notiert. Man sagt dann für die einzelnen Projektionsregeln, das selektierende Element sei p r o j e k t i o n s - a k t i v. Hier zeigt sich einerseits eine Verbindung zur Dependenzgrammatik, in der die Verben dominierende Positionen einnehmen; hier zeigt sich andererseits der interpretatorische Charakter dieser Semantik, die syntaktische Strukturen interpretiert und damit voraussetzt, daß die Sprachkompetenz tatsächlich von der Syntax her zu beschreiben ist. Für das generative Grammatikmodell und im Rahmen der generativen Grammatiktheorie ist das zu rechtfertigen, aber es gibt gerade heute nicht wenige Linguisten, die meinen, die Semantik habe zentrale Funktion beim Sprechen und Hören.

5.5.2 Paradigmatische Relationen: Merkmalgewinnung und Feldstrukturierung

Bei der Darstellung der interpretatorischen semantischen Komponente einer generativen Grammatik wurden in den Beispielen die Merkmale intuitiv und ohne Begründung vorgegeben. Weil, wie zu Anfang des Semantikkapitels gesagt, die Inhaltsseite des Sprachzeichens direkter Beobachtung nicht zugänglich ist, wird bei einer Beschreibung zumindest der Semantik die sprachliche Kompetenz, das

Sprachgefühl des Linguisten letzte Entscheidungsinstanz sein; aber der Linguist und die Linguistik als Wissenschaft sind aufgefordert, intuitive Entscheidungen zu begründen und durch empirische Evidenzen zu erhärten.

Den semantischen Merkmalen war oben (5. 4) der Status theoretischer Konstrukte zugesprochen worden; die individuellen Merkmale waren als ‚möglichst treffend verbalisierte' Wörter oder Syntagmen gekennzeichnet. Bei dem Verbalisierungsprozeß der Merkmale, die als abstrakte Bedeutungselemente verstanden werden, muß die Präzisierung einsetzen und sind die Entscheidungen zu begründen. In einem Aufsatz[21] schlägt Baumgärtner vor, das Katz-Fodorsche Modell zu verwenden, um damit semantische Merkmale zu gewinnen und zu verifizieren. Danach sind die syntagmatischen, kontextabhängigen Bedeutungsrelationen von Wörtern (Lexemen) systematisch einerseits zur Erzeugung semantischer Merkmale der Wörter und andererseits zur merkmalorientierten Strukturierung eines paradigmatischen Feldes von Wörtern zu verwenden. Zwar ist auch bei diesem Verfahren der genaue Wortlaut des jeweiligen Merkmals von der Verbalisierung des Linguisten und seiner Informanten bestimmt, aber durch die Verwendung des generativen Modells wird eine gewisse Systematisierung erreicht. So schlägt Baumgärtner vor, als Merkmale für Verblexeme Wörter oder Syntagmen zu nehmen, die in Adverbialstellung und -funktion erscheinen, und außerdem in Form von Kontextrestriktionen auf Ergänzungen mit Subjekt-, Objekt- und anderen Funktionen zu verweisen. Baumgärtner demonstriert seinen Vorschlag, indem er Merkmale zu Verben der Fortbewegung erzeugt. Zur Erläuterung seines Vorgehens werden hier nur die Verblexeme *geh*, *lauf*, *spazier* und *schreit* behandelt[22]. Wie zuvor bei der Darstellung verschiedener linguistischer Analysetechniken wird gekürzt und nachdrücklich auf die Literatur verwiesen; dort ist auch — mit Hinweisen auf die Dependenzgrammatiken — begründet, warum gerade Verblexeme gewählt werden.

Das Verblexem *geh* und alle anderen erhalten zunächst zur allgemeinen Kennzeichnung und in Abgrenzung gegen andere Lexeme wie

---

21 Baumgärtner, Klaus: „Die Struktur des Bedeutungsfeldes" in Moser (Hrsg.), Satz und Wort, (1967), 165—197.
22 Baumgärtners Notierungskonventionen usw. werden nur z. T. übernommen; wenn vorhanden, werden die in diesem Buch bereits eingeführten Konventionen verwendet.

Semantik: die Bedeutungen von Wörtern und Sätzen

Formationsmarker

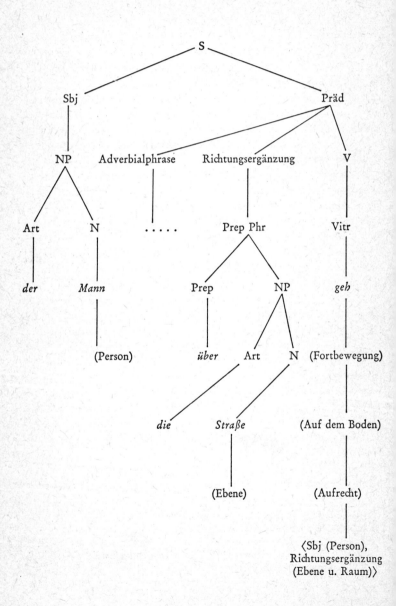

reit, fahr, schwimm, flieg folgende Merkmale und Selektionsbeschränkungen
geh: (Vorgang), (Fortbewegung), (Auf dem Boden), (Aufrecht);
⟨Subj (Person), Richtung (Ebene und Raum)⟩.

Als Modellsatz wird *Der Mann geht . . . über die Straße* gewählt. Die Leerstelle ist für Adverbialbestimmungen vorgesehen, die als semantische Merkmale generiert werden sollen. Bei Baumgärtner werden Lexeme und nicht flektierte Wörter verwendet, weil die Tiefenstruktur des Satzes zugrunde gelegt wird; hier werden bis auf das Verblexem der besseren Verständlichkeit halber Wörter benutzt. Das Lexem *geh* wird als Lexem mit der umfassendsten Bedeutung angesetzt und erscheint deshalb im Beispielsatz. Weiter unten wird deutlich, wie diese intuitiv sicher akzeptierbare Entscheidung empirisch gesichert wird. Als Formationsmarker für den Beispielsatz ist folgender anzusetzen[23]:

Im Formationsmarker ist die Kategorie ‚Adverbialphrase' nicht entwickelt. Hier sollen die semantischen Merkmale erzeugt werden, welche die verschiedenen Verben charakterisieren und unterscheiden. Im folgenden wird nun der Adverbialknoten nicht ausführlich weiterentwickelt, sondern die adverbialen Bestimmungen werden im Wortlaut eingeführt; überhaupt wird für das Weitere auf den Formationsmarker verzichtet, der illustrieren sollte, daß und wie den weiteren Überlegungen ein generatives Satzmodell zugrunde liegt.

Im nächsten Schritt werden erstens die anderen Verblexeme statt *geh* eingesetzt und zweitens wird beim Modellsatz mit dem Verblexem *geh* die Adverbleerstelle derart ausgefüllt, daß die resultierenden Sätze jeweils als Paraphrasen anzusehen sind, also:

(1a) *Der Mann läuft über die Straße*
(1b) *Der Mann geht schnell über die Straße*
(2a) *Der Mann spaziert über die Straße*
(2b) *Der Mann geht langsam und bequem über die Straße*

---

23 In Abweichung zu den Formationsmarkern im Syntaxkapitel werden hier syntaktische Funktionen mitnotiert, weil sie für die Selektionsbeschränkungen benötigt werden. In einem umfassenden generativen Modell würden die syntaktischen Funktionen bei den Projektionsregeln berücksichtigt.
   Semantische Merkmale und Selektionsbeschränkungen werden unter dem Formationsmarker notiert. In Abweichung von einer echten Tiefenstruktur werden hier voll flektierte Wörter statt Formative eingesetzt. Vgl. zum Formationsmarker Baumgärtner (1967), S. 180.

(3a) *Der Mann schreitet über die Straße*
(3b) *Der Mann geht langsam und würdig über die Straße*

Im nächsten Schritt werden die Adverbialbestimmungen der Sätze in semantische Merkmale überführt, so daß z. B. für *spazier* folgende Merkmale gegeben sind:

spazier — (Fortbewegung), (Auf dem Boden), (Aufrecht), (Langsam), (Bequem); ⟨Subj (Person), Richtungserg (Ebene u. Raum)⟩.

Der Zusammenhang der vier Lexeme *geh, lauf, spazier, schreit*, der als Ausschnitt aus einem Bedeutungsfeld angesehen werden kann, läßt sich anhand der hier für sie erzeugten semantischen Merkmale in einem Baumgraphen darstellen (Abb. 23).

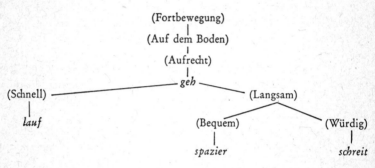

Abb. 23: Ausschnitt aus einem Bedeutungsfeld

Sicherlich gibt die in diesen Graphen — und durch das Beispiel — suggerierte hierarchische Anordnung und Verzweigung der Merkmale und Lexeme die semantischen Relationen von Wörtern einer Sprache zu einfach wieder; Kreuzklassifikationen und Mehrfachkennzeichnungen (quer- und rücklaufende Kanten in Graphen) sind zu erwarten.

Im Beispiel war ein Vorschlag zu skizzieren, wie mithilfe der syntagmatischen Relationen und speziell des generativen Modells die Strukturierung eines Bedeutungsfeldes festgelegt werden kann. Zur weiteren Demonstration, wie mithilfe der Konponentenanalyse die Struktur von Bedeutungsfeldern präzisiert werden kann, werden zwei graphische Darstellungen eines Wortfeldes gegenübergestellt. Weisgerber hat das Wortfeld ‚Aufhören des Lebens' folgendermaßen graphisch dargestellt[24] (Abb. 24):

Baumgärtner kritisiert an Weisgerbers graphischer Darstellung, daß

24 Nach Weisgerber, Grundzüge, 3. Aufl. (1962), S. 184.

sie durch das Anordnen von Wörtern in drei konzentrischen Ringen semantische Relationen zwischen den Elementen der einzelnen Ringe und den übereinanderstehenden Elementen suggeriert, die nicht expliziert werden. Er stellt neben Weisgerbers die Wörter klassifizierende Darstellung eine bedeutungsspezifizierende. Für Baumgärtner sind alle Lexeme des äußeren Ringes außer *ableb* und *verröchel* gegenüber *sterb* allein durch die stilistischen Merkmale (Gehoben) oder (Vulgär) unterschieden; deshalb werden sie nicht berücksichtigt. *Ableb* sieht Baumgärtner nicht als Verb, sondern als Nomen an und streicht es ebenfalls. Für die restlichen, zu denen er einige hinzufügt, die bei Weisgerber durch „usw." angedeutet sind, setzt Baumgärtner einheitlich das Kon-

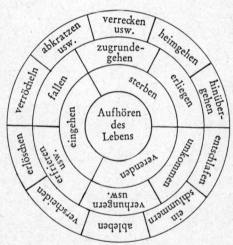

Abb. 24: Wortfeld ‚Aufhören des Lebens'

textmerkmal ⟨Subj (Person)⟩ an und stellt das resultierende Bedeutungsfeld wie in Abb. 25 gezeigt dar[25].

Die Bemühungen um eine Strukturierung eines Wortfeldes mithilfe semantischer Merkmale führen erneut zur Frage nach den Relationen zwischen Lexemen und Merkmalen und weiter zur Frage nach den Relationen zwischen den Merkmalen. In Baumgärtners Darstellung (vgl. Abb. 25) sind Lexeme und Merkmale übereinanderkopiert (untereinandernotiert). Man hat zwei hierarchisch geordnete Feldstrukturen, die der Merkmale und die der Lexeme. Beide sind allerdings

25 Baumgärtner, a. a. O. S. 191.

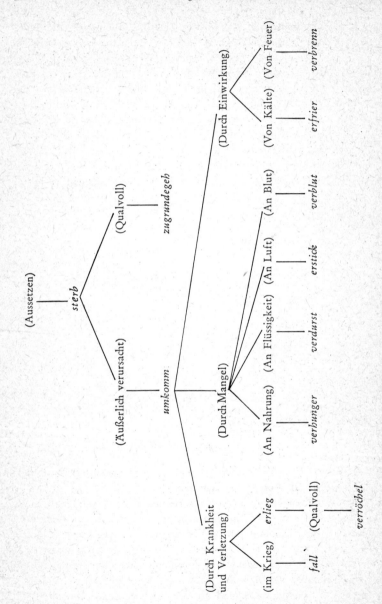

Abb. 25: Bedeutungsfeld ‚Aussetzen des Lebens'

nicht ein-eindeutig aufeinander abgebildet; nur *erlieg* ist durch ein Merkmal von *umkomm* unterschieden, die anderen der unteren Reihe durch mehrere. Schon dieses kleine Bedeutungsfeld zeigt, daß zu einer präzisen Beschreibung semantischer Feldrelationen mithilfe von Merkmalen möglicherweise mehr Merkmale benötigt werden, als das Feld Lexeme (Wörter) enthält. Hier liegt einer der Ansatzpunkte für Kritik an einer auf der Komponentenanalyse aufbauenden Semantik: man fürchtet, es würden mehr semantische Merkmale benötigt, als die Sprache Lexeme habe, und hält einen solchen Aufwand für ungerechtfertigt. Für Modelle kleiner Bedeutungsfelder mag eine Komponentenanalyse präzis sein, aber für den Gesamtwortschatz einer Sprache würde die Anzahl der Merkmale unübersehbar, die Relationen schon zwischen den Merkmalen sehr komplex, ganz zu schweigen von einer verschachtelten Lexem-Merkmalzuordnung wie in Abb. 25. Hinzu kommt als weiteres Bedenken, daß die Verbalisierung der semantischen Merkmale und die Entscheidung darüber, was semantische Merkmale sind, auch bei Hinzuziehen von Satzkontexten und tiefenstrukturell analysierten Sätzen auf dem Sprachgefühl von Linguisten beruht, d. h. deren Verständnis von der Bedeutung der zu Merkmalen erhobenen Wörter wiedergibt und letztlich nicht verifizierbar ist. Deshalb schlägt u. a. Lyons vor[26], auf eine durch semantische Merkmale inhaltlich bestimmte Strukturierung von Wortfeldern zu verzichten und statt dessen — in einer r e l a t i o n a l e n Semantik — die semantischen Relationen zwischen Wörtern im Sinne der traditionellen Begriffe wie Synonymie, Hyponomie usw. zu untersuchen und diese relationalen Begriffe zu präzisieren, indem man sie auf zugrundeliegende logische Relationen zurückführt. Eine solche Präzisierung der Struktur von Bedeutungsfeldern im Sinne einer logischen Notierung deutet auch Baumgärtner an, der allerdings Relationen zwischen semantischen Merkmalen und nicht zwischen Lexemen behandelt. Da logische Notierungen bisher in diesem Buch nicht eingeführt worden sind, und da in der linguistischen Semantik bisher nur Ansätze zu logischen Notierungen zu finden sind, wird auf eine Darstellung hier verzichtet, die über den Rahmen der allgemeinen Linguistik hinaus zur spezielleren mathematischen Linguistik führen würde.

---

26 Vgl. Lyons, Introduction (1968), Kap. 10, und ders. ‚Structural Semantics' (1963) 1. Aufl.

5.6 Zusammenfassung

Im Semantikkapitel wurden zunächst primär linguistische von eher philosophischen und psychologischen Fragestellungen zur Beziehung zwischen Sprache und angesprochener Welt unterschieden und der Unterschied zwischen Referenzsemantik (sigmatischer Aspekt) und Bedeutungssemantik (semantischer Aspekt) erläutert. Als fundamentale semantische Eigenschaft natürlicher Sprachen wurde festgelegt, daß die Bedeutungen von Wörtern nicht mit Umweltreferenten gleichzusetzen und von diesen her zu bestimmen sind, sondern daß sie mentale Größen sind, die sich im Sprachgefüge gegenseitig bestimmen und die nicht direkt, sondern nur indirekt im Sprachgebrauch beobachtet und beschrieben werden können, weil man dem Menschen beim Sprachgebrauch zwar aufs Maul, aber nicht ins Gehirn schauen kann.

Im Bereich speziell linguistischer Semantik wurden zunächst traditionelle etymologische und semasiologische Begriffe eingeführt: Wortfamilie, Bedeutungsumfang, Bedeutungserweiterung, -verengung, -verbesserung, -verschlechterung, Wortentlehnung, Bedeutungsübertragung (Bedeutungsentlehnung), Homonymie, Polysemie, Synonymie, Denotation und Konnotation, Hyponymie, Antonymie. Sodann wurden — mit Hinweisen auf die inhaltbezogene Grammatik — die ersten strukturalistischen Ansätze diskutiert, wie mit dem ‚Wortfeld' die paradigmatischen und mit den ‚wesenhaften Bedeutungsbeziehungen' die syntagmatischen semantischen Relationen von Wörtern begrifflich erfaßt und methodisch untersucht wurden.

Im weiteren wurden Vorschläge diskutiert, wie die semantischen Strukturen präziser erfaßt und expliziert werden könnten. Dabei wurde auf die Komponentenanalyse und ihre Suche nach semantischen Merkmalen eingegangen, die sowohl im paradigmatischen Bereich als auch im syntagmatischen speziell in der semantischen Komponente einer generativen Grammatik zugrunde gelegt und entwickelt wird, und bei der die gegenseitige Abhängigkeit von Satzbedeutungen und Wortschatzstrukturierungen beispielhaft zum Ausgangspunkt methodischer Überlegungen wird. Schließlich wurde auf Kritik am komponentiellen Ansatz und auf Bemühungen um eine relationale Semantik hingewiesen. Eine kritische Bewertung der semantischen Ansätze müßte wohl ebenfalls hier ansetzen.

Insgesamt kann man zweierlei feststellen: erstens stößt im semantischen Bereich das wissenschaftstheoretische Ideal der Linguistik der

30er und 40er Jahre, welches exakte und verifizierbar explizite Beschreibung vorsah, auf unüberwindliche, im Phänomen begründete Hindernisse, weil die Sprachzeichen nur in ihren Sprachkörpern direkt wahrnehmbar sind. Zweitens haben sich auch in der Semantik strukturalistische Prinzipien durchgesetzt, die auf dem Grundaxiom von der Sprache als einem regelmäßig strukturierten und nach Regeln generierbaren Gebilde fußen und eine m ö g l i c h s t adäquate und jedenfalls explizite Beschreibung anstreben.

6. Nachtrag: Stichworte zur Pragmatik

Im Einleitungskapitel wurde gesagt, eine der wichtigsten Funktionen der Sprache sei die kommunikative; die Sprache ist ein Kommunikationsmittel, ein Werkzeug, mit dem einer dem anderen etwas mitteilen kann über die Dinge. Über das Besondere gerade dieses Werkzeugs, den Zeichencharakter der Sprache, die komplexe Semiotik und die damit verbundene kognitive Funktion für den Menschen wurde ebenfalls einiges ausgeführt. Auf diese „Leistung" von Sprache soll hier mit Nachdruck hingewiesen werden, damit nicht der Eindruck entsteht, die im folgenden etwas ausführlicher behandelte kommunikative Funktion werde absolut gesetzt, im Gegenteil: sprachliche Kommunikation ist *symbolgebundene* Kommunikation, sprachliche Interaktion ist symbolische Interaktion; das eine ohne das andere sehen zu wollen, heißt, das Beschreibungsprinzip des Abgrenzens unzulässig auszudehnen.

Allerdings wird in letzter Zeit besonders intensiv über den Problemkreis „Kommunikation, kommunikatives Verhalten" gearbeitet. Seit das vorliegende Büchlein geschrieben wurde, haben sich gerade auch die Linguisten in verstärktem Maße der zwischenmenschlichen Kommunikation, den tatsächlichen Sprechereignissen, dem kommunikativen Handeln und Sprachhandeln zugewandt. Die K o m m u n i k a t i o n s f o r s c h u n g und — von der Linguistik ausgehend — die l i n g u i s t i s c h e P r a g m a t i k, auch P r a g m a l i n g u i s t i k genannt, haben eine Fülle von Einsichten zur Kommunikation vorgelegt, von denen einige vorzustellen sind.

Die neueren pragmalinguistischen Ansätze bedeuten jedoch mehr als nur eine Ergänzung bisheriger linguistischer Arbeit; sie bedeuten eine Zäsur für die Linguistik, denn sie haben die Linguistik selbst verändert; die „alte", auch und gerade die strukturalistische Linguistik wird denn auch häufig — von manchem Neuerer polemisch abwertend — als „Systemlinguistik" — abgetan. Das ist nur dann berechtigt, wenn die Beschreibung des Sprachsystems absolut gesetzt wird; auf Ergebnisse der Analyse sprachlicher Mittel muß auch die Pragmalinguistik zurückgreifen. Aber der neue Ansatz hat bewirkt, daß systemlinguistisch orientierte Sprachstrukturanalysen vor dem pragmalinguistischen Anspruch zu rechtfertigen sind, daß nicht die Erklärung eines abstrakten Sprachsystems das Erkenntnisziel der Linguistik sein könne, sondern die Erklärung (sprachlicher) kommunikativer Verhaltensweisen und Handlungen.

Der Gegenstand der Linguistik ist nicht mehr nur die Sprache als Abstraktion von Sprechereignissen oder als allem Sprechen „zugrundeliegendes" System, sondern der Gegenstand sind die Sprechereignisse selbst. Es wird nicht mehr nach der Struktur des Sprachsystems gefragt, nach den sprachlichen Einheiten und den Regeln ihrer Kombinierbarkeit, nach der Bedeutungskonstitution der sprachlichen Symbole, sondern das Sprechereignis als menschliche „Sprechtätigkeit"[1] setzt den Rahmen für die Analysen. Untersucht werden die Funktionen der Sprachhandlungen im Rahmen menschlichen, insbesondere zwischenmenschlichen Handelns. Dazu gehört durchaus auch die Analyse ‚der Sprache' als des wichtigsten Mittels, welches sich die Menschen bei ihren symbolischen Handlungen bedienen. Aber die Symbolkonstitution selbst (das Den-Lautgebilden-Bedeutung-Geben, das Bedeutungen-in-Lautfolgen-Ausdrücken) wird unter den Bedingungen menschlicher Handlungsweisen gesehen: welches Bedürfnis besteht, gerade diese und keine andere Bedeutung im Sprachzeichen zu verfestigen? Die Erklärung wird in praktischen Notwendigkeiten oder intellektuellen Wünschen, jedenfalls aber als Ergebnis geistiger Arbeit gesucht. — Schließlich werden die Sprechereignisse und Sprachhandlungen selbst als Teile von umfassenderen Handlungszusammenhängen gesehen, bei denen u. a. soziale Gegebenheiten (z. B. gesellschaftliche Positionen der Gesprächspartner), psychische Faktoren (z. B. ‚Seelenlage'), Handlungsintentionen der Gesprächspartner als konstitutive Elemente der Kommunikation zu berücksichtigen sind.

Im Folgenden werden zentrale pragmalinguistische Grundbegriffe und Konzeptionen erläutert.

6.1 Verhalten und Handeln

In der Pragmatik werden häufig Termini wie kommunikatives Verhalten, kommunikatives Handeln, Sprachverhalten, Sprachhandlung, Sprechhandlung, Sprechakte verwendet, manchmal undifferenziert nebeneinander, manchmal als definierte Begriffe. Unbeschadet spezifischer

---

1 vgl. Leont'ev: Sprache — Sprechen — Sprechtätigkeit (1971), der Sprechtätigkeit als umfassenden Begriff versteht; anders, als Abgrenzung gegen Sprache im Sinne von Sprachsystem in Bünting / Kochan / Linguistik und Deutschunterricht (1973), 17 ff.

Ausprägungen im Hinblick auf sprachliches und kommunikatives Tun wird vorab zu klären sein, was für ein Unterschied zwischen *Verhalten* und *Handeln* gemeint ist, wenn über menschliche Aktivitäten geredet wird. *Akt* und *Aktion* wird dabei *Handeln* und *Handlung* gleichgesetzt: es handelt sich um die Übernahme des Englischen *(to) act* und *action*.

Für eine Klärung der Terminologie und der Begrifflichkeit ist es hilfreich, zwei grundsätzliche Fragen zu klären:

1. Werden die Beziehungen als gemeinsprachliche *Wörter* mit gemeinsprachlichen Bedeutungen benutzt oder als wissenschaftliche *Termini* mit definierten Begriffsinhalten?
2. Bezieht sich die Bedeutung bzw. der Begriffsinhalt auf die gemeinte Sache, bezeichnet er Unterschiede im menschlichen Tun, oder bezieht er sich auf die Sichtweise, unter der menschliches Tun gesehen wird; d. h. handelt es sich um Objektbegriffe oder um methodische Begriffe?

Zunächst einige Argumente, dann Erläuterungen anhand eines Beispiels.

In vielen Ausführungen zur Pragmatik werden zwar Begriffe wie *Sprachhandlung* und *Sprechakt* als Termini gebraucht, aber wenn das Umfeld im Objektbereich skizziert wird, d. h. wenn die Begriffe eingegrenzt werden, ist sehr oft von *kommunikativem Verhalten, Sprachverhalten* die Rede, ohne daß eigentlich eine definierte Begrifflichkeit dahintersteht. Es handelt sich um das — in der Darstellung nicht zu umgehende — Abgrenzen des Objektbereichs der Analyse mit normaler Gemeinsprache. Deshalb scheinen einige Bemerkungen über die *Bedeutungen* der Wörter *handeln* und *verhalten* angebracht[2].

Gemeinsprachlich werden *handeln* und *verhalten* bzw. *sich verhalten* nach Auskunft der Wörterbücher und nach eigenem Sprachgefühl teilweise synonym verwendet, wenn sie auf menschliches Tun verweisen. Dabei dürfte *handeln* insgesamt häufiger dann verwendet werden, wenn bei dem, der etwas tut, die Initiative gesehen wird, während *verhalten* eher dann gebraucht wird, wenn von anderen oder aus der Situation heraus gefordert ist, daß etwas getan wird. („Wie verhält er sich in dieser Situation?"). D. h.: zur Aussage, daß jemand etwas getan hat, kommt häufig eine Interpretation über Motiviertheit und

[2] In den Ausführungen dieses Abschnitts werden *menschliches Tun* und *Tätigkeit* in solcher Weise verwendet.

Absicht hinzu. Aufschlußreich für eine nähere Bestimmung der Wortbedeutungen dürfte sein, wie man die Wörter bei eigenem Tun verwendet[3]. — Die Unschärfe der Bedeutung von Wörtern ist ja charakteristisch für die Gemeinsprache. Deshalb sind Wörter vielseitig verwendbar. Und deshalb muß man häufig das, was man exakt meint, im Verlauf eines Gesprächs klären.

Im wissenschaftlichen Diskurs sind die Termini genau definiert. Es ist nicht möglich, die Termini synonym zu verwenden, es sei denn, sie sind so definiert. Wissenschaftliche Begriffe haben festgelegte Begriffsinhalte; die Schärfe, die Genauigkeit der Bedeutung eines wissenschaftlichen Terminus sind festgelegt und man kann im Diskurs erwarten, daß die Gesprächspartner den gleichen Begriffsinhalt verstehen.

Verhalten ist Kernbegriff der Verhaltenswissenschaften. Aber hier hat man genauer zu unterscheiden, ob die Definition der jeweiligen Disziplinen vom Objektbereich oder von der Methode her vorgenommen ist, soweit die Kennzeichnung als *Verhaltens*wissenschaft betroffen ist.

So ist die *Verhaltensforschung*, die Ethologie als Teildisziplin der Biologie, zunächst über den Objektbereich definiert. Analysiert wird das Verhalten der Lebewesen qua der Art, aus den physiologischen Voraussetzungen und vom Lebensraum jeder Art her. Eine Sprachverhaltensforschung in diesem Sinne gibt es nicht; aber wenn von „Sprachverhalten" und „kommunikativem Verhalten" gesprochen wird, dann sind Begriffe oder zumindest eine Begrifflichkeit dieser Art gemeint: die Gesamtheit menschlicher — bei kommunikativem Verhalten auch tierischer — Äußerungs- und Mitteilungsgewohnheiten und -techniken. In jedem Fall handelt es sich um Objektbegriffe, nicht um Begriffe, die einer streng definierten Methodik verpflichtet sind.

Anders ist es bei Begriffen des *Behaviourismus*. Der Behaviourismus, deutsch häufig mit *Verhaltenslehre* bezeichnet, ist eine ganz von der Methode her definierte Richtung der Psychologie; rigorose Behaviouristen versuchen, alles ‚Verhalten' der Lebewesen (Tiere und Menschen) mit dem sog. Reiz-Reaktions-Schema (Stimulus-Response) zu erläutern[4]. Es ist hier nicht der Ort, Grundlagen und Entwicklung des Behaviourismus zu klären. Im 2. und 3. Kapitel wurde bei der

---

3 Hinzu kommen noch eine Reihe von festgelegten Verwendungs- und Bedeutungsbereichen, z. B. *Verhalten* im Sinne von *Benehmen*, *handeln* auf dem Marktplatz usw., auf die hier nicht weiter eingegangen wird.

4 Die Methode wird auch in der Ethologie verfolgt, weshalb die Begriffe häufig durcheinander geraten.

Darstellung des distributionellen Strukturalismus darauf eingegangen, wie die behaviouristische Methodik die amerikanische Linguistik bestimmte. Festzuhalten ist jedoch, daß es sich beim behaviouristischen Verhaltensbegriff eindeutig um einen methodischen Begriff handelt, der darauf hinweist, daß das Agieren der analysierten Lebewesen, auch der Menschen, beobachtet und beschrieben werden soll, indem als *ursächliche* Erklärung für „Verhaltensweisen" Ketten von Reizen und Reaktionen festgestellt und verallgemeinert werden. J. Habermas nennt diesen methodisch definierten Begriff in der ‚Logik der Sozialwissenschaften' denn auch eindeutig ‚*stimuliertes Verhalten*' und grenzt ihn scharf gegen das *Handeln* ab, das er *intentionales Handeln* nennt[5].

Grundlegend und konstitutiv für den Handlungsbegriff ist, daß eine Tätigkeit gewollt, intendiert sein kann; daß mit ihr eine Absicht seitens des Handelnden verbunden ist. Das bedeutet, daß man sie nicht adäquat beschreiben kann, wenn man nur nach einem eindeutig gekoppelten Schema ‚auslösender Reiz — daraufhin regelmäßig oder gar notwendig folgende Reaktion' sucht. Man muß eine Entscheidung, eine Auswahlmöglichkeit für das Handeln nach Anstoß von außen sowie die Möglichkeit spontaner Handlung beim Beschreiben von Tätigkeiten vorsehen. Habermas spricht in diesem Zusammenhang vom *Sinn* einer Handlung und von der methodischen Notwendigkeit für den Wissenschaftler, diesen Sinn zu *verstehen*. Als Bezugskategorien nennt er Werte und gesellschaftliche Normen, von denen her man den Sinn von Handlungen erschließen, verstehen und erklären (verstehbar machen) kann.

Die terminologische und begriffliche Unterscheidung zwischen stimuliertem Verhalten — das im Bereich physiologisch bedingter Reflexe als Kategorie angebracht ist — und intentionalem Handeln — das für das soziale Feld eine Grundkategorie für Interaktionen ist —, soll für die weiteren Ausführungen gelten. Folglich wird hinfort von kommunikativem Handeln, Sprachhandeln usw. gesprochen.

Das bisher abstrakt Erläuterte soll nun an einem Beispiel veranschaulicht werden. Als Beispiel dient eine kurze Szene[6].

---

5 Habermas, Jürgen: Zur Logik der Sozialwissenschaften (mimeogr. Ms 1966), S. 58 ff. Abschnitt 4 „Intentionales Handeln und stimuliertes Verhalten"; veröffentlicht: Philosophische Rundschau, Beiheft 5, 1967.
6 Für die Historizität der Begebenheit kann die Garantie übernommen werden, wenn auch mit anderen Personen.

Ein Ober, der ein volles Tablett trägt, geht rasch durch den Speisesaal; er stolpert, und das Tablett samt gebratener Gans fällt einer blonden Dame in den Schoß. Die Dame zuckt zusammen und starrt entsetzt auf Gans, Kleid und Schoß. Der Ober blickt zunächst nicht minder entsetzt drein, verbeugt sich sodann und sagt: „Entschuldigen Sie bitte vielmals, aber wollen Sie die Gans wirklich allein verspeisen?" Die Dame schaut ihn verdutzt an und lacht dann lauthals.

In unserem Zusammenhang ist von Belang, was zwischen Ober und Dame geschieht, die Interaktionen. Mit welchen Kategorien kann man sie erklären?

Die erste Interaktion: das Tablett samt Gans fällt aus des Obers Hand in der Dame Schoß: zweifelsohne ein von ihm initiiertes Geschehen. Verhalten oder Handlung, d. h. gewollt oder notwendige Reaktion auf einen Stimulus? Nach dem Ablauf des Geschehens zu urteilen: Reaktion auf das Stolpern, welches seinerseits als Reaktion auf das Zusammentreffen von Gehwerkzeug in Aktion und Teppichfalte erklärt werden kann. Eine Erklärung des Ablaufs bis dahin als Reiz-Reaktions-Kette ist also möglich. Und das trifft auch noch für das erste „Verhalten" der Dame zu: das Zusammenzucken und „entsetzt" auf die Bescherung Starren. Allerdings wird es schwierig, hier eine notwendige oder auch nur regelmäßig zu beobachtende Reaktion bei solch plötzlich auftretendem Mißgeschick festzustellen. Warum schreit sie nicht auf? Wenn man erklärt: weil sich das für eine Dame in der Öffentlichkeit nicht schickt, rekurriert man auf eine Norm und ist methodisch vom Reiz-Reaktions-Schema abgewichen. Noch viel eindeutiger nur als Handlung erklärbar ist das weitere Tun des Obers. *Daß* er sich entschuldigt, ist eindeutig gesellschaftliche Norm. *Wie* er sich entschuldigt, kann man nur von seiner Absicht her verstehen; er will die mißliche Situation entspannen, indem er sie ins Komisch-Lächerliche wendet; er hat ein klares Handlungsziel: keine böse, laute Szene, keine Auseinandersetzung. Es dürfte schwer sein, diese Handlungsweise als gelernte, gedrillte Reaktion zu erklären, die auf einer Stufe steht mit dem die Situation auslösenden Stolpern.

Auch beim Erklären des Stolperns als Verhalten kann man allerdings in Schwierigkeiten kommen. Wenn die Szene etwa folgendes Nachspiel gehabt hätte: „Am nächsten Wochenende ging der Ober mit der jungen Dame tanzen. Inzwischen haben sie geheiratet.", dann wäre aus dieser Entwicklung der Dinge nicht mehr klar, ob nicht der Ober sehr „zielbewußt" gestolpert ist, um persönliche Bekanntschaft schließen zu können. Jedenfalls ist nicht auszuschließen, daß selbst das Stolpern eine intentionale Handlung war.

Das bedeutet, daß bei menschlichen Tätigkeiten, insbesondere bei zwischenmenschlichen Interaktionen, die Kategorie der Intentionalität (Absicht) für die Erklärung immer mit heranzuziehen ist, und sei es, daß man sie für eine bestimmte (Re)Aktion negiert und diese damit dezidiert als „Verhalten" im Sinne des Behaviourismus einstuft, was dann gewöhnlich *Reflex* genannt wird, z. B. das Zucken des Augenlids, wenn etwas das Auge trifft (ein Ball z. B.).

6.2 Kommunikative Kompetenz

Ein Begriff, der fast zum programmatischen Schlagwort wurde — insbesondere in der sprachdidaktischen Diskussion um die Verwendung linguistischer Erkenntnisse im Schulunterricht —, hat die pragma-linguistische Diskussion belebt: *kommunikative Kompetenz*.

Es gibt unterschiedliche Begriffsbestimmungen. Allen gemein ist, daß von Chomskys Begriff der (Sprach)kompetenz ausgehend eine sehr viel umfassendere menschliche Fähigkeit gemeint ist, die abzielt auf das Erfassen der Kommunikationssituation durch die Kommunikationspartner, mit Faktoren wie Ort und Zeit, gesellschaftliche und private Beziehungen zwischen den Kommunikationspartnern (Stichworte: Rollen und Rollenerwartungen), ferner auf die Intentionen (Absichten) der Kommunikationspartner und schließlich — als diese Faktoren integrierende und in Handlung umsetzende Fähigkeit — auf das Einsetzen der Kommunikationsmittel zum Erreichen der Ziele (die rhetorischen Strategien).

Die Diskussion um die verschiedenen Konzeptionen der kommunikativen Kompetenz und das Zusammenwirken der einzelnen Aspekte würde den Rahmen dieser Stichwortnotizen überschreiten. Deshalb hier keine weiterführende, kritische Analyse, sondern der Hinweis auf die Literatur[7] und ein veranschaulichendes Beispiel: die oben geschilderte Situation mit dem Ober und der blonden jungen Dame.

---

7 Manchmal wird auch noch eine ökonomische gesellschaftliche Analyse hinzugefügt: Arbeitsleistung des Obers in dieser Institution zu Befriedigung des Hungerbedürfnisses auf dem Hintergrund von Arbeitsteilung und Warenaustausch (vgl. etwa Ehlich/Rehbein: Zur Konstitution pragmatischer Einheiten in einer Institution: Das Speiserestaurant, in Wunderlich: Linguistische Pragmatik, 1972)

Die Dame ist Gast in einem Restaurant (Rolle ‚Dame' ergibt sich aus dem gesellschaftlichen Rahmen; Rolle ‚Gast' gehört zum institutionellen Rahmen). Sie erwartet, daß man ihr gegenüber zuvorkommend ist, sie bedient, keinesfalls aggressiv oder auch nur unhöflich ist (Rollenerwartung). Der Ober hat die entsprechend komplementären Funktionen und Rollenerwartungen[8].

Aufgrund dieser Konstellation und — z. B. im Hinblick auf das Mißgeschick, daß die gebratene Gans vom Tablett in den Schoß der Dame fällt — allgemeinerer Konventionen muß der Ober sich entschuldigen, d. h. eine kommunikative Handlung vollziehen. Sein Ziel ist es, der Rollenerwartung zu entsprechen, d. h. seine Unterordnung sowie seine Heilungsbereitschaft für die ‚Aggression' zu signalisieren. Als Strategie wählt er, das durchaus peinliche Mißgeschick ins Grotesk-Lächerliche zu wenden, es außer den Rahmen normaler Vorkommnisse zu stellen. Die Mittel:

— Verbeugung (Unterordnung und Einleitung der kommunikativen Handlung)
— seine verbale Äußerung über das Verspeisen der Gans; diese Äußerung paßt in den institutionellen Rahmen (Restaurant) und zur Rollenverteilung (Ober — Gast); sie kann aber angesichts des vom Ober verursachten Mißgeschicks nur als frech (aggressiv) oder eben als grotesk empfunden werden.

Verbeugung und Entschuldigungs-Sprachhandlung sowie — das darf man voraussetzen — Tonfall zeigen, daß er nicht aggressiv-frech sein will. Dem Happy-End stünde nur Humorlosigkeit der Dame entgegen. Man darf auch hier davon ausgehen, daß der Ober (Berufsrolle und Berufserfahrung) die psychische Disposition der Dame vorher einschätzt und u. a. aufgrund seines entsprechenden Urteils die geschilderte Strategie wählt.

So viel zunächst als Erläuterung der oben angeführten abstrakten Aspekte des Begriffs der kommunikativen Kompetenz. Das Beispiel wird bei der genaueren Sprechaktanalyse noch einmal heranzuziehen sein.

Ein weiterer, wichtiger, allgemeiner Gesichtspunkt der Überlegungen zur kommunikativen Kompetenz ist es, daß Kommunikation ein

---

8 Zusammenfassung mit Literaturhinweisen in Bünting / Kochan, a.a.O., 137 ff.

Weg ist, Veränderungen herbeizuführen, sowohl hinsichtlich der Beziehungen zwischen Kommunikationspartnern in allen oben angesprochenen Bereichen als auch hinsichtlich der Sachverhalte, über die man inhaltlich mit Hilfe der Kommunikationsmittel, insbesondere der sprachlichen Symbole, redet. Die kommunikative Kompetenz wird deshalb auch häufig als Fähigkeit zu symbolischem, zwischenmenschlichem Handeln (zu symbolischer Interaktion) im Rahmen von Interaktionstheorien diskutiert[9].

6.3 Sprechakte

In der pragmatischen Linguistik befaßt man sich speziell mit der Analyse der sprachlichen Anteile an kommunikativem Handlungen. Man geht davon aus, daß Kommunikation zwischen Menschen eine zwischenmenschliche Handlung (Interaktion) ist und bestimmt Art, Anteil und Funktion speziell sprachlicher Kommunikation; als Terminus wird meistens für das Phänomen im allgemeinen ‚Sprechakt' verwendet, für einzelne, spezielle kommunikative, durch Sprache mögliche Handlungen wie *Fragen* oder *Auffordern* verwendet man häufig den Terminus ‚Sprachhandlungen' oder auch ‚Sprechhandlungen'. Man knüpft an Überlegungen des Sprachphilosophen Ludwig Wittgenstein zum ‚Sprachspiel' (aus den ‚Philosophischen Untersuchungen, die in den 1930er und 40er Jahren entstanden), an John Austins in mehreren Vorlesungen entwickelte Überlegungen über „How to do things with Words" (1962) und an die etwas systematischeren Ausführungen John Searles „Speech Acts" (1969) an. In Deutschland arbeitet besonders Dieter Wunderlich auf diesem Gebiet (‚Sprechakte' in „Pragmatik und sprachliches Handeln", zus. mit Utz Maas 1972)[10].

Ausgangspunkt für die Sprechaktanalysen ist die Überlegung, daß beim Reden jemand

A sich *sprachlich* äußert (und nicht z. B. durch Gesten)
B daß er *etwas* sagt

---

9 Zur Interaktionstheorie vgl. Krallmann/Soeffner: Information und Gesellschaft, Stuttgart 1973; vgl. auch Graumann: Interaktion und Kommunikation, Handbuch der Psychologie Band 7/2, S. 1109—1262, Heidelberg 1972.
10 Genauere Literaturangaben s. Bibliographie am Ende

C daß er sich in einer *Redesituation* (Kommunikationssituation) befindet
D daß er — normalerweise — zu *jemandem* (Gesprächspartner) spricht
E daß er durch dieses Sprechen — eben den Akt des Sprechens, den Sprechakt — die Kommunikationssituation *beeinflußt* und auf den Kommunikationspartner *einwirkt*.

Dieser sprechakttheoretische Rahmen von Faktoren, die beim Sprechen zusammenwirken, sei anhand des Beispiels vom Ober und der Dame erläutert, wobei die heute gemeinhin verwendete Terminologie eingeführt wird. Auszugehen ist mithin von der Äußerung des Obers: „Entschuldigen Sie bitte vielmals, aber wollen Sie die Gans wirklich allein verspeisen?", eingebettet in die geschilderte Szene. Die Analyse ergibt folgende Teilaspekte:

1. Der Ober äußert sich (u. a.) sprachlich, in Austins Terminus: er vollzieht einen *lokutionären Akt* (A und B). Dieser läßt sich weiter analysieren, nach gängigen linguistischen Kategorien, als
   a) *phonetischer Akt:* es werden Sprachlaute artikuliert — entschuldigen Sie vielmals ... (Teil von A)
   b) *phatischer Akt:* es handelt sich um eine Lautfolge, welche Wörter und Wortfolgen und — in adäquater grammatischer Konstruktion — Sätze einer bestimmten Sprache darstellen, zu beschreiben als Anredeform *Sie*, Fragesatz usw. (Teil von A)
   c) *rhetischer Akt:* die Äußerung hat eine bestimmte *Bedeutung*, d. h. die Äußerung bezieht sich auf etwas, hat eine Referenz (hier: angeredete Dame, Mißgeschick mit dem Gänsebraten usw.) und über den bezeichneten Sachverhalt wird zugleich etwas ausgesagt, die Äußerung hat einen Sinn (meaning-Semantik; hier: Frage, ob die Dame den Braten allein verspeisen wolle) (B).
2. Mit dieser Äußerung greift der Ober kommunikativ in die gegebene Situation ein (C); er macht sie somit zu einer Kommunikationssituation, spezieller: Gesprächssituation mit — seiner Intention nach — der angesprochenen Dame und sich selbst als Gesprächspartner (D). Zur gegebenen Situation gehören, wie weiter oben (Abschnitt 6.2) ausgeführt, der institutionelle Rahmen (Restaurant) sowie das Rollengefüge (Ober — Gast; Herr — Dame) und die damit verbundenen Rollenerwartungen. Indem der Ober in die — durch das

Stolper-Mißgeschick ausgelöste — Interaktion mit seiner Äußerung eingreift, wirkt er auf die angesprochene Dame kommunikativ ein. Austin spricht hier von einer kommunikativen Wirkkraft (*communicative force*) und vom *illokutiven Akt* als Teil des Sprechaktes (E). Im Beispielfall hat die Dame sich nicht nur mit dem Mißgeschick auseinanderzusetzen, daß der Ober ihr den Gänsebraten in den Schoß stolpert, sondern auch mit seiner kommunikativen Äußerung, in welcher er ein ganzes Bündel von Vorschlägen, Angeboten zur Regelung der beiderseitigen, so mißlich aussehenden Beziehungen macht: er entschuldigt sich, er gibt sich durch die Anrede in die institutionell vorgeschriebene Position bzw. signalisiert, daß er sie einnimmt; schließlich verwendet er die Rollenbeziehungen (Speise-Servierender und Speise-Erhaltende im Restaurant) und paßt sie in grotesker Weise auf die gegebene Situation an, um einen humorvollen Ausweg anzuregen[11].

3. Die letztgenannte Handlung des Obers, der Vorschlag, wie man die gemeinsame Situation weiterhin gestalten solle, wird manchmal *perlokutiver Akt* genannt. Durch eine Unterscheidung zwischen illokutivem und perlokutivem Akt versucht man einen Unterschied zu erfassen zwischen konventionellem, d. h. erwartbarem Eingehen auf die Interaktion und unkonventionellem Versuch, eine Interaktion gezielt zu steuern.

Am Problem der Interaktionssteuerung und der Konventionen in diesem Bereich wird die Sprechaktanalyse noch arbeiten müssen. Der sehr gewichtige Beitrag der Sprechakttheorie zur Linguistik ist jedoch sicherlich, daß sie die bekannte ‚double articulation' sprachlicher Äußerungen (1. Sprachkörperebene der Laute, grammatische Formen und Konstruktionen; 2. Inhalts- bzw. Bedeutungsebene) erweitert hat um einen dritten Bereich, indem die kommunikative Kraft und Wirkung einbezogen worden sind.

In sprechakttheoretischen Untersuchungen wird weiterhin der Rahmen über den Verlauf eines Gesprächs hinaus auf sein Ergebnis ausgedehnt. Es wird untersucht, ob ein Sprechakt Erfolg hatte, ob er *geglückt* ist. *Glücken* ist ein Urteil, das nicht allgemein auf die Kom-

---

11 In diesem Zusammenhang ist für das Beispiel dann auch festzustellen, daß die in der Äußerung gegebene grammatische Form des Fragesatzes hier nicht einer tatsächlichen Fragehandlung des Obers entspricht, sondern einer Entschuldigungshandlung und einem Versuch, eine mißliche Situation zu entspannen (vgl. dazu Abschn. 6.4 über Sprachhandlungen).

munikation zielt — die Kommunikation als solche findet entweder statt oder nicht. *Glücken* bezieht sich auf die kommunikativen Absichten der Gesprächspartner. Hier ist nun allerdings genau zu unterscheiden zwischen dem *Glücken eines Sprechaktes* und dem *Glücken einer Handlungsabsicht*. Ein Sprechakt ist dann geglückt, wenn der Gesprächspartner *verstanden* hat, was der Sprecher will. Damit ist noch nicht gesagt, daß der Angesprochene auf die Absichten des Sprechers eingehen wird. Am Beispiel erläutert:

— Würde die Dame auf die Äußerung des Obers hin ihrerseits laut rufen: „Herr Geschäftsführer, Ihr Ober ist ein Flegel, er beschmutzt mich mit Braten und beschimpft mich obendrein", dann wäre der Sprechakt des Obers nicht geglückt, sie hätte ihn nicht verstanden.

— Würde die Dame antworten[12]: „Ich finde das gar nicht lustig, und Ihre Bemerkung ist eine Unverschämtheit. Holen Sie sofort den Geschäftsführer", dann wäre der Sprechakt geglückt; sie hätte die Absicht des Obers verstanden, daß er aus der Situation ohne Unannehmlichkeiten für sich selbst herauskommen möchte; aber sie ist nicht bereit, darauf einzugehen. Die Intention des Obers ist mithin ohne Erfolg geblieben.

— Würde die Dame antworten: „Warum geben Sie mir denn die ganze Gans, ich wäre mit der halben auch zufrieden gewesen?", dann wäre sowohl der Sprechakt geglückt als auch die Intention des Obers.

In sprechakttheoretischen Überlegungen geht es häufig darum, typische, allgemeingültige Bedingungen des Glückens von Sprechakten festzustellen. Wir werden im Zusammenhang mit der Analyse einiger Sprachhandlungen (Abschnitt 6.5) darauf zurückkommen.

6.4 Sprachhandlungen

In der Sprechakttheorie wird, wie in 6.3 skizziert, der generelle Rahmen für sprachlich vollzogene Handlungen erstellt. Nun gibt es eine ganze Reihe von Handlungen, die sowohl sprachlich als auch anders — durch Gesten, durch umfassendere körperliche Aktivitäten wie

---

12 Das Wort *antworten* zur Beschreibung ihrer Reaktion impliziert bereits, daß der Sprechakt geglückt ist.

sich herumdrehen — jemanden schubsen, prügeln, streicheln — einen Raum betreten oder verlassen — sich setzen oder aufstehen usw. vollzogen werden. Es gibt aber auch einige Handlungen, die ausschließlich oder überwiegend, d. h. typischerweise oder zum größten Teil — sprachlich vollzogen werden. Man nennt sie deshalb gewöhnlich *Sprachhandlungen*, manchmal auch Sprechhandlungen oder Sprechakte.

In den pragmalinguistischen Analysen werden einerseits die sprachlichen Mittel, mit denen Sprachhandlungen vollzogen werden, andererseits sprechakttheoretisch die Bedingungen für das Zustandekommen und Glücken bestimmter Sprachhandlungen untersucht. — Für die folgenden Bemerkungen zu diesen Untersuchungen sei der Rahmen der Analyse noch einmal in Erinnerung gerufen: die Sprachhandlungen werden *vollzogen* von einem Sprecher mittels sprachlicher Mittel, indem er spricht — und sie werden *beschrieben* und *benannt* durch den Linguisten, ebenfalls mittels sprachlicher Mittel. Die Unterscheidung zwischen der *kommunikativen Äußerung* des Sprechers („ich begrüße Sie") und der *metakommunikativen Äußerung* des beschreibenden Linguisten (er vollzog die Sprachhandlung des Begrüßens, indem er dem Gast die Hand entgegenstreckte und sagte: ‚...') muß genau beachtet werden. Metakommunikative Äußerungen einfachster, d. h. theoretisch unreflektierter Art werden häufig mit kommunikativer Funktion von Sprechern gegeben, wenn sie über ein anderes Gespräch berichten. Auf dieses Zitieren, die Redewiedergabe, werden wir weiter unten zurückkommen.

6.4.1 Performative Verben

Ganz besondere Aufmerksamkeit widmet man einer Klasse von Verben, welche auf Sprachhandlungen verweisen, d. h. deren Bedeutung eine Sprachhandlung kennzeichnet. Es handelt sich bei diesen Wörtern typischerweise um Verben bzw. nominalisierte Nomen mit verbalen Stämmen (*begrüßen* — *Begrüßung*).

Wenn jemand eine der folgenden Äußerungen macht, dann vollzieht er eine Handlung, die er durch seinen Ausspruch vollzieht und gleichzeitig benennt:

— ich fordere Sie auf, mitzukommen
— ich schwöre, daß ich die Wahrheit sage
— ich vertraue Ihnen

— ich bitte Sie, mir zu helfen
— ich begrüße Sie in meinem Haus
— ich verspreche dir, es nicht wieder zu tun
— ich befehle Ihnen, weiterzugehen
— ich teile Ihnen hierdurch mit, daß ...

Die Verben, welche Sprachhandlungen gleichzeitig darstellen und benennen und von denen Beispiele angegeben sind, werden *performative* oder auch *performatorische* Verben genannt.

Einige der performativen Verben stehen für und kennzeichnen Handlungen, die nur durch kommunikatives Aussprechen der Wörter vollzogen werden können. Manchmal wird die Sprachhandlung von gewissen konventionellen Gesten begleitet, z. B. das Handaufheben beim Schwören; das ist je nach Kulturkreis verschieden. Aber immer ist die Handlung nur durch das Aussprechen des Wortes vollziehbar. Man *verspricht* jemandem etwas, indem man sagt: *ich verspreche es dir.* Man *gelobt* etwas (feierlich), indem man sagt: *ich gelobe es.* Bei der Vereidigung vor Gericht schwört man — mit dem Staat, vertreten durch den Richter, als Partner —, indem man sagt: *ich schwöre* (ggf. mit zusätzlicher Geste, s. o.). Ohne den Ausspruch ist die Handlung nicht vollzogen[13].

Es kommt nicht von ungefähr, daß diese „reinen" Sprachhandlungen den Charakter von Verträgen, von öffentlichen Festlegungen, von Verbindlichkeit für den Sprecher hinsichtlich seiner Beziehungen zum angesprochenen Partner und zur ausgesprochenen Sache haben. *Jede* Handlung ist, *wenn* sie vollzogen ist, verbindlich in dem Sinne, daß sie vollzogen ist. Man kann sie nicht ungeschehen machen; man kann nur ihre Auswirkungen ggf. rückgängig machen. Eine *Sprach*handlung, die beim Sprechen vollzogen *und* in ihrem Charakter durch die gleichzeitige Benennung anerkannt ist, ist eben *verbindlich*. Das unterscheidet diese Sprachhandlungen von einer ganzen Reihe anderer, die meistens ebenfalls sprachlich vollzogen werden, häufig auch gleichzeitig durch ein performatives Verb benannt, aber bei denen die gleichzeitige Benennung nicht notwendig ist, und die auch durch andere sprachliche Mittel ausgedrückt werden können und in ihrer eigentlichen Substanz ausgedrückt werden: man kann jemanden *beschimpfen*, ohne zu sagen

---

13 Das betrifft die Handlung als zwischenmenschliche Handlung; Fälle wie *sich etwas geloben, im Stillen schwören* sind Sonderfälle, wie die Zusätze zeigen; man macht sich selbst zum Partner der Handlung.

ich beschimpfe dich; man kann seine Meinung sagen, ohne zu sagen, *ich meine, daß...;* man kann jemanden etwas fragen, ohne zu sagen *ich frage dich, ob....*

Wenn bei Sprachhandlungen, wie *Fragen, Beleidigungen, Loben* u. ä. die Handlung beim Vollzug gleichzeitig benannt wird, dann hat das rhetorische Funktion: die Aufmerksamkeit soll auf die Redeabsicht gelenkt werden; die eigentliche *Frage* beim Fragen steckt in einem anderen Teil der Äußerung. Die *Verbindlichkeit* solcher Nennungen ist denn auch ganz anderer Art als beim *Geloben* oder *Schwören:* der Verstoß gegen angekündigte Redeabsichten (z. B. zu loben, während man in der Tat tadelt) wird ungleich weniger hart beurteilt und bestraft als der Verstoß gegen feierliche Verpflichtungen.

Allerdings werden performatorische Verben der letztgenannten Art in metakommunikativer Weise, beim Charakterisieren von Gesprächen und bei der *Redewiedergabe,* durchaus als Bezeichnungen für gängige kommunikative Konventionen mit starkem Verbindlichkeitscharakter verwendet. Nach einem heftigen Wortwechsel über, z. B., Vorliebe für eine bestimmte Fußballmannschaft kann ein Gespräch eine sehr andere Wendung nehmen, wenn einer der Kontrahenten sagt: „Du hast mich eben beleidigt" und der andere nicht glaubhaft machen kann, daß er nicht beleidigen wollte[14].

Bei performatorischen Verben, welche die Art und Weise kennzeichnen, wie gesprochen wird (*flüstern, brüllen, drohen, schmeicheln* usw.) — auch adverbielle Bestimmungen können das ausdrücken (*mit heftiger Stimme*) —, ist eigentlich nur noch die Verwendung bei der Redewiedergabe von Bedeutung, allerdings von erheblicher. Kommunikativ hat ein Ausspruch wie *ich flüstere jetzt* die Funktion, auf gewisse äußere Umstände der Situation zu verweisen (Krach im Klassenzimmer, Gefahr des Entdeckt-Werdens) und ein angemessenes Verhalten des oder der Angesprochenen herbeizuführen, nicht jedoch soll der eigene Sprechakt charakterisiert werden.

---

14 Er kann übrigens nicht glaubhaft machen, daß er nicht beleidigt *hat;* denn er kann es unbeabsichtigt getan haben. In gerichtlichen Auseinandersetzungen ist es in der Tat dann häufig die Aufgabe der Richter, eine Art Beleidigungsstandard festzusetzen. Vgl. dazu die Analyse von *Aussagen und Behaupten* (6.4.3).

6.4.2 Sprachhandlung „Auffordern"
(Beispiel 1)[15]

Eine sehr häufig anzutreffende Form kommunikativen Handelns ist das *Auffordern*: jemand fordert jemanden auf, etwas zu tun oder zu lassen. Wie keine der anderen häufig vorkommenden Formen (z. B. *Frage, Behauptung, Kommentar*) ist die Aufforderung mit direktem, nicht-sprachlichem Handeln verknüpft. Aufforderungen sind, nach sprechakttheoretischer Analyse, an bestimmte Voraussetzungen gebunden, um gelingen zu können (Gelingen der Handlungsabsicht):

1. Der Auffordernde muß ein sachlich ausführbares Anliegen haben, also eine erfüllbare Aufforderung geben. Unerfüllbar ist z. B.: *Hol mir den Mond vom Himmel*. Sachlich unangemessen und aus psychologischen Gründen möglicherweise unerfüllbar sind Aufforderungen wie *Lach doch mal!, Sei spontan!*.
2. Der Auffordernde muß der Überzeugung sein, daß der Aufgeforderte der Aufforderung nachkommen kann (partnerbezogene Sachentscheidung). Ein kleines Kind kann man nicht auffordern *Bring den Sack Kohlen in den Keller*, wenn der Sack zu schwer ist.
3. Der Auffordernde muß der Überzeugung sein, daß die Aufforderung zumutbar ist in psychischem bzw. sozialem Bereich. Er muß eine partnerbezogene Persönlichkeits- und Sozialentscheidung treffen. Ein Ober kann einen Gast im Restaurant nicht auffordern: *Hol dir deine Suppe selbst aus der Küche*.
4. Der Auffordernde soll der Überzeugung sein, daß er selbst, wäre er an der Stelle des Aufgeforderten, der Aufforderung nachkommen würde. Man kann diese Bedingung verstehen als Loyalitätsgebot. Man kann sie auch verstehen als Notwendigkeit, die Interessen des Aufgeforderten richtig einzuschätzen.

Die letztgenannte Bedingung wird häufig dadurch erfüllt, daß der Aufforderung explizite Begründungen hinzugefügt werden. Von dieser Bedingung her lassen sich Aufforderungstypen differenzieren (hier mit Beispielen aus dem Schulunterricht):

---

15 Bei den Beispielanalysen bin ich meinen Kollegen D. Ader, W. Eichler, P. Kohrs und A. Kress verpflichtet, mit denen ich gemeinsam für das Schulbuch „Sprache und Sprechen" entsprechende Lerneinheiten erarbeite (Schroedel Verlag, 7. u. 8. Schuljahr). Zur Sprachhandlung *Auffordern* vgl. den Aufsatz „Sprechakte als Unterrichtsgegenstand" von Ader/Bünting/Eichler/Kohrs/Kress in Ling. Berichte 30, 1974, 77—84.

Begründung der Interessenlage bei:
- *begründeter Bitte:* Bitte putz die Tafel, damit wir weiterrechnen können.
- *begründetem Rat:* Damit du weiterrechnen kannst, rate ich dir, erst einmal die Tafel zu putzen.
- *begründeter Anweisung:* Putz die Tafel, damit wir weiterrechnen können.
- *Anregung:* Wäre es nicht gut, jetzt die Tafel zu putzen?
- *Warnung:* Wenn du nicht erst einmal die Tafel putzt, können wir nicht weiterrechnen.
- *verdeckter Aufforderung:* Zum Weitermachen brauchen wir eine saubere Tafel.

Keine Begründung der Interessenlage bei:
- *Befehl:* Los, putz die Tafel!
- *Drohung:* Wenn du die Tafel nicht putzt, passiert was!
- *unbegründeter Bitte:* Bitte, putz die Tafel.
- *Anordnung:* Du putzt jetzt die Tafel.

Wie die Typenbenennungen zeigen, werden eine ganze Reihe von Sprachhandlungen, gekennzeichnet durch performative Verben bzw. entsprechende Nominalisierungen, unter die Aufforderungen gerechnet. Ihnen allen gemeinsam ist, daß einer den anderen verbal „auffordert", etwas zu tun.

Eine weitere Analyseebene (und Klassifizierung) hätte bei den sozialen bzw. psychischen Rollenbeziehungen der Partner anzusetzen. Dabei ist besonders zu vermerken, daß bei einem Über-Unterordnungs-Verhältnis der Übergeordnete die freie Wahl zwischen den Aufforderungstypen hat, der Untergeordnete jedoch nicht: er kann *bitten*, aber nicht *befehlen*; er kann *raten*, aber nicht *anordnen* oder *anweisen*; er kann *warnen*, aber nicht *drohen*. Einige Aufforderungstypen sind in öffentlichen Situationen konventionell geregelt: *dienstlicher Befehl* beim Militär, *behördliche Anordnung, ministerieller Erlaß, Anweisung* eines Schiedsrichters im Sport. Aber auch hier kann die Verbalisierung eine weniger scharfe Form annehmen. Man muß also unterscheiden zwischen dem öffentlich-konventionellen Charakter einer Anweisung und der Form, in der sie gegeben wird. Aus der Wahl der Form lassen sich Rückschlüsse auf die psychischen Beziehungen zwischen den Partnern bzw., bei einseitiger Kommunikation, auf den „Charakter" des Auffordernden ziehen.

Zur Form der Anweisung in einem weiteren Sinne zählt auch die sprachliche Formulierung, die unter den selbstverständlichen Bedingungen steht, daß sie für den Aufgeforderten verständlich, sachlich sinnvoll und zutreffend sowie den sozialen Beziehungen und der aktuellen Situation (‚Stimmung‘) angemessen sein muß.

Eine Analyse der sprachlichen Mittel, mit denen Aufforderungen ausgedrückt werden, zeigt: nicht nur die in den Grammatiken nach der Aufforderung benannte Satzform des Aufforderungssatzes mit imperativischer Verbform gibt Aufforderungen wieder; auch einfache Feststellungen in der Satzform des Aussagesatzes (*Mir ist kalt* als Aufforderung, das Fenster zu schließen) kann bei entsprechender situativer Einbettung und personaler Konstellation eine Aufforderung sein. Gleiches gilt für den Typ Fragesatz (*Wer macht das Fenster zu?* kann eigentlich bedeuten: *Jemand soll das Fenster zumachen*). Schließlich sind nicht nur Modalsätze mit den Aufforderungsmodalverben *müssen* und *sollen* gewöhnlich Aufforderungen, sondern *Du darfst jetzt gehen* oder *Du kannst jetzt gehen* können handfeste Aufforderungen zu verschwinden sein. Und wenn ein Lehrer sagt *Heute müssen wir die Grammatiklektion auf S. 19 durcharbeiten* oder auch *Heute wollen wir die Aufgaben auf S. 77 lösen*, so ist das gewöhnlich eine Aufforderung an die Schüler, die entsprechende Seite aufzuschlagen und sich aufs Arbeiten einzustellen.

Die Beispiele zeigen, daß es zwar typische grammatische Konstruktionen zum Ausdrücken bestimmter Sprachhandlungen gibt, daß sich die tatsächlich vollzogene Sprachhandlung aber nur aus dem situativen Zusammenhang ergibt. Sprechen ist etwas Konkretes, kein Realisieren eines vorgegebenen Systems; der generelle Beschreibungsansatz der Pragmalinguistik wird der sprachlichen Praxis eher gerecht als der auf das abstrakte System bezogene Ansatz der Systemlinguistik.

6.4.3 Sprachhandlungen „Aussagen" („Feststellen") und „Behaupten" (Beispiel 2)

Klaus fragt seinen Kommilitonen Peter: „Warum hast du gestern abend die Martina unterm Fliederbusch geküßt?"

Das Beispiel gibt eine Frage-Handlung wieder. In der Frage sind jedoch eine Reihe von Voraussetzungen gemacht — man spricht von *Propositionen* —, die den Charakter von Feststellungen (Aussagen) oder von Unterstellungen (Behauptungen) haben, je nachdem ob der

Peter am Vorabend mit der Martina unterm Fliederbusch war und sie dort küßte oder nicht. Es könnte ja vorgestern gewesen sein. Oder ein anderes Mädchen. Oder ein Oleanderbusch.

Das Beispiel der Frage sollte auf nachdrückliche Weise zeigen, daß in Gesprächen Äußerungen — und zwar eine Fülle von Äußerungen — enthalten sind, die verdeckte oder auch explizite Aussagen und Behauptungen enthalten. Etwas auszusagen, etwas mitzuteilen ist eine der Grundfunktionen des Sprechens. Im grammatischen System des Deutschen, wie vieler Sprachen, sind ein Satztyp (Aussagesatz) und ein Modus (Indikativ) nach dieser Funktion benannt; es sind die, die am häufigsten vorkommen. Das Beispiel des Fragesatzes zeigte, daß die Sprachhandlung auch in anderen Sprachhandlungen und Satztypen eingebettet sein kann. Im folgenden sollen die sprachlichen Mittel nicht weiter analysiert werden, sondern die Sprachhandlungen.

Was ist der Unterschied zwischen einer *Behauptung* und einer *Aussage*? Man wird ansetzen können bei der Frage nach der Korrektheit, dem Wahrheitswert einer Feststellung. Wenn sie korrekt, zutreffend, wahr ist, hat sie Aussagecharakter, andernfalls Behauptungscharakter. Allerdings können Kriterien wie Korrektheit, Wahrheit, für Sprechakte nicht gleichgesetzt werden mit ontologischen Wahrheiten oder logischen Wahrheitswerten. Die mögen gegeben sein oder nicht; für die Funktion einer Äußerung in der Kommunikation sind andere Bewertungsinstanzen maßgebend: die Gesprächspartner. Das Bedingungsgefüge ist für Sprecher (S), Angesprochenen (A) folgendes, wenn Ä die Äußerung ist:

— Wenn S Ä für wahr, korrekt, zutreffend hält (weil er's weiß oder sicher glaubt), ist Ä für ihn eine *Aussage*.

— Wenn S Ä für wahrscheinlich hält, auch wenn er es nicht genau weiß, oder wenn er es dem A als wahr darstellen will, auch wenn er weiß, daß es falsch ist, dann ist Ä für S eine *Behauptung*.

— Wenn A Ä für wahr, korrekt, zutreffend hält (weil er's weiß oder glaubt, oder weil er dem S glaubt), dann ist Ä für A eine *Aussage*.

— Wenn A Ä für nicht korrekt, unwahrscheinlich, nicht zutreffend hält, dann ist Ä für A eine *Behauptung*.

Es kann im Gespräch Kongruenz oder Diskrepanz in der Einschätzung geben, aber keine absoluten Aussagen bzw. Behauptungen, es sei denn, man hat ein Gespräch vom Typ *Gehen wir einmal von der Behauptung aus, daß ...*, aber dann handelt es sich eher um eine Annahme (*Nehmen wir an, daß ... Gesetzt den Fall, daß ...*).

Analysieren wir nun die jeweilige kommunikative Funktion von Behauptungen und Aussagen für Sprecher und Angesprochenen.

Für den Sprecher haben Aussage und Behauptung den gleichen Stellenwert hinsichtlich der kommunikativen Intention, hinsichtlich der beabsichtigten ‚communicative force': der Sprecher will, daß der Angesprochene die Äußerung für eine Aussage, eine zutreffende Feststellung hält. Für den Angesprochenen ist der Unterschied kritisch: er akzeptiert oder nicht. Voraussetzungen für die Einschätzung als Aussage seitens des Angesprochenen sind:

— daß er die Korrektheit selbst beurteilen kann, z. B. weil er den Sachverhalt weiß oder für wahrscheinlich hält (sachliche Kriterien)
— oder daß er den Sprecher für sachkompetent und vertrauenswürdig hält (personenbezogene Kriterien).

Das zweite, personenbezogene Kriterium ist von erheblicher Bedeutung für das Zusammenleben der Menschen, weil es immer ins Spiel kommt, wenn man Neues erfährt, und das heißt: wenn das Sprechen in seiner zentralen Mitteilungsfunktion wirkt. Die ganze Skala der privat und/oder öffentlich akzeptierten Autorität eines anderen und die Begründung der Beziehungen in psychischen (sowohl gefühlsmäßigen als auch intellektuellen) und sozialen und gesellschaftlichen (also auch und gerade ökonomischen und politischen) Faktoren wirkt mit.

Man vergegenwärtige sich die Regelung des öffentlichen Lebens — etwa in politischen Auseinandersetzungen oder, wobei die *Aussage* und z. B. die *Schutzbehauptung* kanonisiert sind, im Bereich der Rechtsprechung —, und man sieht, welche überragende Funktion die Sprachhandlungen des Aussagens und Behauptens im menschlichen Leben haben.

6.4.4 Sprachhandlungen „Redewiedergabe" und „Redeerwähnung" (Beispiel 3)

Die Grundtatsachen bei den Sprachhandlungen des Wiedergebens von etwas Gehörtem sind einfach: jemand spricht mit jemandem und berichtet später einem anderen über dieses Gespräch; dabei gibt er wieder, was er gehört hat.

Xmann sagt zu Ypsilon: „Der ABC ist pleite." (Grundaussage) Ypsilon sagt zu Zet: „Xmann hat gesagt, ABC ist pleite." (Wiedergabe). Wenn man genauer analysiert, unterscheidet man zwischen dem wörtlichen Zitieren, der genauen *Redewiedergabe*, und dem sinngemäßen Berichten, der *Redeerwähnung*. Dieser Unterschied soll im weiteren unbeachtet bleiben. Für beide Formen der Wiedergabe gilt, was im folgenden gesagt wird.

Die Redewiedergabe wird durch drei generelle Faktoren bestimmt: die direkte Redesituation (zwischen Y und Z) — den Bericht über die Grundaussage (gegeben von Y) — die Grundaussage (von X).

Für die *direkte Redesituation* gilt, was in den Sprechaktanalysen generell über Kommunikationssituationen gesagt ist: Rollengefüge der Personen, situative Momente, psychische Faktoren, sprachliche Mittel gehen in den Kommunikationsvorgang ein. Bei der Redewiedergabe wird überdies eine dritte, abwesende oder auch zuhörende Person und das, was sie gesagt hat, einbezogen. Das Beziehungsgefüge (mit gesellschaftlichen und persönlichen Beziehungen) ist komplex: Y und Z (direkt im Gespräch), X und Y, X und Z und was Y über die Beziehung zwischen X und Z weiß[16]. Wird, wie im Beispiel, in der zitierten Grundaussage auch noch über einen anderen ABC geredet, dann kommen die Beziehungen X — ABC, Y — ABC, Z — ABC und was Y und Z jeweils über die Beziehungen des anderen wissen, hinzu.

Die *Grundaussage* wird bei der Redewiedergabe wiedergegeben. Dabei gibt es eine typische *sprachliche Konstruktion* mit einigen Varianten, wie in der Aufstellung gezeigt.

Y: „X hat gesagt: ‚ABC ist pleite.'" *Indikativ — direkte Rede*

Y: „X hat gesagt: { daß ABC pleite ist." *Indikativ* } *indirekte*
{ daß ABC pleite sei." } *Konjunktiv* } *Rede*
{ ABC sei pleite." }

Die *direkte Rede* ist die sprachliche Form für das wörtliche Zitat; der Zitierende übernimmt hierbei die Verantwortung dafür, daß der Zitierte die Grundaussage genau so, im Wortlaut, gemacht hat. Die

---

16 In die Situation geht auch ein, was Z über die Beziehungen zwischen X und Y weiß; aber das geht nicht in die Sprachhandlung der Redewiedergabe durch Y ein.

indirekte Rede, in den beiden Stilvarianten mit daß-Satz oder mit direktem Anschluß, ist die sprachliche Form für die sinngemäße Wiedergabe des Gesagten. Der Berichtende übernimmt die Verantwortung dafür, daß das Wiedergegebene sinngemäß gesagt worden ist. Eine feine Differenzierung liegt nun darin, ob die indirekte Rede im Indikativ oder Konjunktiv ausgedrückt wird. Konjunktiv weist in jedem Fall auf Distanzierung vom Inhalt des Wiedergegebenen hin. In den konjunktivischen Formulierungen ist nicht ganz klar, ob der ABC denn nun pleite ist oder ob das nur möglich ist. Unklar bleibt dabei, wer sich vom Inhalt distanziert, der Zitierende — also Y — oder der bereits der Zitierte — also X.

Diese Klarheit über die — nach Meinung des Wiedergebenden — Haltung des ursprünglichen Sprechers kann nun aber im Bericht über die Grundaussage, der in der Einleitung des Zitats gegeben wird, hergestellt werden. In den oben gegebenen Beispielen wird die Redewiedergabe eingeleitet durch das neutrale performative Verb *sagen*. Der Zitierende kann, indem er andere performative Verben benutzt oder adverbielle Bestimmungen hinzufügt, die Redesituation der Grundaussage und die Art, wie ursprünglich etwas vorgebracht wurde, vielfältig charakterisieren, wie in den Beispielen angedeutet:

Y: „X hat { behauptet / beteuert / beschworen / bestätigt / bezweifelt / angedeutet / bestritten }, daß ABC pleite { ist." / sei." }

Y: „X hat { ohne Zögern zugegeben / so nebenbei erwähnt / mit Nachdruck darauf hingewiesen }, daß ABC pleite ist."

Wie die Beispiele, die nur eine kleine Auswahl geben, zeigen, kann der Bericht über die Grundaussage allein durch das — sprachlich notwendige — performatorische Verb eine Interpretation der Absichten des ursprünglichen Sprechers enthalten. Man könnte vier Typen von Charakterisierungen unterscheiden.

1. Tonfall, Lautstärke und Art des Sprechvorgangs betreffend: *brüllen, flüstern, laut, leise, achselzuckend, atemlos, mit tonloser Stimme*, ...
2. Gemütszustand des zitierten Sprechers kennzeichnend: *ängstlich, selbstsicher, nervös, in aller Ruhe, ohne jede Erregung, aufgeregt*
3. Den Gang des ursprünglichen Gesprächs betreffend: *antworten, fragen, bestreiten, einwerfen, hinzufügen*, ...
4. Die Absicht des zitierten Sprechers kennzeichnend: *überreden, schmeicheln, höhnen, trösten, ablenken, nachdrücklich darauf hinweisen, leugnen, bejahen, verneinen*, ...

Mit solchen Angaben kann der Sinn einer wiedergegebenen Aussage bewußt oder unbewußt verfälscht werden. Bei der Redewiedergabe und beim Zitieren, das z. B. in öffentlichen Auseinandersetzungen etwa in Parlamenten sehr häufig eingesetzt wird, um einen Gegner bloßzustellen, kann nicht nur durch das bekannte Zitieren ohne Berücksichtigung des sprachlichen Kontextes ein Zitat verfälschen, sondern auch und gerade durch Angaben in den performativen Verben können zitierte Aussagen umgedeutet und entstellt werden.

6.4.5 Sprachhandlung „Kommentieren"
(Beispiel 4)

Als letztes Beispiel soll eine Sprachhandlung dargestellt werden, die konstitutiver Bestandteil jedes Gesprächs, jedes Dialogs ist, das Kommentieren[17]. Mit dem Kommentieren ist die Handlung bezeichnet, daß im Gespräch jeweils einer auf irgendeine Weise anknüpft an das, was der Gesprächspartner vorher gesagt hat; andernfalls handelt es sich um kein Gespräch, um keine Unterredung, sondern um ein Aneinander-Vorbeireden. Wenn jemand in eine Straßenbahn steigt und sich folgender „Dialog" mit dem Fahrer abspielt, dann ist es kein Dialog:

Fahrgast: „Fährt diese Bahn zum Bahnhof?"
Fahrer: „Bitte schnell einsteigen."
Fahrgast: „Ich will zum Bahnhof; ist das hier richtig?"
Fahrer: „Schnell bitte, wir haben Verspätung."
Fahrgast: „Komme ich hiermit auch zum Bahnhof?"
Fahrer: „Durchgehen, durchgehen, es wollen noch mehr Leute mitfahren."

---

17 Vgl. R. Posner, Roland: Theorie des Kommentierens (1972). Es geht hierbei nicht um den Kommentar in der Publizistik.

Was dieser Äußerungskette fehlt, ist, daß keiner der beiden auf das eingeht, was der andere sagt; ohne Kommentieren gibt es kein Gespräch, keine Unterhaltung, eigentlich keine Kommunikation, jedenfalls keine wechselseitige. Das Kommentieren läßt sich unter zwei Gesichtspunkten analysieren, nach dem Anteil an einer Äußerung, der kommentiert wird, und nach der Art und Weise (Strategie), wie kommentiert wird.

Bei jeder Äußerung — wie bei dem kommunikativen Geschehen überhaupt — kann man nach zwei generellen Gesichtspunkten unterscheiden zwischen dem *Inhaltsaspekt* und dem *Beziehungsaspekt*[18]. Mit dem Inhaltsaspekt ist der Sachbezug, die sachliche Bedeutung (Referenz *und* Sinn), das, *was* gesagt wird, gemeint. Mit dem *Beziehungsaspekt* ist die Tatsache angesprochen, daß bei jeder kommunikativen Äußerung immer auch die Beziehungen zwischen den Gesprächspartnern aktiviert und geregelt werden, sei es, daß etablierte Beziehungen anerkannt werden, sei es, daß sie in Frage gestellt werden (vgl. die Analyse der Beziehungen zwischen Ober und Dame in Abschnitt 6.1 und 6.2).

Die Beziehungen zwischen zwei Gesprächspartnern können zum Thema, zum Inhalt einer Aussprache gemacht werden, so wenn jemand sagt: „So geht das mit uns nicht weiter; du beleidigst mich ständig, ich lasse mir das nicht mehr gefallen", usw. Dann ist der Inhaltsaspekt Teil des Beziehungsaspekts. Weiterhin ist bei einer Äußerung zu unterscheiden zwischen dem, was gesagt wird und dem, was vorausgesetzt wird. Voraussetzungen betreffen Inhalts- und Beziehungsaspekt, sie betreffen die verwendeten Redemittel (wenn Fachleute sich in Fachsprache unterhalten, wird gegenseitig vorausgesetzt, daß beide die Fachausdrücke beherrschen), und sie betreffen das allgemeine und das spezielle Wissen der Beteiligten. Man nennt diese unausgesprochenen Voraussetzungen *Präsuppositionen*. Wenn jemand sagt: „Die Heie heiratet morgen den Hartmut in Witzenhausen.", dann wird vorausgesetzt, daß dem Gesprächspartner die beteiligten Personen und der Ort bekannt sind.

Beim Kommentieren kann nun der Hörer, wenn er seinerseits in das Gespräch eingreift, jeweils eine Äußerung als Ganzes oder Aspekte und Teile von ihr aufgreifen. Er könnte z. B. auf die oben angeführte Heiratsvermittlung antworten:

---

18 Vgl. Watzlawick u. a.: Menschliche Kommunikation, Kap. 2.3

„Donnerwetter, das hätte ich nicht gedacht." ⎫
„War aber auch Zeit." ⎪ Kommentar
„Sollen wir einen Glückwunsch schicken?" ⎬ zur gesamten
„Interessiert mich nicht." ⎭ Äußerung

„Ist Heie überhaupt ein Mädchenname?" ⎫ Kommentar
„Wo liegt denn Witzenhausen?" ⎬ zu einem Teil
„Ist die nett?" ⎭ der Äußerung

„Warum erzählst du mir das?" ⎫
„Kümmere dich um deine eigene Familie!" ⎪
„Misch dich da bloß nicht rein!" ⎬ Beziehungsaspekt
usw. ⎭

(Inhaltsaspekt)

Zu der strukturellen Analyse, welcher Teil einer Äußerung aufgegriffen wird, kommt als wichtigere Analyse die funktionelle, welche zeigt, was mit den unterschiedlichen Kommentierungen für das Gespräch erreicht wird. Hierbei unterscheidet man zwischen einer *reaktiven* und einer *aktiven* Strategie. *Reaktives Kommentieren* liegt dann vor, wenn der zweite Sprecher keine neuen, eigenen Gesichtspunkte vorbringt. Das tut er immer dann, wenn er die ganze Äußerung kommentiert und ein pauschales Urteil ohne Differenzierung fällt, also einfach zustimmt „Ja, ich weiß.", „Wie schön", oder zurückweist „Interessiert mich nicht". Für die Gesprächsführung wichtiger ist das *aktive Kommentieren*. Hier kann man, indem man einen Teil der Äußerung aufgreift und thematisiert, den Fortgang des Gesprächs aktiv steuern und im eigenen Sinne lenken, wie die abschließenden Beispiele zeigen:

„Wo liegt Witzenhausen?"
„Witzenhausen ist sehr hübsch, kennst du es?"
„Ich habe die Heie lange nicht gesehen, wie geht es ihr?"
„Was macht der Hartmut jetzt eigentlich?"
„Die Heie ist doch jetzt Lehrerin."
„Erzähl mir mehr davon!"
„Und wann heiraten wir?"

7. Bibliographie

7.1 Zeitschriften

Bibliographie Linguistique, publiée par le comité international permanent des linguistes; Utrecht/Antwerpen (jährlich); die Abkürzungen sind nach den Konventionen der Bibl. ling. notiert.

AL	Acta Linguistica. Revue internationale de linguistique structurale; Kopenhagen.
ALH	Acta Linguistica Academiae Scientarum Hungaricum; Budapest.
AmA	American Anthropologist; Menasha, Wisc.
Archiv	Archiv f. d. Studium der neueren Sprachen und Literaturen (früher: Herrigs Archiv); Braunschweig.
BPTJ	Biuletyn Polskiego Towarzystva Jezykoznawczego / Bulletin de la Société polonaise de Linguistique. Wroclaw u. Kraków.
CFS	Cahiers Ferdinand de Saussure; Genf.
DaF	Deutsch als Fremdsprache; Leipzig.
ds	deutsche sprache, Bielefeld.
DU	Der Deutschunterricht; Stuttgart.
Deutschunterr. für Ausl.	Deutschunterricht für Ausländer; München.
Fol. Ling.	Folia Linguistica. Acta Societas Linguisticae Europaeae, Den Haag.
FL	Foundations of Language. International Journal of Language and Philosophy; Dordrecht, Holland.
IF	Indogermanische Forschungen. Zeitschrift für Indogermanistik und allgemeine Sprachwissenschaft; Berlin.
IJAL	International Journal of American Linguistics. Baltimore.
IRAL	International Review of Applied Linguistics / Internationale Zeitschrift für angewandte Linguistik in der Spracherziehung; Heidelberg.
ITL	Tijdschrift van het Instituut voor Toegepaste Linguistiek; Leuven.
JL	Journal of Linguistics. The Journal of the Linguistic Association of Great Britain; London u. New York.
Lg.	Language. Journal of the Linguistic Society of America; Baltimore.
LiLi	Zeitschrift für Literaturwissenschaft und Linguistik, Frankfurt/Main, ab H. 14 1974 Göttingen.
Lingua	Lingua; International Review of General Linguistics; Amsterdam.
Linguistics	Linguistics. An International Review; The Hague / Paris.

Ling. Ber.	Linguistische Berichte. Forschung — Information — Diskussion; Braunschweig.
LuD	Linguistik und Didaktik; München.
Mutterspr.	Muttersprache; Zeitschrift zur Pflege und Erforschung der deutschen Sprache; Mannheim.
Neophil.	Neophilologus; Groningen.
Neuphil. Mitt.	Neuphilologische Mitteilungen; Helsinki.
PBB (O)	Paul und Braunes Beiträge zur Geschichte der deutschen Sprache und Literatur; Halle.
PBB (W)	desgl. Tübingen (ab. Jg. 77, 1955).
Phonetica	Phonetica; Internationale Zeitschrift für Phonetik; Basel / New York.
PF	Prace filologiczne. Warschau.
PMLA	Publications of the Modern Language Association of America; New York.
Semiotica	Semiotica; Revue publiée par l'Association Internationale de Semiotique; Den Haag.
SJA	Southwestern Journal of Anthropology; Albuquerque, New Mexico.
Th. Ling.	Theoretical Linguistics. Berlin — New York.
TCLC	Travaux du Cercle Linguistique de Copenhague; Kopenhagen.
TCLP	Travaux du Cercle Linguistique de Prague; Prag.
TLP	Travaux Linguistiques de Prague; Prag.
VJa	Voprosy Jazykoznanija; Moskau.
Word	Word. Journal of the Linguistic Circle of New York; New York.
WW	Wirkendes Wort. Deutsches Sprachschaffen in Lehre und Leben; Düsseldorf.
ZDL	Zeitschrift für Dialektologie und Linguistik (früher: ZMF Zeitschrift für Mundartforschung); Wiesbaden.
ZfdSpr	Zeitschrift für deutsche Sprache; Berlin.
ZGL	Zeitschrift für Germanistische Linguistik, Bielefeld.
ZPSK	Zeitschrift für Phonetik, Sprachwissenschaft und Kommunikationsforschung; Berlin.

7.2 Literaturhinweise

Abraham, Werner (Hrsg.): Kasustheorie, in Reihe: Schwerpunkte Linguistik und Kommunikationswissenschaft Bd. 2, Frankfurt/Main 1971.

Adamus, M.: Phonemtheorie und das deutsche Phoneminventar, Wroclaw 1967 (Travaux de la Société des Sciences et des Lettres de Wroclaw).

Admoni, Wladimir: Der deutsche Sprachbau, München 1970 (3. Aufl.), jetzt 4. Aufl. 1978.

Althaus, H. P. / Henne, H. / Wiegand, H. E. (Hrsg.): Lexikon der Germanistischen Linguistik, Tübingen 1973 (LGL).

Arens, Hans: Sprachwissenschaft. Der Gang ihrer Entwicklung von der Antike bis zur Gegenwart; München 1969², Taschenbuchausgabe Frankfurt/M. 1974 (FAT).

Austin, J. L.: How to do things with words. Cambridge, Mass., 1962.

Bach, A.: Geschichte der deutschen Sprache, Heidelberg 1965⁸.

Bach, Emmon u. Harms, Robert T. (Hrsg.): Universals in Linguistic Theory, 1964.

Bach, Emmon u. Harms, Robert T. (Hrsg.): Universals in Linguistic Theory, New York 1968.

Badura, B.: Sprachbarrieren. Zur Soziologie der Kommunikation, Stuttgart 1971.

Baumgärtner, Klaus: Die Struktur des Bedeutungsfeldes; in: Satz und Wort im heutigen Deutsch, Hrsg. Moser, H., Düsseldorf 1967, 165—197 (Reihe: Sprache der Gegenwart 1).

Bechert, Johann, Clément, Danièle, Thümmel, Wolf und Wagner, Karl-Heinz: Einführung in die generative Transformationsgrammatik; München 1970 (Reihe: Linguistische Reihe 2).

Becker, Karl Ferdinand: Organismus der Sprache, Leipzig 1827, 2. Aufl. 1841 Nachdruck Hildesheim 1970.

Bernstein, B.: Soziale Struktur, Sozialisation und Sprachverhalten — Aufsätze 1958—1970, Amsterdam 1970.

Bierwisch, Manfred: Grammatik des deutschen Verbs; in: Studia Grammatica II, Berlin 1963, 1965².

— : Strukturalismus. Geschichte, Probleme und Methoden; in: Kursbuch 5, 1966, 1969², 77—152.

—u. Heidolph, K.-E. (Hrsg.): Progress in Linguistics, The Hague 1971.

Bloomfield, Leonard: Language, New York 1933¹, London 1934¹ ... 1967.

Brekle, Herbert E.: Semantik, München 1972 (UTB).

Brinkmann, Henning: Die deutsche Sprache – Gestalt und Leistung, Düsseldorf 1962.

Bühler, Karl: Sprachtheorie, 1934¹, Stuttgart 1965².

Bünting, K.-D.: Morphologische Strukturen deutscher Wörter, IPK-Forschungsberichte Bd. 19, Hamburg 1970 (= Phil. Diss. Bonn 1969).

— : Linguistik und Didaktik des Deutschunterrichts, in: Bartsch, R. u. Vennemann, Th. (Hrsg.): Linguistik und Nachbarwissenschaften, Kronberg/Ts. 1973, 287—305.

—u. Kochan, D. C.: Linguistik und Deutschunterricht, Kronberg/Ts. 1973¹, 1975².

—u. Paprotté, W.: Methodik der Linguistik, in: Althaus / Henne / Wiegand (Hrsg.), LGL 1973, 55—66.

Chomsky, Noam: Syntactic Structures, The Hague 1957 u. ö., (Reihe Janua Linguarum 4).

— : Current Issues in Linguistic Theory, The Hague 1966, (Reihe Janua Linguarum 38).

— : Cartesian Linguistics; New York 1966.

— : Aspects of the Theory of Syntax; Cambridge, Mass, 1965¹, 1966³; Übers.: Aspekte der Syntax-Theorie, Frankfurt a. M. 1969 (Reihe Suhrkamp-Theorie 2).

— u. Halle, Morris: The Sound Pattern of English; London 1968.
Conklin, H. C.: Hanunóo color categories: in: SJA (Southwestern Journal of Anthropology), Albuquerque, New Mexico, 11 (1955), 339—44; nachgedruckt in: Language in Culture and Society, Hrsg. Hymes, Dell, New York 1964.
Dittmar, N.: Soziolinguistik. Exemplarische und kritische Darstellung ihrer Theorie, Empirie und Anwendung. Mit kommentierter Bibliographie. Frankfurt/M. 1973 (FAT).
Duden-Grammatik der deutschen Gegenwartssprache (Reihe Der Große Duden Bd. 4), Mannheim 1966².
Der große Duden, Bd. 1 Rechtschreibung, 17. überarb. Aufl. 1973.
Ehlich, K. u. Rehbein, J.: Zur Konstitution pragmatischer Einheiten in einer Institution: Das Speiserestaurant, in: Wunderlich (Hrsg.): Linguistische Pragmatik 201—254.
Eichler, W.: Sprachdidaktik Deutsch, München 1974 (UTB).
—u. Hofer, A. (Hrsg.): Spracherwerb und linguistische Theorien, Texte zur Sprache des Kindes. München 1974.
Eichler, Wolfgang u. Bünting, Karl-Dieter: Grammatik der deutschen Gegenwartssprache, Kronberg 1976¹, 1978².
Engel, Ulrich: Regeln zur Wortstellung, in: Forschungsgeschichte des IDS 5, Mannheim 1970.
Engel, Ulrich: Syntax der deutschen Gegenwartssprache, Berlin 1977.
Engel, Ulrich u. Schumacher, W.: Kleines Valenzlexikon deutscher Verben, Tübingen 1976.
Erben, Johannes: Abriß der deutschen Grammatik, München 1966⁹.
— : Deutsche Grammatik, Ein Leitfaden, Frankfurt 1968 (Fischer Bücherei 1968).
— : Deutsche Wortbildung, Düsseldorf 1974 ff. (3 Bde., Inst. f. Dt. Sprache).
Firth, John Rupert: Studies in Linguistic Analysis, Oxford 1957.
Fleischer, Wolfgang: Wortbildung der deutschen Gegenwartssprache, Leipzig 1969.
Fodor, Jerrold A. und Katz, Jerrold J. (Hrsg.): The Structure of Language. Readings in the Philosophy of Language; Englewood Cliffs, N. J., 1964.
Galparin, P. J.: Die Psychologie des Denkens und die Lehre von der etappenweisen Ausbildung geistiger Handlungen; in: Untersuchungen des Denkens in der sowjetischen Psychologie; Berlin (1967).
Geckeler, Horst: Strukturelle Semantik und Wortfeldtheorie, München 1971.
Gipper, Helmut: Sessel oder Stuhl? Ein Beitrag zur Bestimmung von Wortinhalten im Bereich der Sachkultur; in: Sprache, Schlüssel zur Welt. Festschrift für Leo Weisgerber, Hrsg. Gipper, H., Düsseldorf 1959, 271—292.
Gipper, Helmut: Bausteine zur Sprachinhaltsforschung: Düsseldorf 1962².
Gipper, H. und Schwarz, H.: Bibliographisches Handbuch zur Sprachinhaltsforschung; Lfg. 1 ff., Köln und Oplanden 1962 ff.
Glinz, Hans: Die innere Form des Deutschen; Bern 1952¹, 1961².
— : Deutsche Syntax; Stuttgart 1965 (Sammlung Metzler).
Gleason, H. A.: An Introduction to Descriptive Linguistics; New York

1955[1], 1961[2].
— : Workbook in Descriptive Linguistics, New York 1955.
Graumann, C. F.: Interaktion und Kommunikation, Handbuch der Psychologie Band 7/2, Heidelberg 1972. 1109—1262.
Grebe, Paul: Der semantisch-syntaktische Hof unserer Wörter; in: Satz und Wort im heutigen Deutsch, Hrsg. Moser, Hugo, Mannheim 1967 (Reihe: Sprache der Gegenwart 1).
Greenberg, Joseph (Hrsg.): Universals in Language, Cambridge, Mass., 1963.
Grucza, Franciszek: Sprachliche Diakrise im Bereich der Ausdrucksebene des Deutschen. Beiträge zur allgemeinen Sprachtheorie; Posen 1970 (Reihe: Poznańskie Towarzystwo Przyaciót Nauk, Wydzial Filologiczno-Filozofoczny Prace Komisij Jezykoznawczej, Tom IV, Zeszyt 2).
Habermas, J.: Zur Logik der Sozialwissenschaften, Philosophische Rundschau, Beiheft 5, 1967.
— : Vorbereitende Bemerkungen zu einer Theorie der kommunikativen Kompetenz, in: Habermas, J. u. Luhmann, N.: Theorie der Gesellschaft oder Sozialtechnologie — Was leistet die Systemforschung? Frankfurt/M. 1971, 101—141.
Halliday, M. A. K.: Explorations in the Functions of Language, (5 Aufsätze), London 1973; deutsch: Untersuchungen zur Funktion der Sprache, Hannover 1975.
—, A. McIntosh u. P. Strevens: Linguistik, Phonetik und Sprachunterricht, übers. v. H. D. Steffens, Heidelberg 1972. (Engl. 1964).
Hartig, M. u. Kurz, U.: Sprache als soziale Kontrolle. Neue Ansätze zur Soziolinguistik. Frankfurt/M. 1971.
Hartmann, Peter: Theorie der Grammatik; Den Haag, 1963.
Harris, Zellig S.: Methods in Structural Linguistics; Chicago 1951[1]; neuer Titel: Structural Linguistics; 1966[7].
Hayakawa, S. I. (Hrsg.), übers. u. ausgew. v. Schwarz, G.: Wort und Wirklichkeit. Beiträge zur Allgemeinen Semantik (General Semantics), Darmstadt o. J. (Nachwort von 1968).
Heeschen, C.: Grundfragen der Linguistik, Stuttgart 1972.
Heidegger, Martin: Der Weg zur Sprache; in: Sprache und Wirklichkeit, Essays, München 1967, 44—69 (dtv 432).
Helbig, Gerhard: Geschichte der neueren Sprachwissenschaft, Reinbek b. Hamburg 1974, 1. Aufl. Leipzig 1970.
- u. W. Schenkel: Wörterbuch zur Valenz und Distribution deutscher Verben, Leipzig 2. Aufl. 1970.
Heringer, Hans-Jürgen: Deutsche Syntax, Berlin 1970a (Göschen Bd. 1246/46a).
— : Theorie der deutschen Syntax; München 1970b (Linguistische Reihe 1).
Hjelmslev, Louis: Omkring sprogteoriens grundlaeggelse; Kopenhagen 1943; engl. Übers.: Prolegomena to a Theory of Language, Madison, Wisc., 1963[3].
Hörmann, H.: Psychologie der Sprache, Berlin 1967.
Hockett, Charles F.: A Course in Modern Linguistics, Chicago 1967[12].
Hofstätter, Peter R.: Psychologie, Frankfurt/Main (1957).

Humboldt, Wilhelm: Über die Verschiedenheiten des menschlichen Sprachbaus; in: Werke in fünf Bänden, Bd. 3, Darmstadt 1963.

Hymes, D.: Competence and Performance in Linguistic Theory in: Language Acquisition — Models and Methods. Ed. by R. Huxley and E. Ingram, London, New York 1971, 3—28.

Jakobson, Roman u. Halle, Morris: Fundamentals of Language; The Hague 1956 (Reihe: Janua Linguarum 1); Übers.: Grundlagen der Sprache, Berlin 1960.

Jakobson, Roman, Fant, Gunnar C., Halle, Morris: Preleminaries to Speech Analysis. The Distinctive Features and their Correlates; Cambridge, Mass. 1951[1], 1967[7].

Joos, M. (Hrsg.): Readings in Linguistics I; Chicago 1966[4].

Katz, Jerrold J.: The Philosophy of Language, New York 1966; Übers.: Philosophie der Sprache, Frankfurt a. M. 1969 (Suhrkamp-Theorie 2).

—u. Fodor, Jerrold A.: The Structure of a Semantic Theory; in Lg. 39 (1963), 170—210.

—u. Postal, Paul: An Integrated Theory of Linguistic Descriptions, Cambridge, Mass., 1964.

Klaus, Georg: Semiotik und Erkenntnistheorie, Berlin 1962[1], 1968[2] (Neubearbeitung), 1972[3] (unverändert).

— : Sprache der Politik, Berlin 1971.

Klein, W.: Variation in der Sprache. Ein Verfahren zu ihrer Beschreibung, Kronberg/Ts. 1974.

—u. Wunderlich, D. (Hrsg.): Aspekte der Soziolinguistik, in Reihe: Schwerpunkte Linguistik und Kommunikationswissenschaft Bd. 1, Frankfurt/Main 1971 FAT 1972.

Kochan, Detlef C. (Hrsg.): Stilistik und Soziolinguistik — Beiträge der Prager Schule zur strukturellen Sprachbetrachtung und Spracherziehung, in Reihe: Berichte und Untersuchungen aus der Arbeitsgemeinschaft für Linguistik und für Didaktik der deutschen Sprache und Literatur Serie A Nr. 1, München 1971.

— (Hrsg.): Sprache und kommunikative Kompetenz, Stuttgart 1973.

Kochan, Detlef C. und Ader, Dorothea, Bauer, Johann, Henze, Walter: Sprache und Sprechen, Arbeitsmittel zur Sprachförderung, (2.—8. Schuljahr), Hannover 1972 ff. (mit Lehrerbänden).

Krallmann, D. u. Soeffner, H.-G.: Gesellschaft und Information. Untersuchung zu zeichengebundenen Interaktionsprozessen und Kommunikationsstrukturen in sozialen Systemen, Stuttgart 1973.

Krenn, H. und Müllner, K.: Bibliographie zur Transformationsgrammatik; Heidelberg 1968.

Lakoff, George: Linguistik und natürliche Logik, in Reihe: Schwerpunkte Linguistik und Kommunikationswissenschaft Bd. 6, Frankfurt/Main 1972, Englisch: Linguistics and Natural Logic, in: Synthese 22, 1970.

Lehmann, W. P.: Historical Linguistics. An Introduction; New York 1962; Übers.: Einführung in die historische Linguistik, Heidelberg 1969.

Leisi, Ernst: Der Wortinhalt. Seine Struktur im Deutschen und Englischen; Heidelberg 1961[2].

Leont'ev, A. A.: Sprache — Sprechen — Sprechtätigkeit, aus dem Russischen übersetzt, Stuttgart 1971 (Russ. Original Moskau 1969).

Lepschy, Giulio C.: La Linguistica strutturale; Turin 1966, Übers.: Die strukturale Sprachwissenschaft. Eine Einführung, München 1969 (Sammlung Dialog).

Leuninger, H. / Miller, M. H. / Müller, F.: Psycholinguistik. Ein Forschungsbericht. Frankfurt/M. 1972 (FAT).

Leuninger, H. / Miller, M. H. / Müller, F. (Hrsg.): Linguistik und Psychologie. Bd. 1: Psycholinguistische Untersuchungen sprachlicher Performanz, Bd. 2: Zur Psychologie der Sprachentwicklung. Frankfurt/M. 1975 (FAT).

Lewandowski, Th.: Linguistisches Wörterbuch, 3 Bde. Heidelberg 1973 ff.

Lindner, Gerhart: Einführung in die experimentelle Phonetik; München 1969.

List, G.: Psycholinguistik. Stuttgart 1972, 1973².

Löbner, Sebastian: Einführung in die Montagne-Grammatik, Kronberg/Ts. 1976.

Lyons, John: Structural Semantics, Oxford 1963¹, 1970³.

— : Introduction to Theoretical Linguistics, Cambridge 1968, deutsch: Einführung in die moderne Linguistik, München 1971.

Maas, U. u. Wunderlich, D.: Pragmatik und sprachliches Handeln. Mit einer Kritik am Funkkolleg Sprache, Frankfurt/M. 1972, 1974³.

Marchand, Hans: The Categories and Types of Present Day English Word-Formation, Wiesbaden 1960.

— : Expansion, Transposition and Derivation; in: La Linguistique 1 (1967), 13—26.

Martinet, André: Elements de linguistique generale; Paris 1960; Übers.: Grundzüge der allgemeinen Sprachwissenschaft, Stuttgart 1963¹, 1967².

— : La linguistique synchronique. Études et recherches. Paris 1965; Übers.: Synchronische Sprachwissenschaft, München 1968.

McCawley, J. D.: The Role of Semantics in a Grammar, in: Bach, E. — Harms, R. (Hrsg.): Universals in Linguistic Theory, New York (1968).

Mead, G. H.: Mind, Self and Society, Chicago 1934, dtsch.: Geist, Identität und Gesellschaft aus der Sicht des Sozialbehaviourismus, Frankfurt/M. 1968.

Morris, Charles W.: Foundations of the Theory of Signs; Chicago 1938, Neudruck 1964 (Reihe: International Encyclopedia of Unified Science).

Moser, H.: Das Ringen um eine neue deutsche Grammatik. Aufsätze aus drei Jahrzehnten (1929—1959), Darmstadt 1962, (Reihe: Wege der Forschung XXV).

Nida, Eugene A.: Morphology. The Descriptive Analysis of Words; Ann Arbor. Mich., 1946¹, 1967¹⁰.

Osgood, C. E., Suci, G. J., Tannenbaum, P. H.: The Measurement of Meaning, Urbana, Ill., 1957.

Oksaar, Els: Semantische Studien im Sinnbezirk der Schnelligkeit; Stockholm 1958.

Paul, Hermann: Prinzipien der Sprachgeschichte; Halle 1898³.

Peirce, Charles F.: Collected Papers, Cambridge Mass. (1931—45), dtsch. Schriften I (1967) und II (1970), Hrsgg. v. K.-O. Apel, Frankfurt/M. 1967 u. 1970.

Petöfi, Janos S.: Transformationsgrammatiken und eine ko-textuelle Texttheorie — Grundfragen und Konzeptionen, in Reihe: Linguistische Forschungen 3, Frankfurt/Main 1971.

Pike, Kenneth L.: Language in Relation to a Unified Theory of Human Behaviour; The Hague 1967² (Reihe: Janua Linguarum, Series Maior).

Plett, H. F.: Textwissenschaft und Textanalyse, Heidelberg 1975 (UTB).

Porzig, Walter: Wesenhafte Bedeutungsbeziehungen, PBB 58 (1934), 70—97.

— : Das Wunder der Sprache, München 1967⁴.

Posner, R.: Theorie des Kommentierens, Frankfurt/M. 1972.

The Principles of the International Phonetic Association; London 1949¹, ... 1968.

Resnikow, L. O.: Erkenntnistheoretische Fragen der Semiotik, Berlin 1968 als ergänzte u. überarb. Aufl. des russ. Originals v. 1964.

Reihe: Germanistische Arbeitshefte, Tübingen.

Reihe: Sprache der Gegenwart — Schriften des Instituts für deutsche Sprache Mannheim; Düsseldorf, jährlich.

Reihe: Studia Grammatica, mit Aufsätzen und Monographien, Berlin.

Roberts, Paul: English Syntax. A Programmed Introduction to Transformational Grammar; New York 1964².

Rohrer, Christian: Funktionale Sprachwissenschaft und transformationelle Grammatik in Reihe: Internationale Bibliothek für allgemeine Linguistik Bd. 10, München 1971.

Sapir, Edward: Language; New York 1921 u. ö., Übers.: Die Sprache, München 1961.

Saussure, Ferdinand de: Cours de linguistique générale; posthum hrsgg. v. Bally, Ch. und Sechehaye, A., Lausanne u. Paris 1916¹, 1967³; Übers.: Grundfragen der allgemeinen Sprachwissenschaft, Berlin 1931¹, 1967²; edition critique par Engler, Rudolf, Wiesbaden, ab 1968.

Schaff, Adam: Sprache und Erkenntnis, Wien 1964.

— : Einführung in die Semantik, Reinbek b. Hamburg 1973 (rororo), übers. aus dem Polnischen, Original 1960.

Scherer, K. R.: Non-verbale Kommunikation. Ansätze zur Beobachtung und Analyse der außersprachlichen Aspekte von Interaktionsverhalten, IPK Forschungsbericht 35, Hamburg 1972².

Schmidt, S. J.: Texttheorie / Pragmalinguistik, in: Althaus / Henne / Wiegand (Hrsg.) LGL, 233—244.

Schmidt, W.: Grundfragen der deutschen Grammatik. Eine Einführung in die funktionale Sprachlehre; Berlin 1966.

Schnelle, H.: Sprachphilosophie und Linguistik, Reinbek b. Hamburg 1973 (rororo).

Searle, John R.: Speech Acts — An Essay in the Philosophy of Language, Cambridge 1970. Jetzt auch auf Deutsch: Sprechakte, Frankfurt 1971.

Stechow, Arnim v. (Hrsg.): Beiträge zur generativen Grammatik, in Reihe: Schriften zur Linguistik Bd. 3, Braunschweig 1971.

Steger, Hugo (Hrsg.): Vorschläge für eine strukturale Grammatik des Deutschen, Darmstadt 1970 (Reihe: Wege der Forschung CXLVI).

Stötzel, Georg: Ausdrucksseite und Inhaltsseite der Sprache, in Reihe: Lin-

guistische Reihe Bd. 3, München 1970.
Tesnière, Lucien: Éléments de Syntaxe Structurale; Paris 1959.
Thomas, Owen: Transformational Grammar and the Teaching of English, New York 1965; Übers.: Transformationelle Grammatik und Englischunterricht, München 1968.
Trier, Jost: Der deutsche Wortschatz im Sinnbezirk des Verstandes; Heidelberg 1931.
Trubetzkoy, Nikolaj S.: Grundzüge der Phonologie, Prag 1933[1], Göttingen 1967[4].
Ullman, Stephen: Principles of Semantics; Oxford 1957, Übers.: Grundzüge der Semantik, Berlin 1967.
Ungeheuer, Gerold: Elemente einer akustischen Theorie der Vokalartikulation; Berlin 1962.
— : Sprache und Kommunikation. IPK-Forschungsberichte 13, 2. erw. Aufl. Hamburg 1972.
Vachek, Josef: A Prague School Reader in Linguistics; Bloomington, Ind. 1964.
Vater, Heinz: Das System der Artikelformen im gegenwärtigen Deutsch, Tübingen 1963.
Watzlawick, P. / Beavin, J. H. / Jackson, D. D.: Menschliche Kommunikation. Formen, Störungen, Paradoxien, Bern 1969, 1972[3].
Whorf, Benjamin J.: Language, Thought and Reality: Selected Papers (Hrsg. Caroll, J. A.), New York 1956, Deutsch: Sprache, Denken, Wirklichkeit, Hamburg 1963.
Wittgenstein, Ludwig: Tractatus logico-philosophicus, in: Schriften, Frankfurt/Main 1960 (1. Druck: 1921).
Weinreich, Uriel: Explorations in Semantic Theory, in: Current Trends in Linguistics III, Hrsg. Sebeok, Thomas A., The Hague 1966, 395—477; Übers.: Erkundungen zur Theorie der Semantik, Tübingen 1970.
Weisgerber, Leo: Von den Kräften der deutschen Sprache, Bd. 1: Grundzüge der inhaltbezogenen Grammatik; Düsseldorf 1962[2].
— : Die vier Stufen in der Erforschung der Sprachen; Düsseldorf 1963.
Wunderlich, Dieter: Tempus und Zeitreferenz im Deutschen; München 1970.
— : Die Rolle der Pragmatik in der Linguistik, in: DU 22/4, Stuttgart 1970b, 5—41.
— : Grundlagen der Linguistik, Reinbek b. Hamburg 1974 (rororo).
— (Hrsg.): Probleme und Fortschritte der Transformationsgrammatik, in Reihe: Linguistische Reihe: Bd. 8, München 1971.
— (Hrsg.): Linguistische Pragmatik, Frankfurt/M. 1972.
Wygotski, L. S.: Denken und Sprechen, Berlin 1964, Frankfurt 1971, Russische Erstausgabe 1934.

8. Register

Die Zahlenangaben verweisen auf das jeweilige Kapitel des Buches

Abhängigkeitsgrammatik s. Dependenzgrammatik
Abhängigkeitsstruktur 4.3.
Ablativ 3.3.1, 4.2.1
Ablaut 3.3
Ableitung 3.4, 3.4.2, 3.4.4
Abstrichprobe 4.4.4
Addition (s. Transformation 4.6.2, 4.6.2.4
Adjektiv *3.2*, 3.3, 3.4, 3.4.2., 4.3.4, 4.6.1.1, 4.6.1.2.6 u. ö.
Adjektivphrase 4.6.1.2
Adressat 1.2.2.11, 1.2.2.12
Adverb *3.2*, 3.3.1.4
Adverbialphrase 5.5.2
adverbielle Bestimmung *4.2.4*f., 4.3.2, 4.4.1
Affix 3.1
Affrikate *2.1.3*, 2.2.3, 2.2.3.2, 3.1
ahistorisch 1.2.1.6
Akkusativ *3.3*, 4.2.1, 4.6.1.5
Akkusativierung 4.4.2
Akronymbildung 3.4.3
Aktant 4.4.3
Aktionsart (s. a. Aspekt) 3.3, 3.3.1, *3.3.1.3*, 4.2.2
Aktiv 3.3.1.2, 4.2.2
akustisch 1.2.2.2, 1.2.2.11
akustische Phonetik 2.1
Akzent 3.4.4
Akzeptabilität (akzeptabel) 4.1.1
Akzidenzien 4.2.3
Allograph 1.1.2, 1.5
Allophon 1.1.2, 2.2.1, 2.2.2
Allomorph 1.1.2, 3.1
aveolar *2.1.1*, 2.2.3.2
anaphorische Deixis (Anapher) *3.1*, 3.2, 4.1.2
Anfangssymbol 4.6.1.2
Angabe (freie) *4.2.4*f., 4.4.3, 4.4.5
Ansatzrohr 2.1.1
Antonymie 5.2.3
Anzeichen 1.2.2.2
Apellfunktion *1.2.2.10*, 2.2.2
apikal *2.1.1*, 2.2
Apposition 4.2.5
äquivalente Distribution (distr. Äquivalenz) *1.2.2.4*, 2.2.1
Archiphonem 2.2.3.2, *3.1*
Argument (log.) 4.1.2
Artikel *3.2*, 4.2.1, 4.6.1, 4.3.4
Artikulation 1.5, *2.1.1*

Artikulationsart 2.2.3.2
Artikulationsmerkmal *2.2.3.2*, 5.4
Artikulationsorgan 1.5
Artikulationsstelle 2.2.3.2
artikulatorische Phonetik 2.1
Aspekt (s. a. Aktionsart) 3.3, *3.3.1*
Aspiration *2.1.3*, 2.2.1
Attribut (Attributfunktion) 3.3.1.1, *4.2.4*f., 4.3., 4.3.4, 4.4ff.
Attributsatz 4.1.3, 4.4.3
auditiv 1.2.2.11
auditive Phonetik 2.1
Ausdrucksfunktion *1.2.2.10*, 2.2.2
Aufforderungssatz 4.3.2.1
Ausrufesatz 4.3.2.1, 4.3.3
Äußerung *1.2.2.1*, 1.2.2.7, 1.2.2.8, 2.2.1, 3.1, 3.2, *4.1.1*, 4.1.2 u. ö., 5.1, 5.3.2, 5.4, passim
äußere Flexion 3.3
Austauschprobe 4.4.4 s. Substitution

Basisglied 4.2.3
Basiskomponente (Basisteil) *4.5.2*, 4.6, 4.6.1, 4.6.1.7, 4.6.2
Baumgraph (s. a. Stemma) 4.4.6, 4.6.1.1, 5.5.2
Bedeutung (s. a. Inhalt und Semantik) *1.2.2.2*, 2.2.1, 2.2.2, 3.1, 4.5.2, 5, passim
Bedeutungsbereich 5.1
Bedeutungserweiterung 5.2, 5.2.2
Bedeutungsfeld 5.5.2
Bedeutungssemantik (meaning-S.) 1.2.2.2, 5.1
Bedeutungsverbesserung 5.2, 5.2.2
Bedeutungsübertragung 5.2, 5.2.2
Bedeutungsumfang 5.2.2
Bedeutungsverengung 5.2, 5.2.2
Bedeutungsverschlechterung 5.2, *5.2.2*
Befehlssatz 4.3.2.1
Begriffsbestimmung 1.1.2
Behauchung s. Aspiration
Behaviourismus (behaviouristisch) 1.1.1, 1.2.2.12, 2.2.1, 5.1, 6.1
Beifügung siehe Attribut
Bewußtsein 1.2.2.12
bilabial 2.1.3
Bindelaut 3, 4.3 (s. a. Fuge)
biphonematisch 2.2.3.2, 2.2.3.3
Black-Box-Prinzip 1.2.1.4
bracketing s. Klammerdarstellung
Buchstabe (Buchstabenschrift) 1.2.2.3, 1.2.2.5, 1.4, *1.5*, 2.2.3.1

catalogus mundi 5.4
Circumposition 4.2.1
Comment (vs. Topic) 4.2.3
communicative force 6.3
consecutio temporum 4.2.2, 4.3.4

Dativ 3.1.1.1, 3.3, 3.4.3, 4.2.1
Darstellungsfunktion 1.2.2.10, 3.1
deduktiv 1.1.1, 1.1.2
Deixis (deiktisch) 1.2.2.6, 3.1, 3.2, 3.3.1.2, 3.4.4, 4.1.2
Deadjektiva 3.4.2
Deklination 3.3.1.2, 3.3, 4.2.2
Dekodierung 1.2.2.11
Deletion (s. Transformation) 4.6.2, 4.6.3.2
Denken 1.2.2.12
Denotation 5.2.3
dental 2.1.1, 2.2, 2.2.1, 2.2.3.2
Dependenzgrammatik (Abhängigkeitsgr.) 3.3.1.1, 4.2.4, 4.4.3, 4.4.5, 5.5.1, 5.5.2
Derivation (Wortbildg.) 3.4.2 (s. a. Ableitung)
deskriptiv 1.2.1.7
Determinationskompositum 3.4.3
Deverbativa 3.4.2
Diachronie (diachronisch) 1.2.1.6, 1.2.2.2, 3.4, 3.4.2, 5.2, 5.2.1, 5.2.3, 5.3
Dialekt 1.2.1.7, 1.2.2.2
Dialektologie 5.3
differentielle Funktion (s. a. distinktiv) 2.2
Diphthong 2.1.1, 2.1.4, 2.1.4, 2.2.3.1
Disambiguierung 5.5.1
discovery procedures (s. a. Prozeduren) 2.2.1
diskontinuierlicher Konstituent 1.2.2.2, 4.4.6, 4.6.2
distinktives Merkmal 2.1.3, 2.2.2, 4.4.2, 4.5.1.6, 3.1
distinktive Schallfunktion 2.2.2
Distribution (distributionell) 1.2.2.4, 2.2, 2.2.2, 3.1, 3.2, 3.4, 4
Distributionalismus 1.4, 4.4.4, 4.4.6, 4.1.4 (s. a. Taxonomie)
Distributionsanalyse 1.2.1.5, 2.2, 2.2.1,
dorsal 2.1.1
durativ s. Aktionsart 3.3.1.3
dynamisches System 1.2.2.8, 1.4

Ebene 1.2.1.1, 1.2.2.4
Eigenname 5.1
Einbettung 4.3.2, 4.6.1.7, 4.6.2
einfaches Wort 3.4, 3.4.1
Empfänger (s. a. Adressat) 1.2.2.11
Enkodierung 1.2.2.11
Entdeckungsprozedur (s. a. Prozedur) 1.1.1, 2.2.1

Ergänzungen 4.2.4, 4.4.5
Ergänzungssatz 4.1.3
Ersatzprobe 4.4.4
Ersetzungsregel 4.6, 4.6.1.1, 4.6.2, 5.5.1
Etymonologie (etymologisch) 1.2.1.1, 1.5, 5.2, 5.2.3
Expansion (Wortbildg.) 3.4.2, 3.4.4, 5.2.3
Expansion (gen. Gr.) 4.6.1.1
Extension (s. a. Bedeutungsumfang) 5.2.2
extensional (log) 1.1.2, 1.2.1.2
extrakommunikativ 3.1

fakultative Ersetzung (Syntax) 4.6.1.4
fakultative Variante (Phonologie) 2.2.2, 2.2.3.1
Flexion 3.1.3.2, 3.3, 4.2.2, 4.6.1.6, 4.6.1.7 u. ö.
Flexionsmorphem (-endung, -form) 3.1, 3.3, 3.4, 3.4.1, 4.3.4
Form (formal) 1.2.2.6 u. ö.
Formant 2.1
Formationsmarker (s. P-Marker)
Formationsregel (s. Phrasenstrukturregel)
Formativ 3.2., 4.5.2, 4
Fragesatz 4.3.2.1, 6.3, 6.4.3
Frikativ 2.1.3, 2.2, 2.2.3.2
freie Varianten 2.2.1
Fuge(nlaut) 3.4.3
Fügungspotenz 4.4.5
Funktion 1.2.2.6, 4.2, 4.4.3 u. ö.
Funktionsmodell 1.2.1.4, 4.5.1
funktionale Satzperspektive 4.3.3, 4.4.3
Funktor (log.) 4.2.3
Futur 3.3.1.3

Gaumensegel 2.1.1
Gedächtnis 1.2.2.12
Gemeinname 5.1
generative (transformationelle) Grammatik 1.1.1, 1.2.1.3, 1.2.1.7, 1.2.2.4, 1.2.2.8, 1.2.2.9, 1.4, 2.2.2, 2.2.3, 3.2, 4,5ff., 5.3.2, 5.5.1
generative Semantik 5.4
Generierungsprotokoll 4.6.1.1
Genitiv (Genetiv) 4.2.2, 4.3.4, 4.4.1, 3.3, 3.4.3, 4.2.5 u. ö.
Genus 3.1, 3.3, 3.3.1, 3.3.1.2, 4.2.2, 4.3.4, 4.4.1
Genera verbi 3.3, 3.3.1.2
geprägtes Wort (Wortbildg.) 3.4.2, 3.4.3
geschlagener Laut 2.1.3
geschriebene Sprache 1.5
gesprochene Sprache 1.5
Gliedsatz 4.1.3, 4.3.2.1
glottal 2.1.1
Glücken (im Sprechakt) 6.3

Grammatik passim
Grammatikalität (grammatisch vs. akzeptabel) *4.5.1* u. ö.
grammatische Bedeutung 3.1
grammatische Funktion 3.4.2
grammatische Kategorie 3.3, *3.3.1*, 4.2.2 u. ö.
grammatisches System 6.4.3
Graph 1.1.2, *1.5*
guttural 2.1.1, 2.2.2, 2.2.3.2

Handeln (s. intentional)
Hauptsatz 4.1.3 ff.
heuristisch 1.2.2.6 u. passim
Hieroglyph 1.5
historisch-komparatistisch 1.2.1.6
Homograph(ie) *3.1*, 3.4.1, 3.4.2, 5.2.3
Homonym(ie) *3.1*, 3.2, 4.5.2, 5.2.3
Homophon(-ie) 2.2.3.1, 3.1, 5.2.3
Hyponymie *5.2.3*, 5.5.2

IC-Grammatik s. Konstituentenstrukturgrammatik
idealisieren 1.2.2.1
ideographisch 1.5
Idiolekt 1.2.2.1, 1.2.2.11
immedeate constituents s. Konstituenten
Imperativ s. Modus
Imperfekt s. Präteritum
inchoativ (s. Aktionsart) 3.3.1.3
Indikativ s. Modus
individualisieren 1.2.1.1
induktiv 1.1.1
innere Flexion 3.3
„innere Form" 5.1
Infinitiv 3.3., 3.3.1.1, 4.2.5
Infix *3.1*, 3.4.3
ingessiv (s. Aktionsart) 3.3.1.3
Informant (s. a. Sprachbenutzer) *1.2.1.7*, 1.2.2.7, 2.2.1, 5.1
informationstheoretisch 1.2.2.10, 1.2.2.11
Inhalt (s. a. Bedeutung u. Semantik) *1.2.2.2*, 4.4.2 u. ö.
inhaltbezogene Grammatik (-Sprachwiss.) 1.1.2, *4.4.2*, 4.4.3, 5.3
Inklusion (s. a. Überlappung u. Äquivalenz) 5.2.3
inkohativ (s. Aktionsart) 3.3.1.3
Instrumental (kasus) 3.3.1, 3.3.1.1
instrumentelle Phonetik 2.1
intensional (log.) *1.1.2*, 1.2.1.2
intentionales Handeln 6.1
Interaktion 6.2, 6.3
Interjektion 3.2
Intonation 1.5, 3.3.1.3

intransitives Verb 6.4, 1.5, 4.6, 1.6, 4.1.4
Intuition s. Sprachgefühl
Inversion 4.5.2
Inventar 1.2.1.6, 5.4 (u. unter Phonem-, Morphem)
Isomorphie 5.3.1

Junktion (Junktivwort) 4.4.5

Kardinalvokal 2.1.2
Kastenschema 4.3.5, 4.4.6
Kasus 3.3, 3.3.1, *3.3.1.1*, 3.4.3, 4.2.2, 4.5.2
Kasusgrammatik 4.4.3
Kasusrektion s. Rektion
Kategorialgrammatik 4.2
Kategorialsymbol 4.3.5, 4.6.1.1 ff.
Kern 3.1, 3.4 (Morphologie)
Kern (Syntax) 4.2.1
Kiefernwinkel 2.1.2
Klammerdarstellung 4.3.5
Klammerstellung 4.3.2
Klangprobe 4.4.4
Klassifizieren *1.2.1.2* u. ö.
Klusil s. Plosiv
Knacklaut *2.2.1*, 2.2.1, 2.2.3.1, 2.2.3.2
Knoten (gen. Gr.) 4.3.5, 4.6.1.1, 4.6.1.1, 4.6.1.1, 4.6.2.5, 5.5.2
Knotenleseart s. Lesart
Kode (Schriftkode) 1.5
Kode (Sprachkode) 1.2.2.11, 5.7
kombinatorische Variante 2.2.2, 2.2.3.1
Kommentieren 6.4.4, 6.4.5
Kommunikation 1.2.2.10, 1.2.2.11, 6 u. passim
Kommunikationssituation *1.2.2.10*, 3.1, 3.3, 1.2, 5.5.1 u. 6
Kommunikative Kompetenz 6.2
Kommutation 4.4.4 (s. a. Permutation)
Kompetenz (Sprachkompetenz) 1.2.2.1, 1.2.2.8, *1.2.2.9*, 2.2.1, 4.5.1, 4.5.2, 5.5.1, 5.5.2
komplementäre Distribution 1.2.2.4, 2.2.1 u. passim
komplexes Symbol 4.6.1.6
Komponente (Syntax) *1.2.2.4*, 4.5.2
Komponentenanalyse (Semantik) 5.3.1, 5.3.2, 5.4ff., 5.5.2
Komponentielle Semantik 5.5
Kompositum 3.4.3
Konditionalsatz 4.4.3
Kongruenz 3.3, *4.3.4*, 4.6.1.7
Konjugation 3.3.1.2, 4.2.?
Konjunktion 3.2, 4.3.2, 4.6.1.7 u. ö.
Konjunktiv s. Modus

Konjunktionaler Gliedsatz 4.2.5
Konkatenationszeichen 4.6.1.1
Konnexion 4.4.5
Konnotation 5.2.3
Konsekutivsatz 4.4.3
Konsonant 1.5, *2.2.1*, 2.1.3, 2.1.4, 2.2.3, 2.2.3.1
Konsonantenphonem 2.2.3.2, 2.2.3.3
Konstituentenstrukturgrammatik 4.3.5, 4.4.4, *4.4.6*
Konstriktiv s. Frikativ
Kontext 4.1.2, 4.4 u. ö.
Kontextualismus 4.4.3
kontextabhängig s. kontextsensitiv
kontextsesnitiv(e Regel) 4.6.1.5
kontrastive Funktion 1.5, 2.2
Kontur (Konturem) 2.1.4, 2.2.1
Koordination 4.1.1.1
Kopf (einer Konstruktion) 4.2.1
Kopula 1.1.2, 4.2.3
Kopulativkompositum 3.4.3
Korpus *1.2.1.5* u. ö (Textkorpus)
Kotext 4.1.2

Labial *2.1.1*, 2.2.3.2
Labiodental *2.1.1*, 2.1.3, 2.2.3.2
Langage 1.2.2.1
Langue *1.2.2.1*, 1.2.2.4, 1.2.2.5, 1.2.2.8, 4.1.1ff., 4.5.1
Larynx (laryngal) 2.1.1, 2.1.3
Lateral 2.1.1, 2.1.3
Leerstelle 4.2.4, 4.4.5
Leistungsmodell 1.2.1.4, 4.5.1
Lexem 3.1, 3.2, 3.3.1.2, 3.4, 3.4.1, 3.4.2 (s. a. Formativ)
linguistische Datenverarbeitung 1.1.2
lokutionär 6.3

Manifestationsbereich 2.1
mathematische Linguistik 5.5.2
Matrixsatz 4.1.3, 4.2.2
Mentalismus (mentalistisch) 1.1.1, 1.2.2.9, 2.2.1, 3.2, 5.1
Mehrdeutigkeit s. Homonymie und Polysemie Minimalpaar *2.2.1*, 2.2.2
Metapher (metaphorisch) 3.4.1, 5.2.2, 5.3.2
Metasprache 1.1.2
Metonymie 3.4.1, 5.2.2
Modalverb 3.1.1.3, 4.3.2.1
Modell 1.2.1.3, *1.2.1.4*, 1.2.2.2, 4.4.1, 5.1, 5.4, 5.5.1, 5.5.2
Modus (Modalität) 3.3, 3.3.1, *3.3.1.3*, 4.2.2, 6.4.3, 6.4.4
monophonematisch 2.2.3.2, 2.2.3.3

Monophthong 2.1.1
Morph 1.1.2, 3.1 u. ö.
Morphem 1.1.2, 1.2.2.3, 1.4, 2.2.3.3, *3*ff., 4.2.2, 4.5.2 u. ö.
Morpheminventar 3.1
Morphemrealisation s. Morph
Morphologie (morphologisch 1.2.2.2, 1.2.2.4, 1.2.2.2, 1.2.2.4, *3*ff., 4.2.2, 4.5.2, 4.6.2, 5.3.1 u. ö.
Morphophonem 2.2.3.2, *3.1*
Morsekode 1.5
Muttersprache 1.1.1 u. ö.

Nachfeld (Syntax) 4.3.2.1
Nachricht 1.2.2.11
nasal 1.1.1, *2.1.3*, 2.2.3.1, 2.2.3.2
natürlicher Sprecher 1.2.1, *1.2.2.7* (s. a. Informant, Sprachben)
Nebensatz s. Gliedsatz
Nomen 3.2, 3.3, 3.4, 4.2ff.
Nominalphrase 3.2, 3.3.1.1, 4.2.1, 4.5.2, 4.6.2.1
Nominativ 3.3, 4.5.1.5
Norm (normativ) 1.2.1.6, *1.2.1.7*, 1.5 u. ö.
Notation 1.5 u. ö.
Nullmorphem *3.1*, 3.3, 3.4
Numeralia 3.2
Numerus 3.3, 3.3.1, *3.3.1.2*, 4.2.2, 4.3.4, 4.4ff., 4.5.2

Oberflächenstruktur *4.5.2*, 4.6ff.
Objekt 3.3.1.2, 4.2.1, 4.2.3, 4.2.3.1ff., 4.3ff., 4.4.1ff.
Objektsatz 4.1.3, 4.4.3
Objektsprache 1.1.2
Okklusiv s. Plosiv
onomatopoetisch 1.2.2
operationell 1.1.2 u. ö.
Oppositionspaar *2.2.2*, 2.2.3.1, 2.2.3.2
Oppositionsstellung 2.2.2, 3.1
optional(e Ersetzung) 4.6.1.3, 4.6.1.7
oral 2.1.1
Organonmodell 1.2.2.10
Orthographie 1.5 u. ö.

palatal 2.1.1, 2.2.2
Panchronie 1.2.1.6
Paradigmatik (paradigmatisch) 1.2.2.1, 1.2.2.4, 1.2.2.5, 2.2.1, 3.1, 5.2, 5.3, 5.3.2, 5.5.2
Paraphrase 4.4.4, 4.5.2, 5.5.2
Paranthese 4.2.5
Parole *1.2.2.1*, 1.2.2.4, 1.2.2.5, 1.2.2.8, 4.1.1f., 4.5.1, 5.7

Partizip 4.2.5
Passiv 4.2.2, 4.6.2
Perfekt 3.3.1.3
perfektiv (s. Aktionsart) 3.3.1.3
Performanz 1.2.2.1, 1.2.2.8, *1.2.2.9*, 1.2.2.10, 1.4, 4.1.1.2, 4.5.1, 6
performative Verben 6.4.1, 6
perlokutiv 6.3
Permutation (s. Transformation) 4.6.2, 4.6.2.2
Person 3.3, *3.3.1.2*, 4.2.2, 4.3.4
Personalpronomen 4.6.2.1
Phänogrammatik 4.1.1.1
phatisch 6.3
Pharyngal 2.1.1
Phon 1.1.2, 2.1, *2.2.1*, 2.2.2, 3.1
Phonem (1.1.2, 1.2.1.1, 1.2.2.3, 1.4, 2ff., 4.6.1.6, 5.4
Phonemgehalt 2.2.2, 2.2.3.1, 1.2.3.2, 3.1
Phoneminventar *2.2.3.3*, 3.1
Phonemrealisation s. Phon
Phonemsystem (phonolog. System) 1.5, 2.2.1, 2.2.3.2, 3.1
phonetische Ähnlichkeit 2.2, *2.2.1*
phonetisches Merkmal 2.1.3 (s. a. distink. Merkmal)
phonetisch-phonologisch Komponente 4.5.2, 4.6.2
phonetischer (Sprech)akt 6.3
Phonetik 1.5., 2ff., 5.4
Phonologie (phonologisch, phonematisch) 1.2.2.4, 1.2.2.10, 1.5, 2ff., 4.5, 4.5.1.6
Phrase 4.1.4, 4.3.5, 4.4.6, 4.6.1.5 ff. u. ö.
Phrasenstruktur (s. a. Konstituentenstruktur) 4.6.1.1, 4.6.1.1, 4.6.2 u. ö.
Phrasen-Marker s. P-Marker
P-Marker (s. a. Formationsmarker) *4.6.1.1*ff.
Plosiv (Plosivlaut) *2.1.3*, 2.2.3.2, 3.1
Plural 3.3, *3.3.1.2*, 4.2.2, 4.6.1.5
Plusquamperfekt 3.3.1.3
Polysemie 5.1, *5.2.3*, 5.4
positivistisch 2.1
Postposition 4.2.1
Prädikat 1.1.2, 3.3.1.2, 4.1.1.2, 4.2, 5.5.1
Prädikation (Prädikator, log.) 4.1.1.2, 5.1
Prädikatsnomen 4.2.3
Prädikatskern 4.2.3
Präfix 3.1, 3.4, 3.4.2, 3.4.4, 4.3.2.1
Präfixbildung 3.4, *3.4.4*
Pragmatik (pragmatisch) 1.2.2.2, 1.2.2.10, 3.1, 6 passim
pragmatischer Aspekt 1.2.2.2
Präposition *3.2*, 3.3.1.1, 4.2.1, 4.2.5
Präpositionalphrase 3.3.1, 3.3.1.1, 4.2.1
Präsens *3.3.1.3*, 4.6.1.5

präskriptiv 2.1.7
Präsupposition 6.4.4
Präteritum 3.3.1.3, 4.3.4, 4.6.1.5, 4.6.1.7
Projektion 4.4.5, 5.5.1
Pronomen *3.2*, 3.3, 3.3.1.2, 4.2.1, 4.3.4.4.1,
Proposition 6.4.3
Prosodem (prosodisch) 2.1.4, 2.2.3.3
Prozedur 1.2.1.5, 1.4, 2.2ff., 3.1, 4.4.4
Psycholinguistik (psycholinguistisch) 1.2.2.7, 2.1

Rechtschreibekonvention 1.5
Referenz (Referent, s. a. Umweltreferent) 1.2.2.2, 4.6.2.1 passim
Referenzbereich 1.2.2.2, 5.1
Referenzsemantik 1.2.2.2, 5.1
referentielle Funktion 3.1
Reflexivpronomen 4.6.1.6
Regel 1.2.1.3 u. passim, bes. 4.6.1.6ff.
Regelsystem 4.5.1, 4.6ff. u. passim
Register 4.4.3
Reibelaut s. frikativ
Reiz-Reaktions-Schema 1.2.2.12
Rede (direkte, indirekte) 6.4.4
Redeerwähnung 6.4.4
Redesituation 6.3, 6.4.4
Redewiedergabe 6.4.4
Rektion *3.3.1.1*, 3.3.1.2, 4.2.1, 4.4.5
rekursive Regel 4.6.1.1
Relativpronomen 4.6.1.7
Relativsatz 4.2.5, 4.6.1.7, 4.6.2
rewrite rule s. Ersetzungsregel
Rhema 4.4.3
rhetorische Kategorien 5.2.2
rhetisch 6.3
Rolle 6.2
Rollenerwartung 6.2

Satz 1.1.2, 1.2.1.7, 1.2.2.2, 1.2.2.3, 1.4, 4ff., 5.1, 5.4
Satzart 4.3.2.1, 4.4.2
Satzaussage (s. a. Prädikat) 4.2.3, 4.4.1, u. ö.
Satzbauplan 4.4.2 u. ö.
Satzgefüge 4.1.3 u. ö.
Satzgegenstand (s. a. Subjekt) 4.2.3, 4.4.1 u. ö.
Satzglied 4.1.4 u. ö.
Satzgliedstellung 4.3, 4.3.1
Satzleseart 5.5.1
Satzreihe 4.1.3
Satzteil 4.1.4, 4.3.2 u. ö.
Satztyp 4.1.3, 4.4.3
Schicht 1.2.1.7, 4.2.2.1
Schrift(system) 1.5
Schulgrammatik 1.1.2

Register

Schwingelaut s. Vibrant
Segment (segmentieren) 1.2.1.2, 3.1 u. passim
Seitenlaut s. Lateral
Semantik (semantisch, s. a. Bedeutung u. Inhalt) 1.2.2.2, 1.2.2.3, 1.2.2.9, 3.2, 3.3.1.2, 3.4.1f., 3.4.4, 4.4.1f., 4.4.5, 5ff.
semantisch-syntaktischer Hof 5.3.2
semantic distinguisher 5.5.1 Anm.
semantic marker s. semant. Merkmal
semantische Komponente (gen. Gr.) 4.5.2, 5.4
semantische Komponente (Semantik s. semant. Merkmal)
semantische Kongruenz 5.3.2
semantischer Aspekt 1.2.2.2, 5.1
semantisches Merkmal 5.4, 5.5.2
Semasiologie 5.2
Semiotik 1.2.2.2, 6
semiotisches Dreieck 1.2.2.2, 1.2.2.10
selectional restriction s. Selektion
Selektion(sbeschränkung) 4.6.1.6, 5.5.1, 5.5.2
Selektionsregel 4.5.1.1
sigmatischer Aspekt 1.2.2.2
Signal (Signalfunktion) 1.2.2.10
Silbe 1.5, 2.1.4
Sinnbezirk (s. a. Wortfeld) 5.3, 5.3.1
Sinnkopplung 5.3.2
Singular 3.3.1.2
Sonorität 2.1.1, 2.1.3
Soziolekt 1.2.1.7
Speichern 1.2.2.12
Spirant s. Frikativ
Sprachbenutzer (s. a. Informant u. natürl. Sprecher) 1.2.1.6, 1.2.1.7, 1.2.2.9, 4.5.2, 5.3.1, 5.4
Sprachdidaktik 4.4.3, 4.5, 6.2
Sprache 1.1.2 u. passim
Sprachfähigkeit s. Kompetenz
Sprachgebrauch 1.2.1.7, 1.2.2.7 u. ö.
Sprachgefühl 1.2.2.7 u. ö.
Sprachgemeinschaft 1.1.1
Sprachinhalt (s. a. Inhalt, Bedeutung, Semantik) 1.4
Sprachhandlung 6ff., 6.4
Sprachkompetenz s. Kompetenz
Sprachkörper 1.2.2.2, 1.2.2.3, 1.2.2.5, 1.2.2.6, 1.2.2.10, 2.2.1, 2.2.3.1, 3.1, 3.2, 3.4, 4.6.2, 5.2.3
Sprachlehre 1.2.1.7
Sprachperformanz 1.2.1.4
Sprachspiel 6.3
Sprachsystem (s. a. System) 1.1.2, 4.5.1, 5.1, 6.1. u. ö.
Sprachtheorie 1.1.1, 4.4.1 u. ö.
Sprachzeichen 1.2.2.2, 1.2.2.10 u. ö.

Sprechakt s. Parole u. 4.4.3, 6.1, 6.3, 6.4.3
Sprechereignis s. Parole
Sprechhandlung 6.1, 6.3
Sprechtätigkeit 6
Sprechwerkzeuge 2.1.1
Sprecher-Hörer (s. Sprachbenutzer) 1.2.2.9
Stamm 1.1.2
statisches System 1.2.2.8, 1.4
Stemma (s. a. Baumgraph) 4.3.5
Stenographie 1.5
Stil 4.3.3f.
Stimmbänder 2.1.1
stimuliertes Verhalten 6.1
Struktur 1.2.2.4 u. ö.
Strukturalismus (s. a. Distributionalismus, Taxonomie, Funktionalismus) 1.2.2.4 u. ö.
Subjekt (Subjektfunktion) 1.1.2, 3.3.1.1, 3.3.1.2, 4.2.3, 4.3.3f., 4.4ff. u. ö.
Subjektsatz 4.1.3, 4.4.2
Subjektstellung 4.6.7
Subkategorisierung 4.6.1.6
Subordination 4.1.1.1
Substantiv (s. a. Nomen) 3.2, 4.2.3, 4.6.1.6
Substanz (vs. Wert) 1.2.2.5, 1.2.2.6, 2.1
Substanz (log.) 4.2.3
Substitution(-test, -transformation) 2.2.1, 3.1, 4.4.4, 4.4.6, 4.6.2, 4.6.2.1, 5.2.3
Suffix 3.1, 3.4.2
Symbol(-funktion) 1.2.2.2, 1.2.2.10
Symptom (s. Ausdrucksfunktion) 1.2.2.10
Synekdoche 5.2.3, 5.5.2
Synonymie (Synonym) 5.2.3, 5.5.2
Synchromie (synchronisch) 1.2.1.6, 1.2.2.2, 3.1, 3.4, 3.4.2
Syntagma 1.5, 3.3, 4.1.4, 4.2.1, 4.3.5
Syntagmatik (sytagmatisch) 1.2.1, 1.2.2.4, 1.2.2.5, 2.2.1, 3.1, 5.2, 5.3, 5.2.3, 5.5.1, 5.5.2
syntaktischer Aspekt 1.2.2.2
Syntax (syntaktisch) 1.2.2.2, 1.2.2.4, 1.2.2.6, 1.5, 3.1, 3.2, 4ff., 5.3.2, 5.5.1
syntaktische Funktion 3.3.1.1, 3.3.1.2, 4.2ff., 4.4ff.
syntaktische Komponente (gen. Gr.) 4.5.2, 4.6ff., 5.5.1
syntaktisches Merkmal 5.5.1
System 1.2.2.3 u. ö.
Systemlinguistik 6

Taxonomie (taxonomisch, s. a. Distributionalismus) 1.2.1.2, 1.2.1.5, 1.2.2.6, 1.4, 2.2, 4.4.3, 5.1, 5.4
Teilsatz 4.1.3
Temporalsatz 4.1.1.2
Tempus 3.1, 3.3, 3.3.1, 3.3.1.3, 4.2.2, 4.5.2

4.6.1.7
Text *4.1.2*, 4.4.3
Textanalyse 4.1.2
Text(korpus) s. Korpus
Thema (vs. Rhema) 4.4.3
Theorie der Linguistik 1.1.1, 4.4.1
Tiefenstruktur 4.5.2
Tilgung s. Deletion
Tonhöhe 2.2.1, 2.2.2, 2.2.3
tonige Sprache 2.1.4
Topic 4.2.3
RT-Marker 4.6.2 ff.
Transliteratur 1.5
Transkription *1.5*, 2.1, 2.1.4, 2.2.3.1, 4.6.1.6, 4.6.2
transitives Verb 4.1.4, 4.4.4, u. ö., 4.6.1.5, 4.6.1.6
Transformation 4.4.5, 4.6.2
Transformationsgrammatik (s. a. generative transformationelle G.) 4.5 ff., 5.5.1
Transformations s. T-Marker
transformationelle Komponente 4.5.2 u. ö.
Translation (Translativ) 4.4.5

Überlappung (überl. Distribution) *1.2.2.4*, 2.2.1
Umgebung 1.2.2.4, 2.2, 2.2.1, 2.2.2
Umlaut 3.3
Umstandsbestimmung s. adverbielle B.
Umweltreferent (s. a. Referent, Referenz) *1.2.2.2*, 1.2.2.5, 1.2.2.8, 1.2.2.10, 3.1, 3.2, 3.3.1.2, 5.1, 5.2.2, 5.3.1
Universalien 1.1.1, 4.5.1, 5.4
utterance s. Äußerung
uvular 2.1.1

Valenz 4.2.1, 4.2.3, 4.2.3 f., 4.4.5
velar 2.1.1, 2.2, 2.2.1
Verb 1.1.2, *3.2*, 3.3, 3.4, 3.4.2, *4.3.2.1*, 4.2 ff., 4.3.2.1, 4.4.5, 4.6.1.1, 4.6.1.7
verbale Satzklammer *4.3.2.1*
Verbalphrase 4.2.1, 4.5.1.1 u. ö.
Verbum finitum 4.2.1
Verhalten 6.1
Verhaltensforschung 6.1
Verhaltenslehre (s. a. Behaviourismus) 6.1

Verhältniswort s. Präposition
Verlaufsform s. Aktionsart
Verschiebeprobe 4.4.2 u. s. Kommutation u. Permutation
Verschlußlaut s. Plosiv
Vibrant *2.1.3*, 2.2.3.1
visuell 1.2.2.11
Vokal 1.5, *2.1.1*, 2.1.2, 2.1.4, 2.2.3, 2.2.3.1
Vokalphonem 2.2.3.1, 2.2.3.3
Vokalviereck 2.1.2
Vorfeld (Syntax) 4.3.2

Weglaßprobe s. Deletion
Wert (vs. Substanz) *1.2.2.5*, 1.2.2.6
Wertigkeit s. Valenz
wesenshafte Bedeutungsbeziehungen 5.3.2, 5.5.1
Widerspiegelung(stheorie) *1.2.2.2*, 1.2.2.11, 5.1
Wissenschaftstheorie 1.1.1
Wort 4 ff., u. ö.
Wortableitung 3.1
Wortart 3.1, *3.2*, 3.4.2, *4.2.1*, 4.4.3, 4.6.1.1, 5.3.1
Wortbildung 3.1, 3.3.1.3, *3.4* ff., 4.2.5, 4.3.2, u. ö
Wortbildungsphonem *3.1*, 3.2, 3.4, 3.4.2
Wortentlehnung 5.2.2
Wörterbuch (s. a. Lexikon) 1.1.2, 1.2.1.7, 5.5.2
Wortfamilie 1.1.2, 5.2, 5.2.1
Wortfeld 1.1.2, 5.2.3, 5.3, 5.3.1, 5.3.2, 5.5.2
Wortform *3.1*, 3.4.1, 3.4.2, 4.6.1.3
Wortklasse s. Wortart
Wortschatz 1.2.2.1, 5.2, 5.3.1
Wortstand 1.1.2
Wortstellung 4.3 ff.
Wurzel 1.1.2, 5.2.1

Zeichen (s. a. Sprachzeichen) 1.2.2.1, *1.2.2.2*, 1.2.2.10, 5.1, u. ö.
Zeitadverb 3.3.1.3
Zeitreferenz 3.3.1.3
Zusammenbildung 3.4.3
Zusammenrückung 3.4.3
Zusammensetzung 1.2.2.3, 3.4, *3.4.3*, 3.4.4